象州六祖岩与禅文化

翁秋德　主编

GUANGXI NORMAL UNIVERSITY PRESS
广西师范大学出版社
·桂林·

图书在版编目（CIP）数据

象州六祖岩与禅文化 / 翁秋德主编．—桂林：广西师范大学出版社，2017.11
ISBN 978-7-5598-0508-9

Ⅰ．①象… Ⅱ．①翁… Ⅲ．①禅宗－宗教文化－介绍－象州县 Ⅳ．①B946.5

中国版本图书馆 CIP 数据核字（2017）第 285996 号

广西师范大学出版社出版发行
（广西桂林市五里店路 9 号 邮政编码：541004
网址：http://www.bbtpress.com）
出版人：张艺兵
全国新华书店经销
广西广大印务有限责任公司印刷
（桂林市临桂区秧塘工业园西城大道北侧广西师范大学出版社集团有限公司创意产业园内 邮政编码：541100）
开本：787 mm ×1 092 mm 1/16
印张：17.5 字数：300 千字
2017 年 11 月第 1 版 2017 年 11 月第 1 次印刷
定价：55.00 元

编委会

前　言

《象州六祖岩与禅文化》即将付梓。这是广西第一次正式出版的以禅宗六祖遗迹及禅文化为主题的书。广西象州县政协有机会作为这本书的主编单位，令我们倍感荣幸。

禅宗六祖慧能大师是我国佛教禅宗的创始人，岭南地区的历史文化名人。记录他说法的《坛经》，是我国历代高僧著述中唯一被称为“经”的重要文献，集中体现了六祖慧能的禅学思想，在中国佛教史上占有非常重要的地位。慧能禅学思想的一个突出特征就是它的创新精神。慧能努力使佛教中国化，对印度佛教的禅法进行了彻底的革新，不重禅定，不要求累世修行，强调一切众生皆有佛性，皆可以顿悟成佛。这种朴实自由的思想，为禅学注入了涓涓活水、汩汩清泉，不仅引发了中国佛教的革新，对整个思想文化领域也产生了积极的影响，成为中国传统文化的组成部分，对世界文化也做出了积极贡献。惟其如此，西方思想界将六祖慧能与孔子、老子并称为“东方三圣”。

慧能大师唐太宗贞观十二年（638）生于广东新州（今广东云浮市新兴县），家境贫寒，三岁丧父，稍长靠卖柴养母度日。唐高宗龙朔元年（661），慧能赴湖北黄梅东山寺参拜五祖弘忍。八个月后，得五祖密授衣钵，成为六祖。慧能得法后，曾有约十五年的隐匿时间。唐高宗仪凤元年（676），慧能现身广州法性寺（今光孝寺），遇印宗法师，得以剃度受戒。次年离开广州，到韶州曹溪宝林寺（今韶关南华寺），在此弘法37年。唐睿宗延和元年（712），慧能回家乡新州小住。次年，圆寂于新州国恩寺。

基于六祖慧能在中国佛教史和中国思想史上的特殊地位，慧能的生平、行踪及遗迹一直为世人所关注。在过去很长的时间里，关于六祖慧能的遗迹，除湖北黄梅东山寺外，基本上为广东所囊括。广东新兴县夏卢村是六祖故里，新兴国恩寺是六祖圆寂之地，广州光孝寺是六祖剃度受戒之地，韶关南华寺是六祖弘法37年的禅宗重要祖庭。六祖在湖北黄梅接法后，曾经隐匿15年，广东的怀集、四会、广宁三县也都拿出各自的证据，声称六祖曾避难藏身、修行悟道于此，宣传、保护与开发利用六祖遗迹搞得热火朝天。广西其实也有六祖遗迹，象州县的六祖岩和永福县的双瑞岩就是。但是由于缺少研究与宣传，一直以来都没有引起外界的关注。这种情况，直到2015年夏天才开始改变。

2015年5月，时任中共象州县委副书记、喜爱习研地方历史文化的吴孝斌同志，在象州县文物管理所负责人陪同下考察象州六祖岩，详细查看了岩中石刻，对照相关文献资料，进行了研究分析，判定象州六祖岩可能与禅宗六祖慧能隐秘行踪有关。2015年6月9日，吴孝斌在《来宾日报》上发表《探寻象州“六祖岩”》一文，指出禅宗六祖慧能或曾在象州六祖岩隐修。该文引起时任广西历史学会会长、广西文史研究馆馆员、广西社科院原副院长黄铮教授的关注。6月27 日，黄铮教授到象州，在仔细考察六祖岩石刻文物后，表示赞同吴孝斌的初步判断，认为象州六祖岩很可能是禅宗六祖隐秘修行之所。为了对象州这处六祖遗迹作出进一步的研判，2015年7 月14 日，黄铮教授率广西历史学会组织的10位文史考古专家到象州，对六祖遗迹进行专题调研，随后举行了情况汇报会。专家们对象州六祖岩及周边保存有多处唐宋以来珍贵石刻感到震惊，肯定这些石刻文物当与六祖行踪相关联，普遍认同六祖慧能很可能曾在象州隐秘修行的判断。专家们进一步指出，象州西山六祖岩是广西的一处十分重要的六祖遗迹，极具保护与开发利用价值。

就这样，短短的两三个月间，象州县原先在“六祖遗迹与六祖文化”方面的一潭死水终于被搅活。接下来发生的事情，令人目不暇接：

吴孝斌同志从对六祖岩初步研究的成果中受到鼓舞，利用休息时间和节假日，继续深入探究六祖岩及周边文物古迹，继续翻查文献资料，继续进行认真深入的研究。在不到两年的时间里，接连发表和撰写了文史类文章大小不下40篇。其内容涉及象州西山与六祖岩、六祖生平、六祖思想、禅文化及与之关联的象州文史掌故。

广西尚和文化产业发展股份有限公司看准了象州的六祖文化资源，不失时机地与象州县政府签订了关于在六祖遗迹所在地开发建设“广西—东盟六祖文化园”的协议书。并委托资深专家到广东新兴、四会、广宁、怀集等地考察六祖遗迹，借鉴开发建设六祖文化园区的经验，形成了《“广西—东盟六祖文化园”建设研究报告》。

象州县政协牵头组织县属相关部门的人员赴广东新兴、四会、怀集、韶关、广州等地考察六祖遗迹及其保护与利用的做法和经验，形成《关于打造六祖文化产业园的思考》、《时不我待，开发六祖文化资源，造福象州人民——赴广东新兴、怀集、曲江、四会等地考察六祖文化的启示》，提交县委、县政府作决策参考。同时，成立了象州县“广西—东盟六祖文化园”建设工作领导小组和象州县禅宗六祖文化研究会，专门负责禅宗六祖文化的研究、保护和开发。

黄铮教授撰写的长篇论文《广西六祖遗迹述论》在《岭南文史》、《广西文史》、新兴县国恩寺主办的《六祖禅》杂志发表。其后，又在广西壮族自治区参事室（文史馆）主办的《参事建议》第52期发表《重视广西六祖遗迹的保护与开发利用》一文。自治区主席陈武、副主席蓝天立对黄铮教授的建言作了批示。

广西壮族自治区文化厅文物局、自治区宗教局的领导，广东省文史馆的领导及专家，广西区内外一些宗教界人士以及众多各界人士闻讯，陆续来到象州，考察西山六祖遗迹。

有广西佛教界人士及资深文史考古专家参加的广西六祖遗迹座谈会在象州召开，广西象州县禅宗六祖文化研究会成立，广西象州县六祖文化基金会成立。

广西象州县政协自2015年9月至2016年12月，接连编印了3辑《六祖慧能在象州》，汇编了关于象州六祖遗迹及禅文化的初步研究成果和相关资料，供内部交流。

继六祖雕像在六祖岩内安放，临时佛堂在六祖岩前建成，2017年3月26日，尚和公司在岩前林地上种下了第一批80多株菩提树，预示着象州六祖文化园建设正式开始。

……

显然，自2015年夏天起，短短两年多的时间里，隐藏千年的象州西山六祖遗迹已经揭开了它神秘的面纱，开始为世人所关注。

然而，相对于广东而言，广西人对六祖慧能、对六祖文化、对禅文化的了解实在太少。广东因为是六祖的家乡，有众多的六祖遗迹，那里的人们对家乡的历史文化名人本能地会多一些了解。而更重要的是，广东对六祖文化的学习、研究、弘扬、传承很早就开始了，并且一直延续着。特别是自2008年起，广东省每年都要举行“广东禅宗六祖文化节”，同时举行“禅宗文化学术研讨会”。这些活动，以发掘弘扬禅宗六祖文化为主旨，以发挥佛教在和谐社会建设以及地方文化发展中的积极作用为目的，产生了广泛、良好的社会影响。如今，广东禅宗六祖文化节已经成为广东的一张独具魅力的文化名片，声名远播，得到国内外佛教界的共同赞誉。广东的做法经验，十分值得广西借鉴。广西若能以象州六祖遗迹的被发现和被关注为起点，以象州“广西—东盟六祖文化园”的开发建设为契机，采取各种措施，逐步开展对禅宗六祖文化的学习、研究与宣传，同样可以达到弘扬传承禅宗六祖文化，以传统文化促进和谐社会构建与地方文化的发展，打造广西自己的禅宗六祖文化品牌，提高广西六祖文化的影响力的目的。有鉴于此，象州县政协决定编辑《象州六祖岩与禅文化》这本书，交由出版社正式出版，并计划在适当时间举办全国性的禅宗六祖文化学术研讨会，作为广西宣传弘扬六祖文化的开端。

《象州六祖岩与禅文化》这本书的内容，有以下五个部分：一是关于象州西山的六祖遗迹，二是关于禅文化，三是相关报道，四是象州六祖岩及六祖文化园大事记，五是图片选辑。其主体部分“象州西山六祖遗迹”及“禅文化”两个单元的文稿，大部分取自象州县政协内部编印的《六祖慧能在象州》第一、二、三辑，多为吴孝斌同志的文史作品。也有部分来自其他途径。但全部文稿都是象州六祖岩被重新发现以来由广西本地作者撰写的。其中有一部分曾在报刊发表，有的在网络发表，也有的尚未发表。我们将这些文章和资料结集出版，主要的目的是向外界宣传象州县的六祖遗迹，宣传象州县在保护、开发与利用六祖文化资源方面已经做和准备做的一些事。书中关于禅文化的研究文章，虽然只是浮光掠影，但相信能够起到抛砖引玉的作用。我们希望，有今天我们编辑的第一本这样的书作为开始，广西今后一定会有更多的专家学者和各界人士关注和研究六祖慧能，关注和研究禅宗文化，将会有数量更多、水平更高的研究成果不断地推出。

当前，党和国家非常重视发挥传统文化在社会主义现代化建设中的重要作用。禅宗六祖慧能的禅学思想作为中国传统文化的组成部分，很值得弘扬。

广西与六祖有缘。象州六祖遗迹的被发现，“广西—东盟六祖文化园”的建设，既为广西研究与弘扬六祖文化打开了一扇大门，也为广西与广东共同开展六祖文化研究与交流，共同开发利用六祖文化资源提供了合作的基地，更为广西与东盟等佛教国家交流禅文化搭建起一个很好的平台。广西在研究、弘扬、利用禅宗六祖文化方面的前景将是无限广阔的。如果象州县政协能够在这个过程中尽到一份责任，做出一点贡献，我们将感到欣慰。

翁秋德

2017年9月

目　录

西山六祖岩

禅文化

相关报道

图片选辑

西山六祖岩

探寻象州“六祖岩”

◎吴孝斌

上月，听闻象州西山上有“六祖岩”，便请县文物管理所的同志带路前往，从而得见真容，深感震撼。后来遍阅典籍，认真比对，近日又受友人相邀再次前往，睹物而思圣贤，心情激动，久不能息，遂成此文。

“六祖岩”概况

象州“六祖岩”位于县城西面隔江的象州镇鸡沙村民委黄皮沟村后西山半腰，从象州大桥头行车约1.5公里可到。于岩口东眺，可观赏象州城全景及象江两岸田园景色。岩洞高约2.4米、洞口宽约2.5米、洞内宽约2.8米、深约6.5米，岩洞石壁上共有摩崖石刻六处。初到岩前，首先映入眼帘的是位于岩洞口石壁的六祖岩题刻，以篆书刻“六祖岩”三字，高0.8米、宽0.48米，落款为“元丰甲子岁”(1084年)。

洞内石刻有五处。“游西山题记”高0.65米、宽0.42米，楷书，为开封府赵国宝、清湘刘亭山、桂林孟景善游西山访六祖岩而题，年号为“绍熙甲寅仲春癸卯”(1194年)；“陈蕃题刻”高0.67米、宽0.67米，楷书，内容大意为游西山之感受，落款为“陈蕃汉臣书”，无年号；“刘光烈诗刻”高0.47米、宽0.67米，楷书，为清代象州文化名人刘光烈诗作：“山径萧条古洞开，白云深锁旧经台；半炉烟冷埋青草，满砌花飞点翠苔。秦风空传人跨去，辽城几见鹤归来；风前搔首舒长啸，我正天仙暂脱胎。”落款为：日省轩刘光烈杨休题，无年号；“重塑六祖圣像碑记”高0.67米、宽0.95米，石刻文字较多，但字迹模糊，多数无法辨认，仅“重塑六祖圣像碑记”几个大字及落款时间“大明正德癸酉正月”(1513年)仍清晰可见。此外，还有一处石刻高0.37米、宽0.17米，楷书，内容不清，但其中有“庆元庚申腊月十有八日”可见，可推断其为南宋时所作。

古时，岩前有佛教建筑及亭榭，称“西山寺”，为象州游览胜地之一。但因岁月流逝，经自然和人为因素的破坏，原建筑物及佛像都已损坏，洞内现有村民供奉的观音等小尊菩萨像，仍不时有人上香。洞口前面有一个约10平方米钢筋混凝土结构的平台，是1993年村民自发修建的。“六祖岩摩崖石刻”被列入来宾市文物保护单位，2003年12月25日，来宾市人民政府立碑于西山脚下。

追忆“六祖”与“六祖圣像”

六祖岩的这些摩崖石刻，特别是“六祖岩”及“重塑六祖圣像碑记”这两处石刻引起了我的无限联想和追思。

“六祖”何人也？他就是慧能大师（638—713），中国佛教禅宗第六代祖师，世称“六祖”。他是中国禅宗文化的真正创始人，对中国佛教文化产生了深远的影响。在英国伦敦大不列颠国家图书馆广场，矗立着世界十大思想家的塑像，其中就有代表东方思想的先哲孔子、老子和慧能，并称为“东方三圣人”。

大师俗姓卢，唐新州（今广东新兴县）人。他家境贫寒，三岁丧父，迁居南海。稍长，卖柴养母。因听人诵读《金刚经》有悟，到湖北黄梅参拜五祖弘忍大师学法。慧能见到弘忍，数语之下，得五祖关注。慧能被派后院破柴踏碓。八个多月后，弘忍决定要在弟子中寻找一个继承人，所以他就对徒弟们说：大家“取自本心般若之性”都作一首偈子，看谁开悟见性就传衣钵给谁。他的大弟子神秀半夜起来，在院墙上写了一首偈子：

身是菩提树，心为明镜台。
时时勤拂拭，勿使惹尘埃。

弘忍第二天看到后，知道神秀还没有明心见性，便说“依此偈修免堕恶道”。慧能闻后即作偈：

菩提本无树，明镜亦非台。
本来无一物，何处惹尘埃？

并请别人写在神秀的偈子旁。弘忍看到这个偈子以后，“见众人惊怪，恐人损害”，亲自用鞋擦掉了这个偈子，说“亦未见性”。次日，弘忍潜至碓坊与慧能对话后，用杖在碓上打了三下就走了。慧能理解了五祖的意思，于是他在晚上三更的时候去了弘忍的禅房。在那里，弘忍向他讲解佛教《金刚经》，当讲到“应无所住而生其心”时，慧能大悟，弘忍便传衣钵给他，并说：“汝为第六代祖，善自护念，广度有情，流布将来，无令断绝。”为了防止他人伤害，慧能连夜远走南方，开始了十五年的隐修生活。

大约十六年后，慧能来到广州法性寺，当时印宗法师正在讲《涅槃经》。当时清风吹动旗幡，听众中有二僧争论，一说风动，一说幡动。慧能则说，既非风动，也非幡动，而是你们的心在动。印宗法师听言，即把慧能请至上席谈论佛法。见慧能出语不凡，契理契机，不禁问道：“久闻黄梅衣法南来，莫是行者否？”慧能出示弘忍所传法衣，公开了自己的嫡传身份。于是，慧能在法性寺正式剃发出家并开始升座讲法。慧能由此开始了他辉煌的弘法生涯，禅宗很快在大江南北盛传开来，并形成了“一花五叶”的繁荣局面。慧能大师圆寂后，肉身不腐，被后世弟子供奉在广东韶关南华寺至今，即“六祖真身”。他生前的主要讲法，由弟子法海整理成书即为《坛经》，在佛教史上，中土人的著述，被称之为经的，唯慧能大师一人。后人依据他的真身形态而仿做的塑像即“六祖圣像”，主要用于在他修行和弘法之地进行纪念和供奉。

笔者前些年曾有缘到访南华寺，目睹了“六祖真身”，并能深入普通人不得进入的藏经阁进行参访，其内有武则天所赐千佛袈裟、六祖禅杖等国家一级文物327件，由是甚感幸运。

六祖慧能或曾在象州“六祖岩”隐修

从六祖慧能生平的历史记载中可知，五祖弘忍给他传授衣钵，并嘱咐“恐人害之，速南去暂作隐晦”。慧能连夜远走南方，其后的十五年，其隐修生活地点典籍中没有明确记载。唐代王维《六祖能禅师碑铭并序》中称，慧能“怀宝迷邦，销声异域”。柳宗元作大鉴禅师碑时也曾提及此事，“遁南海上”，无详细地址。因此后人广为探寻其十五年间的活动踪迹。

在对六祖踪迹的探寻中，广东怀集县最为重视，在其县城西北约30公里的马宁、冷坑两镇交接的上爱岭，其上有六祖岩及其洞室左壁四首摩崖石刻诗未遭到破坏，现仍依稀可认，洞口左壁上镌刻着“六祖岩”三个楷体大字。洞内摩崖石刻，是清朝东莞举人蒋航在光绪三十二年（1906）出任怀集县令时，于次年（1907）登六祖岩探胜写下的即兴诗句，广东怀集认为此地曾经是慧能的隐修之地。广东省近年在此地周围建设六祖禅宗文化旅游区，欲将其打造成为著名文化旅游胜地。

象州“六祖岩”与怀集“六祖岩”所处山岭上位置及洞内情况较为相似。相对而言，象州“六祖岩”的摩崖石刻量多且时间更为久远，象州的篆书石刻“六祖岩”为1084年。而怀集的摩崖石刻，现可考证年份仅为1907年。两者相差823年。书刻其为“六祖岩”，定与慧能大师有着特殊的因缘，由此可判断慧能曾在象州驻留修行。

象州为千年古郡，依托水路的优势，长期设为州治，民国才改称象县。在唐朝时，江夏王李道宗、唐大将军薛仁贵等名人都曾被朝廷流放象州，许多历史名人都曾到访过象州。依当时的条件，慧能大师应是沿江而行，并在象州“六祖岩”进行隐修。

现存的象州古县志中早有西山寺的历史记载。在象州西山对面的县城东面的东岗岭顶，有一块楷书摩崖诗刻，高0.65米、宽0.9米，为宋代象州知州张唐辅诗作：

象山秀拔倚清穹，宝刹禅关占四峰。
东北岭头千桧竹，西南崖表万杉松。
楼台掩映高低起，殿阁参差上下重。
我愧不才叨假守，公余时喜一游从。

证明了宋时西山寺已经存在。而六祖岩及六祖圣像必定是西山寺的核心佛教景观。在佛教的传承中，佛寺等佛教场所所供奉的除了佛像、菩萨像、罗汉像外，也有供奉祖师（或名僧）像的，但所供奉的地方都是祖师（或名僧）曾经驻留、进行修行或弘法的地方。依此类推，“六祖岩”及“重塑六祖圣像碑记”石刻昭示着六祖慧能当年应该在此进行过修行或弘法。故先有六祖岩，后有西山寺，现西山寺已毁，六祖岩尚在，其历史意义及文化意义非同一般。

宋代周去非《岭外代答》有：

象州郡治西楼，正面西山。山腹忽起白云，状如白象，移时不灭。然不可常见……今象州城门乃画一白象，不审何义。然象州自昔不遭兵革，凡有大盗，皆相戒以不宜犯象鼻，然则城门之画象，岂谓此耶？

文中所叙述的“象云”神奇现象就出现在西山，而西山上的六祖岩及六祖圣像，或许就是其神奇之所在。

唐朝高宗仪凤元年（676），六祖慧能在广州法性寺正式受戒而开始广为弘法。也是这一年，被贬象州的唐朝著名大将军薛仁贵从象州回到了京城。象州，这个千年古郡还有着许许多多的历史故事，值得我们深深探寻。

习近平总书记曾强调，“把跨越时空、超越国度、富有永恒魅力、具有当代价值的文化精神弘扬起来，让收藏在博物馆里的文物、陈列在广阔大地上的遗产、书写在古籍里的文字都活起来”，“历史文化是城市的灵魂，要像爱惜自己的生命一样保护好城市历史文化遗产”。

激扬象州的千年古郡文化，我们任重而道远。

（作者吴孝斌系武宣县人民政府县长）

再探象州“六祖岩”

◎吴孝斌

拙作《探寻象州“六祖岩”》一文，于2015年6月9日在《来宾日报》刊载后，新华网广西频道6月10日予以转载，引起了相关人士的注意。广西历史学会会长、广西社会科学院原副院长黄铮教授见文后极为关注，并亲自到象州进行实地调研。6月27日上午8时，陪同黄铮教授，我等再次前往象州西山“六祖岩”。因有事先准备，上山的道路已进行修整，于是我们很快便到达目的地。

“六祖岩”有“新发现”

岩内六处摩崖石刻依然如故，黄铮教授细细点评并拍照记录。在《重塑六祖圣像碑记》前，细看讨论良久。碑刻的大部分文字经岁月侵蚀已模糊不清，关键内容已无从揣测。在深表遗憾的同时，又因“重塑六祖圣像碑记”及“大明正德”等字仍清晰可见而感到万幸。

在品读洞口石壁“六祖岩”题刻时，黄教授突然惊呼：“曲江！”顿时我脑门灵光一闪，原来是篆书“六祖岩”旁边的一行小字，因涂上红油漆，字迹有些模糊，但“曲江”二字却是可辨，这是我以前来时未曾重视的内容。于是我请县文物管理所廖江涌同志回去后用拓片等方法，对这行文字进行比对。在六祖岩下，我们还发现了许多原西山寺所用的石料、青砖及厚瓦。在与村民的交谈中得知，有一块石碑多年前被一村民卖到了柳州，现去向不明，还有一块石碑现被县文物管理所收藏。

在廖江涌同志的引导下，我们到县城老街的关岳庙，看到了被县文物管理所收藏并镶嵌于墙壁上的那块石碑。石碑长0.86米、宽0.57米、厚0.13米。碑文的内容是清代象州名人石鸿韶等三人游饮西山寺时所作的诗文。其中安澜氏游饮西山寺题壁诗文为：

劈开古洞几千春，忝莅此邦作主人。
花拂层轩香绕座，酒斟满斝净无尘。
留题有侣非孤调，邀赏乐群属上宾。
埽石观诗经剥蚀，后贤云集焕然新。

石鸿韶所作诗义为：

双凫莅处即阳春，为政风流见几人？
山水有缘探窟奥，楼台何处着埃尘。
一龛宝月仍供佛，数盏香醪可醉宾。
峭壁首题冰雪句，愧无才调斗清新。

李文雄诗文为：

楼卷珠帘酒泛春，诗笺飞下语惊人。
芳樽恨未陪高座，芝盖徒令望后尘。
此地结缘贤有主，群仙聚会喜来宾。

江山遥见都生色，只为留题雅调新。

碑刻文字及图案十分清晰，文才、书法俱佳，且盖有印章。真是难得一见，不枉此行。

回到家后，我在电脑上反复对六祖岩上的六处摩崖石刻照片细察慢寻。功夫不负有心人，在“重塑六祖圣像碑记”竖写第二行，我发现了其倒数四个字为“张公唐辅”。廖江涌同志也给我回复了他比对篆书“六祖岩”旁边的一行小字的结果，为“曲江谭掞文初书”。顿时我心潮澎湃，思绪万千。

“新发现”背后的关联

“六祖岩”旁题刻的小字“曲江谭掞文初书”，文仅七字，却是大有来头。

“曲江”为何？其为广东省曲江县。有“南宗祖庭”之称的千年古刹南华禅寺，就位于广东韶关曲江县（现为韶关市曲江区）境内，六祖在南华寺传教弘法长达37年之久，“六祖真身”长期供奉于其内。因此曲江实乃六祖文化流传和研究最为重要之地。

谭掞，字文初，广东曲江人氏，北宋诗人，曾在广西桂林等地为官多年。其父是当时堪称“举师”的韶州教授谭昉。谭掞与唐宋八大家之一的北宋名相王安石家是世交，与王安石是同学，曾协同王安石编成《字说》。由于身在曲江，深受六祖的熏陶，他对佛教情有独钟，曾书写的佛教经典《金刚经》，著名诗人苏东坡为其作跋尾（作后序），并称赞谭掞：“我观谭君，孝慈忠信，内行纯备。”由此可以断定，谭掞是非常关注佛教和六祖的。在“元丰甲子岁”（1084年），他行至象州“六祖岩”时，必是发现了六祖行踪真迹而挥毫写下篆书“六祖岩”。以谭掞的人品及做学问的态度，所书“六祖岩”绝非空穴来风，在当时是确有实据。

张唐辅，字元礼，广东曲江人氏，北宋元丰年间任象州知州。在元丰辛酉年（1081年）曾有诗作刻于象州东岗岭仁寿院遗址石壁上。在“六祖岩”

内“重塑六祖圣像碑记”前面序文部分出现其姓名（即“张公唐辅”），由此可推断至少在北宋元丰年间，岩内已有“六祖圣像”，或者张唐辅当时就曾主持塑制过“六祖圣像”。由此可以推断，象州“六祖岩”内的“六祖圣像”距今应有930年以上。可以肯定的是，张唐辅对六祖行踪的关注与认证应是极为认真和谨慎的。

石鸿韶，字晋卿，象州清代进士，曾官至云南迤西道道尹。当年他们三人同游饮西山寺，访六祖岩。“埽石观诗经剥蚀”、“山水有缘探窟奥，楼台何处著埃尘，一龛宝月仍供佛”等诗句就是形容“六祖岩”的绝好诗句。其中，石鸿韶所作的“楼台何处着埃尘”，明看是他与其他二人的和唱，其实何尝不是他见“六祖岩”及“六祖圣像”而心有感触，不是其对六祖当年的见性偈“菩提本无树，明镜亦非台；本来无一物，何处惹尘埃”的绝好和唱?

基于以上“新发现”，以及前文《探寻象州“六祖岩”》所列的诸多史料及推论，更加可以断定六祖曾在象州驻留修行或弘法。

六祖法名之我见

在实地调研过程中，黄铮教授还与我就六祖的法名进行探讨。我认为六祖的俗名是“惠能”，在得法接受衣钵后其法名为“慧能”。此绝非我主观臆断，而是细读典籍及相关论文之所感。

最早记载六祖名字的，是法海集录的《六祖大师缘记外记》，文中称“惠能”，且有“惠者，以法惠济众生”之意。而在也是署名法海所写的《六祖大师法宝坛经略序》中却为“慧能”，其解意为“慧者，以法慧施众生”。杜继文、魏道儒所著的《中国禅宗通史》认为：“惠、慧二字，古文可以通用，但佛教在使用上有别:‘惠’是‘施’义;‘慧’则是‘智’。以‘法”惠济众生’，属六度中的布施；以‘法’‘慧施众生’，则是六度中的般若。”在各种有关文献中，六祖有“惠能”与“慧能”两种称谓。

但“惠能”和“慧能”，这两个名字同时出现在一起的，却是在宋代赞宁撰写的《宋高僧传》。在书中，六祖本传题目为“唐韶州今南华寺慧能传”，六祖的法名是“慧能”。而在前面的《唐蕲州东山弘忍传》却是“初，忍于咸亨初，命二三禅子各言其志。神秀先出偈，惠能和焉。乃以法服付慧能，受衣化于韶阳”。我个人认为，在得法前“惠能和焉”，说明在他初到黄梅的八个月，还不能算是五祖弘忍的真正弟子，故名字仍为原来的“卢惠能”。在弘忍半夜给他讲授《金刚经》秘要、他正式成为五祖的弟子后，五祖即“以法服付慧能”，并给他取法名为“释慧能”。如此就从“卢惠能”变成了“释慧能”。非如此，不能解释治学严谨的赞宁的《弘忍传》出现六祖两个不同的名字，且此解也符合佛教的礼制。

在《祖堂集》卷二《弘忍传》中就有更明确的记载：

至三更，行者来大师处。大师与他改名，号为慧能。当时便传袈裟以为法信，如释迦牟尼授弥勒记矣。

另外，当时在五祖弘忍座下，还有几个出家弟子的法名以“慧”字开头，并且是到弘忍座下才改的名字。如那个在慧能得法南行后追踪请教的慧明，在听了六祖的开示得悟心法后，六祖说你我同师黄梅，他为避讳，还是恢复自己原来的法名“道明”。《宋高僧传》中的《唐袁州蒙山道明传》有详细记述：

释慧明……蹑迹急追至大庾岭。明最先见，馀辈未及。能祖见已，便掷袈裟。明曰：我来为法，非望衣钵也。时能祖便于岭首一向指订，明皆洞达，悲喜交至。问能曰：某宜何往？能记之曰：遇蒙当居，逢袁可止。明再拜而去，便更其名，以旧云道明也。

《景德传灯录》“袁州蒙山道明禅师”也有：“初名慧明，以避师上字故名道明。”

基于以上，我认为六祖的俗名是“卢惠能”，传法后其法名应为“释慧能”，尊称以“六祖慧能大师”则更为准确。

毛泽东称赞过的岭南伟人

黄铮教授在调研过程中曾两次谈到毛泽东对六祖慧能的评价。作为中国和世界有重要地位的思想家、哲学家，慧能深受毛泽东主席欣赏。他曾赞誉岭南孕育了两大伟人，一位是孙中山，另一位就是慧能。他说：

慧能主张佛性人人皆有，创顿悟成佛说，一方面使繁琐的佛教简易化；一方面使印度传入的佛教中国化。因此，他被视为禅宗的真正创始人，亦是真正的中国佛教的始祖。

黄铮教授还嘱咐我们要将“六祖岩”保护好，要充分挖掘和宣传六祖文化。在结束调研返回南宁时，他表示近期将由广西历史学会牵头组织区内资深历史学家和考古专家前来现场考察调研。由此，“六祖岩”的千年面纱将得以逐步揭开。象州这个千年古郡一定还有许多的惊奇会不断展现，好戏更在后头！

六祖岩又有重大新发现

——三探象州“六祖岩”

◎吴孝斌

黄铮教授2015年6月27日到象州进行现场考察（见《来宾日报》7月3日笔者拙作《再探象州“六祖岩”》），在考察过程中，他提出可将六祖像刻在石碑上，并暂立于六祖岩内。一可敬之，二可宣传。于是我便从互联网上搜索，选择一既有佛意，又线条分明易于雕刻的六祖画像，请工匠依图刻之。7月7日石碑刻像已成，于是将之暂安置于六祖岩洞内石壁边。附近村民看见，便纷纷以香、果敬之。在给村民讲述六祖岩内的故事时，有一村民说他在岩上面发现过其他石刻。于是，我们便一同前往探究。

重大新发现及其背后的故事

很快，我们便到达村民所说的地方，其位置就在紧挨六祖岩的左上方，又是一岩。其石壁上赫然题刻着“真隱岩”及“東海釋隱跡處記”两行大字。石刻为楷体字，长1.42米、宽0.42米，字显沧桑久远却清晰可见。此岩风景宜人，岩前有约10平方米的平地，岩石斜长于其上，既通风又避雨，周围杂树葱茏。岩前远眺周围山景及象州城更是心旷神怡、风景独好，的确是个修行的好地方。当时即有一信佛的居士盘腿坐下，体验在此打坐修行之意境。

石刻“东海释隐迹处记”中的“释”字在中国佛教有特殊的含义。“释”是中国佛教出家人的通用姓氏。在东晋以前，出家人的姓氏较多，且复杂。比如从外国来中国的法师，大都以其故国的名字或佛家的三宝（佛法僧）为姓，例如：康僧会（康居国人），竺法兰（天竺人），安世高（安息国人）；佛陀耶舍、佛陀跋陀罗（佛就是佛陀的简称），达摩难陀（达摩译为法），僧伽提婆（僧伽简称僧）；也有仍用俗家姓氏的，如中国最早出家的严佛调、第一个受戒的朱士行等；还有最多的是跟师父姓。由于各地各门姓氏不一，造成门派的分歧。到东晋时，著名高僧道安大师认为“大师之本，莫尊释迦”，决定佛门一律以“释”为姓。其后，《增一阿含经》传入中国，经中果然记载：“四河入海，无复河名；四姓为沙门，皆称释种。”道安之见，与佛经不谋而合，因此得到佛教界的共识，统一以“释”为姓，代代相沿，成为中国佛教的一大特色。

因此，“真隐岩”就可理解为真正的隐修之地，“东海释隐迹处记”依古时象州民众的认知，可理解为“广东沿海佛（弟子或出家人）隐藏踪迹（隐居）地方标记”。

此外，在六祖岩前新发现一处小石刻，字虽模糊，但可判断为元丰年间的题刻。

经文物管理所廖江涌同志采取相关措施，我们进行了细心比对，《重塑六祖圣像碑记》的重点内容（即序文部分）得以基本呈现。其文字经整理为：

象□□□岁圣像□六祖岩中有像昔人所塑也郡□昔六祖□□千代信神□宋元丰时张公唐辅敕诗□□次明家祖东佛之□施传忘□详且书也不复顷矣正德癸酉春赵宗明□□之好□比卒同游于此岩观祖像倾废遂募众有共而□□复□张公之歆而□诸用岁月雨出之永久诗曰灯传六世□黄梅五叶舒卷有月来从

□部藩篱蒙祖辟空门锁钥赖师开山颁慈雨濡萌臬岩底穹碑翳藓苔景仰遗形闲遣兴□襟尽洗净无埃信官吏书许纪赵亨高凤信士陈永黄□许纲秦聪黄极李文兴……大明正德癸酉春正月吉日赵宗明记。(□为无法辨认的字)

文中虽有残缺字，也许比对的字个别或有误。但其大意基本清楚，即为：象郡六祖岩中有像，为前人所塑，宋元丰年间张唐辅曾为其赋诗，大明正德癸酉春正月赵宗明等人游六祖岩，见六祖像倾废，遂募众而重塑，并赋诗于其上。文中“六祖、灯传六世、黄梅五叶”等字（词）皆与六祖慧能大师密切相关。

“灯传六世”其意为中国禅宗开始的六个传承。菩提达摩开创了中国佛教禅宗，被尊为初祖。达摩将衣钵（法）传给慧可，慧可之后，接穿衣钵（法）的依次是僧璨、道信、弘忍、慧能，至六祖慧能大师时刚好六世，故称“灯传六世”。

“黄梅五叶”其意为，当初禅宗始祖达摩大师传法给二祖慧可时，曾有一偈语：“吾本来兹土，传法救迷情。一花开五叶，结果自然成。”六祖慧能在黄梅跟五祖弘忍接法后，广宣禅宗顿悟法门，其后世弟子更是广为弘扬，最后发展演变成五个流派，即伪仰、临济、曹洞、法眼、云门等五宗，也称“五叶”。

昔时情景模拟大还原

至此，在六祖岩共发现摩崖石刻八处及石鸿韶等人题刻石碑一块，岩洞内有两块石碑已经遗失。以上九处古迹足以认证六祖慧能大师与象州的因缘，且为国内罕见。在我脑海中显现出昔日情景。

想当年，六祖以其见性偈“菩提本无树，明镜亦非台。本来无一物，何处惹尘埃”得五祖弘忍传法并授衣钵后，立即踏上了充满荆棘险阻的南回归程。期间多次遇险而脱身，进行了长达十五年隐姓埋名的隐修。

某日，六祖行至象州，感受到象州人民的淳朴，看到西山的景色美丽且独特，于是决定在这里避难修禅。日常打坐参禅在“真隐岩”上，生活及休息在“六祖岩”内。在他修行与生活的过程中与附近村民友好相处，还不时向他们传授佛法，从而深得当地群众的信赖。在他离开象州后，当地人想要纪念他，但只知他是广东沿海过来的出家人，却不知其真实姓名，于是就在他修行打坐之地写下“真隐岩”及“东海释隐迹处记”十个大字。并在其生活与休息的六祖岩内依他的形态进行塑像以敬并供奉之。后人在此基础上建成了西山寺。

时至北宋元丰年间张唐辅到象州任知州，作为最为了解六祖且土生土长的曲江人，游西山寺访六祖岩而见“真隐岩”、“东海释隐迹处记”及洞内塑像时，便认证了六祖在此的踪迹，并赋诗（或重塑圣像）。同为曲江人的北宋名人谭掞到访后，更是激动，于是挥毫写下篆书“六祖岩”三个大字，并留下自己的大名及日期。此后，文人骚客纷至沓来，有的还一时兴起留下题刻。到了大明正德年间，赵宗明等人游六祖岩，见六祖像倾废，于是再次重修并题刻碑记。后因岁月流逝，六祖圣像被毁。至今人已去，物已非，而迹尚在！

西山的独特与神奇

或许因为六祖及西山寺的缘故，在历代相传中，象州西山有其独特与神异的记忆。

清时象州文人刘光烈《象云说》有：

郡西渡江二里许有山焉，峭立正对瑶光楼，不象其形而象其名。古传每雨后日出，山腹白云辄而成象，经时不灭。岁丙寅，余读书城之西南隅，去城不数武。适仲夏八日，日午初斜，清风不作，予避暑其上。倏忽彤云密布，阳焰无光。雷鼓为之助威，天公于焉舒笑。滂沱蔽野，林木滋垂。已而天开霁色，波净沙澄，四山之烟光荡漾，瀑布飞空。予方凭栏骋目，心旷神怡。而山腹中祥光隐跃，瑞霭毕呈，纷纷缦缦。秉扶日之姿，蕴从龙之志。其质白以洁，其形高而庞……求之他山，概无有焉。噫！云之奇亦至此矣。

南宋中期王象之编纂《舆地纪胜》，其中对象州的记载有："西山寺在城西五里，其寺半山有一槛亭，大江横前，飞湍千里，郡城枕股，万瓦鳞闪，山川景物尽在其中，骚人题咏为多。""西山与象山相连，尤为高耸，风土纪云：刀兵永不见西山，最高现。说者以为州从来无兵乱，虽侬智高陈进之猖獗，郡人皆虑，其侵害至境或自退，或败亡。人以为应谶。"千百年来，附近村民对西山，特别是西山寺（六祖岩）敬之若神，不时有各种灵异的传闻。或许是真实，或许是附会，但更显其独特与神奇。

不管如何，六祖慧能与象州结缘已超千年，近代无奈尘封长久。千年故事，今逢盛世，得以重现世间，实乃象州之福、来宾之福乃至广西之福。广西历史学会专家组将于这两日对六祖岩等地进行实地考察。还有许多未解的历史之谜将逐步得以揭开，象州这个千年古郡将更具魅力。

祖师隐修　猛虎护卫

——六祖慧能大师隐修象州获又一力证

◎吴孝斌

广西历史学会专家组，于7月13日至15日到象州进行实地考察六祖岩及罗秀镇军田村等古城遗址后，他们对象州六祖岩普遍给以肯定和赞誉，一致认同了笔者关于六祖慧能大师曾在象州隐匿修行悟道的推断。并建议进一步查阅检索相关文献资料，以求得更多的证据。于是乎，近日笔者早晚抽时再行遍览细查，而又再见典载，又有所悟。

典籍见隐修之神异

宋朝著名的地理总志《舆地纪胜》在对象州的记载中有："卢道者，隐居阳寿之青金山，去城八十里，其山深广，虎狼甚多，卢在山中卓庵，修行勤苦，虎常蹲伏庵下，每出入，虎为守庵。"此的确为一修行大德的神异记载，民国三十七年所编《象州志》也引此记载。

关于"卢道者"。六祖慧能大师系广东新州（今新兴县）人，本姓卢，名惠能。自湖北黄梅五祖弘忍处接法，为躲避恶人追杀，"销声异域"十五年。依佛教修学佛法必需的"信、解、行、证”四个步骤要求，六祖在新州起“信”，至黄梅五祖处得“解”，但其“行”与“证”远未达到，其“销声异域”十五年也就是其“行”与“证”的过程。当时他并未落发，而是带发修行。在长期隐修过程中，或许慧能大师偶尔曾对当地人说出了自己的原本姓氏，从而让人们记住了那个姓卢的隐秘修行者——“卢道者”。

在韶关南华寺中，除六祖慧能大师的肉身外，尚有明代憨山大师、丹田和尚两尊肉身。憨山大师是明代四大高僧之一，其门徒汇编的《憨山老人梦游集》第五十卷有：“有新州卢道者，得黄梅衣钵，号为六祖。回至曹溪，时宝林已废……”文中亦称六祖为“卢道者”，可谓无独有偶。

关于“阳寿之青金山，去城八十里”。“阳寿”是象州古时的县名。唐书地理志载：“武德四年，以始安郡之阳寿桂林置。”《舆地纪胜》载：“阳寿旧县，在阳寿东南三十九里，唐大历二十一年，移州治临大江，县随州治，旧城遂废。”即在唐武德四年（621）在今象州境内置阳寿县。而在唐大历二十一年（787）其县城才移至今象州之地。也就是说六祖慧能在世期间（638—713），当时的阳寿县县治在县东南三十九里处。其位置应该是在现中平镇与罗秀镇交界之处，在两镇交界处的独鳌山上，古有石刻“东南保障”四个大字。由当时阳寿县治（可能为现中平镇的普化村或罗秀镇的军田村）到现在象州西山的距离也就约为80里。对“青金山”，我遍查现存史料，县境并无此山名记载。由此我联想到，当时象州西山植被青绿、人烟稀少，且常有野兽出没，而在古代传统文化中，“西”属金，故把现象州西山说成“青金山”亦有可能。

关于“庵”。《广雅》：“庵，舍也。”《释名·释宫室》：“草圆屋谓之庵。”《释氏要览》中有“庵”释名曰：“草为圆屋曰庵。庵，菴也。以自覆庵也。西天僧俗修行多居庵。”《六祖坛经笺注》中注有：“禅庵，参禅道人所居之庵也。与诸胜士。胜士、持戒者之尊称也。”因为“庵”为相对简陋的修行场所，所以一般“禅庵”多为开山祖师居住之所，国内以“禅庵”命名的寺院众多。同时“禅庵”一词也散见于古人诗歌等文学作品之中。如唐人温庭筠《赠越僧岳云》诗:“禅庵过微雪，乡寺隔寒烟。”《声律启蒙》一书，示例中更有“佛堂对仙洞，道院对禅庵”之条。后来为了规范，将尼姑所住之处多称“庵”，俗称尼姑庵，同时将男僧所住之处，多称为寺院。

综合以上分析，可解为六祖慧能大师在象州西山一带卓庵隐居修行悟道，因其道行高深，使老虎为之护法而留下此神异记载。

象州西山有虎古有记载

象州城对面的西山，古时山上林木茂盛，野兽众多，老虎也是时有出没。有“江南才子”和“两粤宗师”之称的郑献甫，曾写有《象州西门观壮士打虎处》一诗，可为之证。诗为：

壮士立船唇，猛虎至渡口。
朦胧雾里看，灭没水中走。
初疑狐濡尾，旋讶鱼颁首。
赫然士也怒，叱虎如叱狗。
左提万目网，右雇三星雷。
捕虎如捕鱼，勇过叔在薮。
顿令食牛气，坐困斩蛟手。
浮沉逐波涛，敢作狮子吼。
钩爪无所施，梃叉随处受。
尸之石鳞坡，惊喜集童叟。
虎已视眈眈，士尚雄纠纠。
时有吾州牧，颇似古郡守。
三章歌《兔罝》，赋诗兼赐酒。
夕阳下空亭，英风振高阜。
残碑作特书，壮士廖惟有。

高僧伏虎屡有传记

据《续高僧传》卷十六僧稠传载，僧稠尝诣怀州西王屋山修习禅定，闻两虎交斗，咆响震岩，乃以锡杖中解，各散而去。此外，隋代昙询禅师亦有此事。《续高僧传》卷十六《昙询传》载：

又山行，值二虎相斗，累时不歇；询乃执锡分之，以身为翳，语云："同居林薮，计无大乖，幸各分路。"虎低头受命，便饮气而散。

永嘉玄觉禅师初谒六祖，问答投契，顿时得悟，因留住一宿，时谓一宿觉。在其悟道后所写的《证道歌》有："降龙钵，解虎锡，两钴金环鸣历历。"

在六祖弘法的南华古寺中，建有伏虎亭，传说是当年六祖在此讲法，突然来了一只猛虎，被六祖收服，后人据此而建。据清修《曹溪通志》载：

寺后林深阻，猛虎踞之贻患远近，元住持僧，首众说法，虎皆驯服，因此建亭……

近代著名高僧虚云老和尚也有伏虎之说。民国二十三年冬，老和尚到曹溪，诸护法坚请传戒，见殿宇倒塌，房屋破坏，只得盖搭葵蓬竹屋以住众，各方来客达数百人，粤韶官绅眷属多来随喜，皈依老和尚者甚众，冬月十七日结坛正殿，入夜说菩萨戒时，江孔殷之子叔颖站立在藏经楼上，首先发现曹溪门外有两道电光，近前一看，是一头大虎，大众哗然，兵弁正拟发枪射击，老和尚骤至喝止，大虎即驯伏阶下，老和尚给他说三皈依，嘱他隐深山，不可随便外出，更不要伤人，虎颇有领悟，三叩首而去，回视犹恋恋不舍。以后每年必出巡一二次，山猪野兽绝迹。偶闻虎啸声，老和尚即出庙，好好安慰它，遣之他去。老和尚说三皈依后并说一偈：

虎识皈依佛，正性无两样；
人心与畜心，同一光明藏。

老和尚并撰有《虎拜佛偈》，偈为：

众生颠倒十二名，有无色相各涵灵。
南华颇与诸方别，虎伏庭前树听经。
奇异枯柏重生翠，古樟乞戒现沙门。
大似灵山会未散，南询曾见主林神。
虎知崇拜佛威光，大小空等载典章。
了知善恶皆是幻，弹指消殒历劫狂。
纵有千差与万别，随缘不变是金刚。
者个如如常不动，清浊都来是道场。

古言："道高龙虎伏，德重鬼神钦。"古人修行，道德高尚，感动龙虎鬼神，自然拥护，因为道德是世上最尊贵的。可以想象六祖慧能大师当年在象州隐修悟道，行深道高，浑然天成，万物通灵，有老虎为之护法便不为奇怪。时在象州，除了六祖，又有谁能？

云破天开　六祖隐修象州见直证

◎吴孝斌

象州西山有“六祖岩”，岩中现有摩崖石刻八处（含真隐岩），为古人所题刻，其中尤以宋代石刻为多。其丰厚的文化与历史背景尘封已久。经笔者发现并撰文发表后，广西历史学会组织专家组，到象州实地调研，给予了高度的肯定和赞誉，认为这是六祖修行弘法遗迹的一个重大发现（详见拙作《专家齐赞誉 古迹得论证——广西历史学会专家组考察象州六祖岩侧记》）。专家组还对今后工作提出很好的建议，并特别要求我们对重要碑刻《重塑六祖圣像碑记》模糊不清处，要认真辨认，仔细比对，尽可能整理出一份较为完整准确的碑文资料。于是，我与县文物管理所廖江涌同志共同努力，反复进行比对，终有所获。

圣像碑记见直证

《重塑六祖圣像碑记》的序文部分因受岩中水渍长期的洗涤，现字迹多数模糊，无法简单直接辨认。经采取生粉涂抹措施后文字基本可见，于是我们细辨实校，并将所察情况与黄铮教授及金江教授（当代著名佛教建筑设计师）进行多次交流，得如下结果。

碑记部分序文为：

象郡西山有岩，曰六祖岩。中有圣像，昔人所塑也。郡人云：昔六祖南庇□（藏）于此，信祀之也。宋元丰時，郡守张公唐辅勒诗于石，明我祖秉佛之旌旄，传之心印，详且尽也，不复须矣。正德癸酉春，赵丁□□□之好□□，同游此岩。观祖像倾废，遂募众有共而塑之，复步张公之韵，而镌诸碑，用纪岁月而垂之永久云。诗曰：灯传六世胤黄梅，五叶舒花有自来，释部藩篱蒙祖辟，空门锁钥赖师开。山头慈雨濡萌蘖，岩底穹碑翳藓苔，景仰遗形闲遣兴，尘襟尽洗净无埃。信官吏书许纪……；信士陈永……；信女……。大明正德癸酉春正月吉日赵宗明记。（□为无法辨别的字）

文中虽有少数文字无法辨认，但已不影响文意之完整。其中，一些文字在古文中有其特殊的写法和含义。如“庇”，《尔雅·释言》有：“庇庥，隐也。”《疏》：“庇，蔽也。”在“庇”后之字有些模糊，但依字形看，其应是“藏”的另一异体字。因此“昔六祖南庇□于此”，也可直接理解为“昔六祖南隐于此”。“须”通“需”，“不复须矣”即为“不复需矣”。“胤”字，《尔雅·释言》有“胤，继也”，《说文解字》有“胤，子孙相承续也”。文中“许纪”，经查，其为象州人，明弘治五年（1492）壬子科举人，后官至连山知县。

由此，圣像碑记序文大意即为：象郡西山六祖岩，内有六祖圣像，为前人所塑。郡人说，以前六祖慧能大师南下避难时曾在此隐修，民众崇奉于他并立像祭祀。到了宋代元丰年间（1078—1085年），当时的郡守象州知州张唐辅（广东曲江人）曾为此作诗并刻于石（碑）上，以告示广大民众。诗文中对六祖接法隐修及禅宗的心印相传过程，说得详细而且完备，本来没有重复的必要。到了明代癸酉（1513年）春天，赵丁等人同游六祖岩，看见圣像残破，于是召集众人（许纪、赵亨、高凤、陈永等），共同筹资对圣像进行重塑，并按照张唐辅所作诗文的风格，写了一首七言八句的诗。诗文大意为，六祖自黄梅师传，积一花五叶之盛德，远行边域隐修弘法，似雨露滋润众生；今约好友聚此，见古洞里石碑满是藓苔，瞻仰六祖圣像，顿感身心清净。

遗憾的是，当年张唐辅在六祖岩的诗刻现已经遗失（其或许就是洞内正中石壁上所失两碑之一）。但六祖在象州隐修弘法在此已经点明。加上有“真隐岩”、“东海释隐迹处记”、“六祖岩”等石刻为证（详见拙作《六祖岩又有重大新发现——三探象州“六祖岩”》，真可谓云破天开、真相大白于天下。后人在六祖岩下建起西山寺，是当时象州最有盛名的寺院。

历史文献多有记载

古代历史地理志书中，对象州六祖岩、西山及西山寺多有记载。其中尤以宋朝著名地理总志《舆地纪胜》记载为多，共有七处。除了之前所写文章提及外，还有：“六祖岩在西山寺后，登道盘纡，石穴空嵌，可容数人，塑六祖像其中。”“瑞象，瑶光台云：郡之西山，耸秀葱翠，四时寒暑，阴晴显晦，变态不常。当其天宇澄霁，倏尔溟濛，红日朝暾，游云浮飞，为白象之形，宛如生成，奔逐飘逸于西山之上，出没无时，父老相传，号为(瑞象)。”等等。

志载，古时西山寺有多处亭榭，如园光亭、超然亭、退思轩等。清代蒋日莱所编旧志中有载：“退思轩，在隔江三里许，西山寺超然亭之右，明秦进建，为训子肄业之所，俯长江，瞰平原，豁人心目，久圮。”（秦进，象州人，明正统三年戊午科举人。）

六祖岩及西山（寺）上多有文人诗咏，除现有的岩内石刻题记外，文献上还见有许多其他记载。如宋代著名文人孙觌被贬象州时，曾作《西山超然亭》诗云：

庞区翳榛莽，地瘴藏百怪。
西山何轩轩，拔脚风尘外。

中萦一绕蟠，侧立两壁对。
旁连九疑高，远控三湘大。
孤亭坐林杪，俯见飞鸟背。
号方泣二女，御魅窜四罪。
谁云窘囚拘？故自脱天械。
飘飘思凌云，万里风雨会。

有“江南才子”和“两粤宗师”之称的郑献甫，在其《阅象州旧志偶书》之作中有“前代遗编久放纷，后生稽古但流闻，难寻北宋楼凰井，尚见西郊幻象云”。他还撰写了《象云赋》一文。清代早期象州著名文人刘光烈亦曾撰有《象云说》。清末象州知府郭步瀛（字安澜）与象州名人石鸿韶等人，也有游西山寺赋诗并以碑刻记。（详见拙作《再探象州“六祖岩”》）

《舆地纪胜》对象州的记载中，更是出现了卢道者（六祖）在此隐修的神异记录。“卢道者，隐居阳寿之青金山，去城八十里，其山深广，虎狼甚多，卢在山中卓庵，修行勤苦，虎常蹲伏庵下，每出入，虎为守庵。”（详见拙作《祖师隐修 猛虎护卫》）

民风习俗与当时情况相符

《舆地纪胜》对象州的记载中还有：“民有五畜，山多鹿麋。旧经云：人多骋猎，家少秀民。”此与《六祖坛经》中载：“避难猎人队中。凡经一十五载。时与猎人随宜说法。”境况相符。

《舆地纪胜》有记，皇朝郡县志载，象州民俗为“信鬼神，好淫祀”，此与实情相符。特别是象州人民淳朴善良，感恩心较强。对象州有恩之人，时人有为其立像建庙供奉的传统习俗，如甘王庙与（薛仁贵）白袍庙就是例证。六祖慧能大师在此隐修时，因机弘法，度化世人，深得人心，昔人“信而祀之”便不足为奇。

至此，六祖慧能大师在象州隐修之记，古早有之。六祖圣像为当地百姓世代供奉，当地名人（如许纪、刘光烈、石鸿韶等）、各朝州官（如张唐辅、郭步瀛等）、外来文化名人（如谭掞、孙觌等）都曾认证、参访和供养。只是时至近代，由于张唐辅石刻的遗失、《重塑六祖圣像碑记》序文部分受岁月水渍之蚀损，加上各种政治运动的影响，世人对此日渐淡忘。时逢盛世，而有机缘重现世间。或许正如郑献甫《象云赋》所云：

象云低卷象台边，象岭遥临象郡前。
官吏清廉民显贵，大家同享太平年。

六祖岩是六祖慧能大师及古人留给象州人民的文化瑰宝。将此千年文化古迹保护和传承好，是建设富裕文明新象州的题中之义。

从象州“六祖岩”谈曲江谭掞

◎吴孝斌

象州“六祖岩”，位于象州县象州镇鸡沙村民委黄皮沟村的村后西山半腰。因其事关禅宗六祖慧能大师隐修踪迹，而备受历代民众所景仰。六祖岩中有多处摩崖石刻，最引人注目的是岩口以篆书题刻的“六祖岩”三个大字，高0.8米、宽0.48米。此三字非同一般，乃曲江谭掞于北宋元丰甲子岁（1084年）所书。谭掞何人也？他又因何书此三字？笔者经广阅典籍及相关资料，始略知一二。

谭掞其人及其家人简况

谭掞，北宋广东曲江县人。明代凌迪知撰《万姓统谱》载：

谭掞，字文初，曲江人，方髫龀与王安石同学，后安石为相，引为郎官，方行新法，掞不苟从，累迁广文馆学士。

谭掞家学深厚，家风纯正。家中多人皆为声闻一方之名人。

其父谭昉，《广东通志》(嘉靖）载：为曲江“刻苦积学”之士，曾“四上计偕”，但由于父母年老，家贫无以为养，因此，“不得已请补吏外台，久之，授海丰主簿……”后又转英州司理、平乐县令，再擢迁广西浔州，出任知州……时谭昉以“尤善楹联诗对，特善笺表”，声闻曲江（韶州）。于宋皇祐五年（1053）登进士第（《中华谭氏名人录》，主编谭献民 ）。

其弟谭昂，宋熙宁六年（1073）癸丑余忠榜登进士第。仕至迪功郎。

其妻谢夫人，也是一名奇女子。郑侠《西塘集》记载：

谭文初妻谢夫人，颍川汝阴人。居家鸡晨以兴，家之事无不遍视。舍此则读书，观古文，无事则书画。二事皆精至，而于水墨，尤有闲淡之趣。

谭掞本人，生于宋仁宗天圣初年（1023）。宋神宗元丰二年（1079），谭掞举乡贡，被授广南西路提举常平、连州军事推官，后加为广西经略司勾当公事。元丰七年（1084），任户部员外郎。元丰八年（1085），随王安石继续修纂《字说》。元祐元年（1086）由户部员外郎迁广文馆学士。宋哲宗元祐五年（1090），被外放广西，迁桂州府提举常平（仓官）。宋绍圣元年（1094）秋，知梅州（梅州太守）。宋绍圣三年（1096），迁任广南西路转运副使。宋元符元年（1098），迁广南东、西路转运副使。宋元符二年（1099），再由广南东、西路转运副使，移迁为广南东西路宪司（提刑点狱），知南恩州。宋建中靖国元年（1101），降授为承议郎。宋崇宁元年（1102），回家乡曲江隐居。于南宋绍兴八年（1138）获赐特奏进士（《中华谭氏名人录》）。

谭掞一生所著诗赋、文章颇多，但大多已散佚，现仅存《邕管溪洞杂记》一卷。其逝后，有世人辑录其诗词，编成《谭掞诗词全集》。

谭掞与王安石、苏轼等大家关系密切

王安石与苏轼是我国历史上有影响的文学家、诗人，都是著名的唐宋八大家之一。他们和谭掞都是好友。

王安石跟随父亲王益在天圣八年（1030）任韶州知府时，他只有九岁。他在韶州古私塾学堂“清淑堂”求学时，师从堪称“举师”的韶州教授谭昉。由此，谭掞及弟谭昂与王安石成为“同窗学友”。《广东通志》载，“时益子安石方髫龀，与掞兄弟同学……”其后三人都成才为官。谭掞曾以《清淑堂》赋诗：

群峰合势曲江头，二水交流夹一州。
地有九嶷清淑气，人无五岭郁蒸愁。

后谭昉不幸因病去世，时已身居相位的王安石，在百忙之中，特写下挽诗《致仕虞部曲江谭君挽辞》：

同时献赋久无人，握手悲欢迹已陈。
它日白衣霄汉志，暮年朱绂水云身。
虚容剑几今长夜，小隐山林只旧春。
岂惜埋辞追往事，齿衰才尽独伤神。

宋神宗即位、王安石为相后，开始推行变法。为使变法合乎礼仪，王安石以训释儒家经典《诗》、《书》、《礼》为由，编纂《字说》。元丰七年(1084)，谭掞到京都任户部员外郎，跟随王安石修纂《字说》。元祐元年（1086）王安石卒后，谭掞以“不苟从累”，由户部员外郎迁广文馆学士。

宋绍圣元年（1094）秋，谭掞知梅州。当年，北宋大学士苏轼被贬岭南惠州。因梅州地近惠州，谭掞遂与苏轼结交，并成为好友。苏轼曾为谭掞所书的《金刚经》作跋尾：

闻昔有人，受持诸经，摄心专妙。常以手指，作捉笔状。于虚空中，写诸经法。是人去后，此写经处，自然严净，雨不能湿。凡见闻者，孰不赞叹，此希有事。有一比丘，独拊掌言，惜此藏经，止有半藏。乃知此法，有一念在，即为尘劳。而况可以。声求色见。今此长者，谭君文初，以念亲故，示入诸相。取黄金屑，书《金刚经》，以四句偈，悟入本心。灌流诸根，六尘清净。方此之时，不见有经，而况其字。字不可见，何者为金。我观谭君，孝慈忠信，内心纯备。以是众善，庄严此经，色相之外，炳然焕发。诸世间眼，不具正见，使此经法，缺陷不全。是故我说，应如是见。东坡居士，说是法已，复还其经。

其中“孝慈忠信，内心纯备”是对谭掞人品的高度赞赏。

谭掞在广西的经历

谭掞在其一生仕途中，以在广西的时间为最长。

宋神宗元丰二年（1079）至元丰七年（1084）间，谭掞被授广南西路提举常平、连州军事推官，负责粮食调剂和农田水利事务。不久，因工作认真负责，处事干练，加为广西经略司勾当公事。

宋哲宗元祐五年（1090）至宋绍圣元年（1094）间，谭掞因“党事”以户部员外郎、广文馆学士，被外放广西，迁桂州府提举常平（仓官），负责粮食调剂和农田水利事务。

宋绍圣三年（1096），谭掞从梅州迁任广南西路转运副使，重返广西桂州，负责地方财赋及督察地方官吏的工作。任上谭掞“察奸慝，慎造狱”，发现有奸邪、刁钻的官员，或仗势欺人的官吏，谭掞均“不避权贵，直言无隐……”对一些一时犯错的官吏，谭掞亦以好言相劝，能改则不罚。

宋元符元年（1098）秋，谭掞迁广南东、西路转运副使，代朝廷掌管地方财赋、督察官员。

宋元符二年（1099），谭掞再由广南东、西路转运副使，移迁为广南东西路宪司（提刑点狱），主管广南东、西路各州司法、刑狱和监察，兼管农桑。

宋建中靖国元年（1101），谭掞以“元祐党事”由户部员外郎、广南东西路宪司，降授为承议郎。宋崇宁元年（1102），谭掞离开桂林返回家乡曲江，开始了其隐居生活。

在广西为官期间，谭掞在地方官员中具有良好的口碑，许多与其共事的官员和同僚，以及地方文士均成为其好友。因工作之便，或是与其爱好相关，他遍游了桂林，并于多处留下题名纪念。建中靖国元年（1101），他在今桂林龙隐岩留下著名的摩崖石刻：

天下洞穴，类多幽阴，或远水，清韵不足。龙隐岩高而明，虚而有容，复临深溪，大概似碧落洞，而登览之富则过之。

谭掞因六祖而与象州结缘

象州“六祖岩”三字，是谭掞在广西为官的第一个阶段所书。即元丰七年（1084），谭掞任广西经略司勾当公事期间。时到象州，谭掞参访西山寺，上六祖岩、真隐岩，观六祖隐修踪迹，拜六祖圣像。因其身为曲江文人，对六祖慧能大师自是极为了解和崇拜。谭掞参访六祖岩后，心情激动，当即挥毫写下篆体“六祖岩”三个大字，并留下了“曲江谭掞文初书”及“元丰甲子岁”两行小字。此即成为中国迄今为止发现最早的“六祖岩”题刻。随后谭掞即改京官，任户部员外郎。象州旧志书中虽载有：“六祖岩，在西山寺后，登道盘纡，石穴空嵌，内可容数人，有石刻六祖岩三字。”但却未点明作者，是为憾事。

宋代文人爱写名字说，一般多为300—600字，唯郑侠在《西塘集》中所书《谭文初字序》最长，达到了1142字。其中称赞谭掞：

谭君名掞，君子人也！掞所以发扬乎人文，而非文之质也，君固有其质，而掞以文之故。吾字之以文初，称其德而已矣。若夫由文之诚，足以辅佐尧舜。

谭掞德厚才高，且高寿。公元1102年他离开桂林返回家乡曲江开始隐居时，已年近八旬，而其同窗学友王安石则早在16年前已经过世。1138年获赐特奏进士时，不知他是否还活在世间。如尚在，则已115岁。不论如何，都印证了中国传统文化中“仁者寿”之说。

象州六祖岩，是六祖大师1300多年前所结下之缘。而“六祖岩”由谭掞如此德才双馨之人所书，且世受景仰，流传至今。实乃象州之福、广西之幸，值得我们努力加以保护和弘扬！

唐代名相张说摩崖石刻惊现象州西山

——迄今为止事关六祖慧能隐修之最早石刻

◎吴孝斌

笔者经多次深入考察象州六祖岩，写成《探寻象州六祖岩》等系列文章，文章刊载后引起媒体及相关人士的高度关注。广西历史学会组织历史学、考古学、历史地理学、历史文献学等方面的资深专家教授组成专家组，于7月14日至象州西山进行实地考察。在多处石刻古迹中，“真隐岩”及“东海释隐迹处记”格外引人注目。此十个大字的题刻虽无落款，但从石刻字迹和岩壁状况可看出年代比较久远。当时，广西博物馆原馆长、广西文史研究馆馆员、研究员蒋廷瑜老先生（最近获评为20世纪中国著名考古学家）指着“真隐岩”题刻旁边的一块人工痕迹明显的石壁说:“那里应该还有一处石刻，只是由于雨水的冲刷与岁月的洗涤，文字已经不见。”于是我对此石壁格外留心，经自己的辛勤努力，竟有意想不到之特大收获。

石壁惊现重要题刻

9月2日中午，来宾市佛教协会及中国国际佛教禅源居士林主席释恒懿法师等一行六人到象州参访六祖岩。笔者因对六祖岩稍有研究而得以充当讲解员。当时正值大雨过后，路虽泥泞，却是别有一番情趣。或许是大雨冲洗之缘故，笔者在真隐岩旁的石壁上发现似乎有字的轮廓，特别是其下方的“書”(书)字隐约可见。9月4日，天气晴朗，便以木梯搭之，上到石壁处，用毛刷刷去壁上清苔及尘垢，用清水冲洗，三个大字赫然显现。其为楷体字，长55厘米、宽18厘米，石刻大气、刀锋有力。经细心比对，其为“鷰公書”，“鷰”为“燕”的繁体字，即为“燕公书”。此即昭示着旁边石壁上的“真隐岩”、“东海释隐迹处记”等十个大字是“燕公”所写。“燕公”究竟为何人？唐代名相张说(音悦)是也！

燕公（张说）其人

张说(667—730)，字道济、说之。原籍范阳(今河北涿县)，世居河东(今山西永济)，徙家洛阳(今属河南)。唐代文学家、政治家，三次拜相，封燕国公。

唐高宗乾封二年(667)出生。

垂拱四年(688)，武则天策试贤良方正，亲临洛阳城南门主考，张说应诏对策为天下第一。授太子校书郎，迁左补阙。

久视元年(700)，擢凤阁舍人。

长安三年(703)，为遭张易之兄弟诬陷的魏元忠辩冤，被流放岭南钦州。

神龙元年(705)，中宗立，召为兵部员外郎，累迁工部、兵部二侍郎，以母丧免。既期诏起为黄门侍郎，除丧复为兵部侍郎，兼修文馆学士。

景云元年(710)睿宗即位，擢中书侍郎兼雍州长史。

景云二年(711)正月，进同中书门下平章事，首次拜相，监修国史。十月，以与萧至忠不和免相，改任尚书左丞。

玄宗开元元年(713)，因不附太平公主，罢知政事。七月，太平公主及其党羽阴谋篡权被诛。九月，以平定太平公主叛变立功，复拜中书令，二次拜相，封燕国公。十二月，玄宗大赦天下，改元，改中书省为紫微省，姚崇（元之）为紫微令，素与张说不合，张说被罢中书令，贬为相州刺史、河北道按察使。

开元三年（715），徙岳州刺史，天兵军节度使。

开元九年（721）九月，召还为兵部尚书、同中书门下三品，迁中书令，再次拜相，加集贤院学士。

开元十年（722）四月，任朔方节度使，巡视边防，整顿军备，招募壮士以充宿卫。九月，平定降胡康愿子叛乱。与吐蕃和好，裁减冗弱之兵二十万还农，多有政绩。

开元十四年（726）四月，为奸臣李林甫诬陷罢相，受命致仕。

开元十七年（729），复为尚书右丞相，迁左丞相。不久授开府仪同三司。

开元十八年（730）卒，年六十四，赠太师，谥号文贞。唐代宗大历间，诏配享玄宗庙廷。

张说前后三次为相，掌文学之任，共三十年，为开元前期一代文宗，品评文苑，奖掖后进，深孚众望。儒、释、道三教均通，曾奉诏与徐坚等人撰修《三教珠英》。擅长文学，当时朝廷重要辞章多出其手，尤长于碑文墓志，与许国公苏颋齐名，并称“燕许大手笔”。张说又能诗，具盛唐风貌。官岳州后，诗益凄婉，人谓得江山之助。尤其是第三次拜相任期五年，以善作诗深得玄宗宠幸，君臣常在集贤殿书院宴饮作诗，当朝大臣无人可比。唐玄宗誉之为“道合忠孝，文成典礼，当朝师表，一代词宗”。

张说著有文集30卷。今通行武英殿聚珍本《张燕公集》25卷、《四部丛刊》影明嘉靖丁酉本《张说之集》25卷。《全唐文》卷二二一至二三三存文214篇;《全唐诗》卷八五至八九、《全唐诗续补遗》卷一存诗344首。生平事迹《旧唐书》、《新唐书》有传。

张说一生与“燕”有缘。五代王仁裕《开元天宝遗事·梦玉燕投怀》中有“张说母梦有一玉燕自东南飞来，投入怀中，而有孕生说，果为宰相，其至贵之祥也”。入仕后又被封为燕国公。明代程允升所撰的中国古代儿童启蒙读物《幼学琼林》也有“麟吐玉书，天生孔子之瑞；玉燕投怀，梦孕张说之奇”。

后张说获封燕国公。所以“燕公”即为张说之称。

其时及以后的历史文献中，称张说为燕公的文章较多。王琚（封紫微侍郎、赵国公，时号内宰相）曾有诗与张说《奉答燕公》：“郡远途且艰，宜悲良自得。胡为心独尔，惠好在南国……”梁知微（唐嗣圣初，登进士第，守潭州）也有《奉别燕公》：“华容佳山水，之子厌承明。符竹纡小郡，江湖被德声。三年计吏入，路指巴丘城。皂舟才结缆，驺驾已相迎。……”宋代苏轼《与吴子野》中有：“鱼鳞鸟翼，信如张燕公之言也。”在唐宋时期众多名人当中，称“燕公”者，即为张说。

六祖慧能与张说、张九龄、张唐辅之因缘

六祖慧能与张说、张九龄都为同一时代先后之名人。慧能比张说年长29岁，张说又比张九龄年长11岁。慧能结束其十五年的隐修生活，于仪凤元年（676）正月初八到广州法性寺开始正式弘法，时张说年仅九岁。

703年，张说被贬岭南钦州，当时他曾有诗《岭南送使》：

秋雁逢春返，流人何日归。
将余去国泪，洒子入乡衣。
饥狖啼相聚，愁猿喘更飞。
南中不可问，书此示京畿。

公元705年，张说从广西回到朝廷，诏为兵部员外郎，累迁工部、兵部二侍郎等，兼修文馆学士。其时慧能南禅之顿悟法门已名震天下。当年上元日，武则天、唐中宗诏请慧能赴京。慧能上表辞疾，愿终林麓。九月三日，武则天下诏奖谕慧能。

公元713年七月，慧能动身前往新州。八月初三，大师圆寂于新州国恩寺。当年九月，张说获二次拜相，封燕国公。

张九龄（678—740），岭南曲江人，唐玄宗开元年间宰相。作为曲江人，他深受六祖思想影响，并与慧能大师有过交往。宋沙门释契嵩《传法正宗记》卷第六有载：

昔唐相始兴公张九龄方为童。其家人携拜大鉴（唐宪宗谥六祖为大鉴禅师）。大鉴抚其项曰：此奇童也，必为国器。

张说与张九龄关系密切。《旧唐书·张九龄传》中载：

开元十年，三迁司勋员外郎。时张说为中书令，与九龄同姓，叙为昭穆，尤亲重之，常谓人曰："后来词人称首也。"九龄既欣知己，亦依附焉。

另据《新唐书·宰相世系表》可知张说是张华十三代孙，而张九龄为张华十五代孙。张说高出张九龄两辈，而且二人皆宗于张华，故有张九龄自称侄孙一说。此后"张说知集贤院事，常荐九龄堪为学士，以备顾问。说卒后，上思其言，召拜九龄为秘书少监、集贤院学士，副知院事。再迁中书侍郎"。张说逝世后，张九龄亲自为其撰写《张说墓志铭》。

张说对佛教是情有独钟的。他曾有诗《江中诵经》：

实相归悬解，虚心暗在通。
澄江明月内，应是色成空。

加上他与张九龄的特殊关系，他对六祖大师必是极为关注和景仰。大师圆寂后，他曾书诗为香，遥祭六祖，即《书香能和尚塔》：

大师捐世去，空余法力在。
远寄无碍香，心随到南海。

冥冥之中有天意。北宋元丰年间，张九龄的第十代孙张唐辅知象州（象州太守）。张唐辅到任后参访西山六祖岩，拜六祖圣像。身为曲江人，世受慧能大师影响的他，当即手书一诗并“勒诗于石”。明正德年间（1513）刻于六祖岩内的《重塑六祖圣像碑记》有记：

昔六祖南庇藏于此，信祀之也。宋元丰时，郡守张公唐辅勒诗于石，明我祖秉佛之旌旄，施传之心印，详且尽也……

而同为曲江人的谭掞在元丰甲子岁（1084年）参访六祖岩时，挥毫写下的篆书“六祖岩”字，成为全国迄今为止发现最早的“六祖岩”题刻。此举或许就是时任郡守的张唐辅相邀所至。张氏等人与慧能大师及象州的情缘真可谓之为不可思议。

真隐岩石刻之探究

真隐岩中现有两方石壁题刻，其中“燕公书”很明显是为了表达“真隐岩、东海释隐迹处记”等字为“燕公（张说）”所书。但为何书刻时不一气呵成、共为一壁呢？且经认真比对，两处石刻之字大小也略有差异。此确实值得我们深为探究。

从张说生平活动轨迹看，他应该是在703—705年流放广西期间，沿西江流域坐船而到访象州。他当时到达象州后，以其原来的身份及影响，当地官员肯定会作陪。在与当地官员（或民众）聊天时，他听到：在数十年前，有一位从东边南海过来的修佛之人（卢道者），在象州西山隐修并且有较多灵异之事，其还不时向当地民众讲授佛法，多有善行而深得民心。于是张说亲至西山，探访大师当年隐修之地，感慨之余而欣然写下了“真隐岩”、“东海释隐迹处记”十个大字，由当地官员请工匠依他所书，镌刻于石壁上作为见证。因他考虑自己是被朝廷流放之人，所以当时书刻时并未落下姓名及日期。至713年9月，他二次拜相、获封“燕国公”，后期更是声名显赫，权倾朝野，文领风骚。时象郡州官忆起张说曾在象州西山真隐岩的题刻，同时更是为了纪念六祖曾在此地隐修，于是便在另一石壁上镌刻下“燕公书”三字。

由此推论，“真隐岩”、“东海释隐迹处记”石刻，至今已有1300多年，应该是迄今为止、事关六祖隐修最早之摩崖石刻。此石刻古迹经受了如此长时间的日晒雨淋、风霜雪月而得存至今，实为幸事。

张说之《钱本草》可为当今廉政教育之借鉴

在张说众多著作中，笔者认为《钱本草》可为当前开展的廉政教育提供借鉴。其文为：

钱，味甘，大热，有毒。偏能驻颜采泽流润，善疗饥，解困厄之患立验。能利邦国、污贤达、畏清廉。贪者服之，以均平为良；如不均平，则冷热相激，令人霍乱。其药，采无时，采之非理则伤神。此既流行，能召神灵，通鬼气。如积而不散，则有水火盗贼之灾生；如散而不积，则有饥寒困厄之患至。一积一散谓之道，不以为珍谓之德，取与合宜谓之义，无求非分谓之礼，博施济众谓之仁，出不失期谓之信，入不妨己谓之智。以此七术精炼，方可久而服之，令人长寿。若服之非理，则弱志伤神，切须忌之。

在此文章中，张说以钱喻药、诊治时弊，堪称奇文。用短短的不足200字，把钱的性质、用途、利弊、积散之道描写得淋漓尽致。他指出，钱“能驻颜，善疗饥，解困厄”，“利邦国，污贤达，畏清廉”，要想驾驭金钱，不为所迷，不为所害，应当精炼“七术”，即“道、德、义、礼、仁、信、智”

七种方式。用现代的话说即是：“积存使用要有度，这就叫‘道’；不把钱看作珍宝，这就叫‘德’；获得与付出相对应，这就叫‘义’；不求非分之财，这就叫‘礼’；乐善好施，这就叫‘仁’；交易不违约，这就叫‘信’；不让钱伤害自己，这就是‘智慧’”。如不能做到上述七术，金钱就会令人“弱志伤神”。其论述非常精辟，值得学赏。

古人给我们留下了太多的辉煌与众多的文化遗产，应引起我们的高度重视。2015年2月15日，习近平总书记在考察西安博物院（即唐代著名皇家寺院荐福寺原址，著名的小雁塔便位于院内）时，特别强调：“要把凝结着中华民族传统文化的文物保护好、管理好，同时加强研究和利用，让历史说话，让文物说话，在传承祖先的成就和光荣、增强民族自尊和自信的同时，谨记历史的挫折和教训，以少走弯路、更好前进。”

象州这座千年古郡，还有许多历史文物值得我们保护、管理、研究和利用。弘扬传统文化，让历史说话、让文物说话，我辈应当且必须有所作为。

慧能大师纪念日
六祖岩上曼珠沙华花绽开

◎吴孝斌

2015年9月15日（农历八月初三）是六祖慧能大师涅槃1302年纪念日。作为六祖当年避难隐修之地的象州西山六祖岩，自然成了当地民间信众的参拜圣地。即日人们络绎不绝，前往六祖岩和真隐岩参访，体悟当年六祖隐修之勤苦。殊不知就在此时，更有一番奇观和瑞象正悄然出现。佛教奇花、红艳美丽的曼珠沙华已从道路一旁，沿着悬崖绝壁直到六祖岩，一路直上、悄然绽放。或亭亭玉立，或丛丛相映。红艳而娇柔、美丽却又深含圣意。似乎是大自然对六祖慧能大师涅槃日的最好纪念，又似乎是大师正在默默地暗示着什么……

何为曼珠沙华？

"曼珠沙华"是梵语名称，中文名称为"红花石蒜"，学名 Lycoris radiata var. Radiata，是石蒜的一个变种。多年生草本植物，地下茎肥厚。叶线形，于花期后自基部抽生。花葶高30—60厘米，伞形花序顶生，花鲜红，花筒较短，花被片狭倒披针形，向外翻卷，雄蕊及花柱伸出，姿态秀丽。

由于花与叶永无缘相见，生生相惜，故得名彼岸花。因花开形似龙爪，又称龙爪花。

佛经中的曼珠沙华

曼珠沙华出自佛经《法华经》，意思是开在天界之红花。又叫作彼岸花、天涯花、舍子花。

《妙法莲华经·卷一》云：

佛说此经已，结跏趺坐，入于无量义处三昧，身心不动。是时乱坠天花，有四花，天雨曼陀罗华，摩诃曼陀罗华，曼珠沙华，摩诃曼珠沙华。而散佛上及诸大众。

《妙法莲华经决疑》又云：

云何曼陀罗华？白圆华，同如风茄花。云何曼珠沙华？赤团华。

南朝梁代法云所著《法华义记》卷一也载有“曼珠沙华译为赤团花”。

曼珠沙华、曼陀罗华，都是佛经中描绘的天界之花。曼殊沙华、摩诃曼殊沙华、曼陀罗华、摩诃曼陀罗华、芬陀利华、摩诃芬陀利华等这些称谓源于梵文佛经，曾于《大乘妙法莲华经》中记载过。“摩诃”的意思是“大”，“大乘”梵语发音即为“摩诃衍那”，至于“衍那”就是“乘载”的意思，“华”在古汉语中即是“花”之意。这些词语出现在古梵文佛经中，意指“地上之花”。

曼珠沙华的故事传说

佛经记载:“彼岸花，开一千年，落一千年，花叶永不相见。情不为因果，缘注定生死。”对于曼珠沙华有许多的故事传说，现仅从网上摘一如下：

相传以前有两个人名字分别叫作彼和岸，上天规定他们两个永不能相见。他们惺惺相惜，互相倾慕，终于有一天，他们不顾上天的规定，偷偷相见。正所谓心有灵犀一点通，他们见面后，彼发现岸是一个貌美如花的女子，而岸也同样发现彼是个英俊潇洒的青年，他们一见如故，心生爱念，便结下了百年之好，决定生生世世永远厮守在一起。结果是注定的，因为违反天条，这段感情最终被无情地扼杀了。天庭降下惩罚，给他们两个下了一个狠毒无比的诅咒，既然他们不顾天条要私会，便让他们变成一株花的花朵和叶子，只是这花奇特非常，有花不见叶，叶生不见花，生生世世，花叶两相错。

传说轮回无数后，有一天佛来到这里，看见地上一株花气度非凡，艳红似火，佛便来到它前面仔细观看，只一看便看出了其中的奥秘。佛既不悲伤，也不愤怒，他突然仰天长笑三声，伸手把这花从地上给拔了出来。佛把花放在手里，感慨地说道:“前世你们相念不得相见，无数轮回后，相爱不得厮守，所谓分分合合不过是缘生缘灭，你身上有天庭的诅咒，让你们缘尽却不散，缘灭却不分，我不能帮你解开这狠毒的咒语，便带你去那彼岸，让你在那里花开遍野吧。”

佛在去彼岸的途中，路过地府里的三途河，不小心被河水打湿了衣服，而那衣服里正放着佛带着的这株红花，等佛来到彼岸解开衣服包着的花再看时，发现火红的花朵已经变做纯白，佛沉思片刻，大笑云：“大喜不若大悲，铭记不如忘记，是是非非，怎么能分得掉呢？好花，好花呀。”佛将这花种在彼岸，叫它曼陀罗华，又因其在彼岸，叫它彼岸花。

可是佛不知道，他在三途河上，被河水褪色的花把所有的红色滴在了河水里，河水终日哀号不断，令人闻之哀伤。地藏菩萨神通非常，得知曼陀罗华已生，便来到河边，拿出一粒种子丢进河里，不一会，一朵红艳更胜之前的花朵从水中长出，地藏将它拿到手里，叹道：“你脱身而去，得大自在，为何要把这无边的恨意留在本已苦海无边的地狱里呢？我让你做个接引使者，指引他们走向轮回，就记住你这一个色彩吧，彼岸已有曼陀罗华，就叫你曼珠沙华吧。”

从此，天地间就有了两种完全不同的彼岸花，一个长在彼岸，一个生在三途河边。

六祖岩之曼珠沙华

象州六祖岩，今年经笔者之努力探索研究，又得到了黄铮、蒋廷瑜等资深专家教授们的帮助和认证，得以重现世间。现曼珠沙华又应时盛开，真是一大奇观，同时更是一大吉兆。

六祖岩下的这许许多多的曼珠沙华，或许是六祖当年所播下的种子，或许是古代西山寺之高僧有意而为。但其直接生长于绝壁悬崖上，应是其自然而至，或许这正是六祖之圣意。不管是大自然之造化，还是古人有意之种植，这一切都已不甚重要。最为关键的是：此花绽开正逢时，美丽动人在当下！

《彼岸花》是著名歌星王菲巅峰时期的代表作。歌曲前奏冗长，显得迷离而妖娆、残酷却美丽。林夕写的词，虽简单却有深度：“看见的熄灭了，消失的记住了。我站在海角天涯，听见土壤萌芽，等待昙花再开，把芬芳留给年华。彼岸没有灯塔，我依然张望着。天黑刷白了头发，紧握着我火把。他来，我对自己说，我不害怕，我很爱他。”

六祖慧能大师在《坛经》中有云：

何名波罗蜜。此是西国语。唐言到彼岸。解义离生灭。着境生灭起。如水有波浪。即名为此岸。离境无生灭。如水常通流。即名为彼岸。故号波罗蜜。善知识。迷人口念。当念之时。有妄有非。念念若行。是名真性。悟此法者。是般若法。修此行者。是般若行。不修即凡。一念修行。自身等佛。

善知识。凡夫即佛。烦恼即菩提。前念迷即凡夫。后念悟即佛。前念着境即烦恼。后念离境即菩提。

或许六祖慧能大师现在就在象州六祖岩，在我们看不见的地方，一直看望着、守护着，永远地指引着……

六祖岩记

◎吴孝斌

象州西山，有六祖岩。岩处佳地，绝壁直上。树从石生，千姿百样。远眺州城，无限风光。前临大江，善水呈祥。林木葱翠，右狮左象。六祖南隐，身于此藏。民众敬仰，昔塑圣像。

六祖慧能，俗姓为卢。祖籍南海，幼年丧父。年少家贫，伐薪供母。年二十三，闻经有悟。黄梅参礼，言惊五祖。见性偈语，他人代书。弘忍器之，传衣六祖。为避人害，旋即南渡。先至曹溪，恶人寻逐。遂隐山林，混于猎户。时至象郡，隐于此处。修行勤苦，虎为守护。法性现身，印宗剃度。祖登讲坛，法门顿悟。直指人心，见性成佛。三十七载，心印传度。武后驰诏，请师慈护。祖表辞疾，愿终林麓。先天二年，报恩故土。涅槃新州，香烟指处。真身舍利，南华长驻。《坛经》集成，世代流布。世称圣人，中国佛祖。

六祖恩德，郡人泽及。岩中塑像，是为信祀。燕公张说，流谪广西。时游此岩，手书隐迹。郡守张公，勒诗于石。谭掞手书，六祖岩字。大明正德，赵公募资。重塑圣像，书刻碑记。文人骚客，纷沓而至。光烈鸿韶，以诗为题。

时逢盛世，瑰宝重现。世人敬之，共筑和谐。

象州最美地名之“六祖岩”

◎吴孝斌

“六祖岩”，位于象州县象州镇鸡沙村民委黄皮沟村后面、西山半山腰处，从象州大桥头行车约1.5公里可到。在岩口向前眺望，可观赏到象州城全景及象江两岸的田园景色。岩洞高约2.4米、洞口宽约2.5米，洞内宽约2.8米、深约6.5米。岩洞石壁上及周围共有石刻10处，其中有七处为宋代及以前的石刻。宋代著名地理总志《舆地纪胜》中有记载：“六祖岩在西山寺后，磴道盘纡，石穴空嵌，可容数人，塑六祖像其中。”

“六祖岩”因六祖慧能大师在此隐修悟道而得名。慧能大师俗姓卢，唐代南海新州（今广东新兴县）人。他是中国佛教禅宗第六代祖师，是中国禅宗文化的真正创始人，对中国及世界佛教文化产生了深远的影响，世称“六祖”。在英国伦敦大不列颠国家图书馆广场，矗立着世界十大思想家的塑像，其中就有代表东方思想的先哲孔子、老子和慧能，并称为“东方三圣人”。大师圆寂后，肉身不腐，被后世弟子供奉在广东曲江南华寺至今。他生前的主要讲法，由弟子法海等整理成书，即是《六祖坛经》。在佛教史上，中国人的著述被称经的，只有慧能大师一人。

当年慧能到湖北黄梅参拜五祖弘忍大师学法。数语之下，引起五祖重视，被派往后院破柴踏碓。八个多月后，弘忍决定要在弟子中寻找一个继承人，他对徒弟们说，大家“取自本心般若之性”都作一首偈子，看谁开悟见性就传衣钵给谁。他的大弟子神秀半夜起来，在院墙上写了一首偈子：

身是菩提树，心为明镜台。
时时勤拂拭，勿使惹尘埃。

慧能听后，也作了一偈：

菩提本无树，明镜亦非台。
本来无一物，何处惹尘埃？

并请别人写在神秀的偈子旁。弘忍看到这首偈子后，“见众人惊怪，恐人损害”，用鞋擦掉了这首偈子。第二天弘忍悄悄到碓坊与慧能对话后，用杖在碓上敲了三下就走了。慧能理解了五祖的意思，于是他在晚上三更的时候去了弘忍的禅房。在那里，弘忍向他讲解佛教《金刚经》，当讲到“应无所住而生其心”时，慧能大悟，弘忍便传衣钵给他。为了防止他人伤害，慧能连夜远走南方，开始了十五年隐姓埋名的隐修生活。

在他隐修期间，某日行至象州，感受到象州人民的淳朴，看到西山的景色美丽且独特，于是决定在西山避难修禅。他日常打坐参禅在“真隐岩”上，生活及休息在“六祖岩”内。后来他又结庵修行，当时有猛虎为他护卫。在他修行与生活的过程中与附近村民友好相处，还不时向他们传授佛法，因此深得当地民众的信赖。在日常交流中，民众还隐约知道了大师姓卢，是东边沿海（或南海）过来的修行人。在他离开象州后，民众为了纪念他，就在他生活与休息的六祖岩内，依他的形态进行塑像，以表崇敬并供奉。唐代名相、燕国公张说（世称燕公）被流放钦州期间，曾到象州参访。当张说听闻民众述说后，到实地参访，深为感动，就在大师修行打坐之地写下“真隐岩”及“东海释隐迹处记”十个大字。宋代地理史籍中也有六祖（卢道者）在象州隐修的神异记载：

卢道者，隐居阳寿之青金山，去城八十里，其山深广，虎狼甚多，卢在山中卓庵，修行勤苦，虎常蹲伏庵下，每出入，虎为守庵。

后人在六祖岩下建成了西山寺。

到了北宋元丰年间，张唐辅（广东曲江人）到象州任知州，曾游西山寺访六祖岩，并写诗刻于石上，用以纪念六祖接法隐修及禅宗的心印相传过程。同为广东曲江人的北宋名人谭掞在1084年到访后，见到“真隐岩”、“东海释隐迹处记”及洞内塑像等六祖隐修古迹时，更是激动，当即挥毫写下篆书“六祖岩”三个大字，并刻在洞口石壁上。谭掞当时担任广西经略司勾当公事，后来官至户部员外郎、广文馆学士、广南东西路转运副使、广南东西路宪司。他与王安石是同窗学友，与苏东坡也是好朋友。谭掞德才双馨，为人“孝慈忠信，内心纯备”。此摩崖石刻是中国迄今为止发现最早的“六祖岩”题刻。

随后，文人骚客纷至沓来，有的还一时兴起，留下题刻。到了大明正德年间，赵宗明等人游六祖岩，见六祖像倾废，于是召集众人筹集资金重塑六祖圣像，并以《重塑六祖圣像碑记》题刻于岩内。

“六祖岩”名震一方，六祖圣像为当地民众世代供奉。当地历代名人（如许纪、刘光烈、石鸿韶等）、各朝州官（如宋朝张唐辅、清朝郭步瀛等）、外来文化名人（如谭掞、孙觌等）都曾经到六祖岩认证、参访和供养。只是到了近代，由于张唐辅石刻的遗失、六祖圣像被毁、《重塑六祖圣像碑记》序文部分受岁月水渍的蚀损，加上各种政治运动的影响，世人对此日渐淡忘。

时至今年，由于象州本地人士的细察深研，象州“六祖岩”而有机缘得以重现世间，并且得到了广西资深历史专家和考古专家的一致认证，被视为今年考古界的“重大发现”。

六祖岩是六祖慧能大师及古人留给象州人民的瑰宝。将这个千年文化古迹保护和利用好，象州或许由此而走上一条新的富裕和谐发展之路。

千年古刹

——象州西山寺略考

◎吴孝斌

象州西山古有禅寺，名西山寺。其寺地处风水之佳地，左为象山（视为青龙），右为狮山（视为白虎），前临象江，直见东岗（视为朱雀），背靠西山（视为玄武），正是应了古人所言“自古名山僧占多”之语。但却不知何时而建，又何时而毁。直至今年，随着六祖岩的重光于世，相关人员的不断探研，西山寺也渐见端倪，其在象州的印记也在不断出现。

西山寺遗址文物发现及东岗摩崖石刻之佐证

2015年7月14日，在广西历史学会专家组组织的实地考察活动中，蒋廷瑜、郑超雄、林强、李珍等考古专家认真踏勘了古西山寺遗址，在其地表上发现了一批青砖、瓦、瓦当、石构件等古代建筑材料，其中尤以宋代与明代的为多。专家们当即断定至少宋代时已有西山寺，明代又进行过重建或修复。

象州西山对面的东岗岭顶部，有仁寿院遗址，石壁上有两幅楷书摩崖诗刻，为宋代象郡太守张唐辅所作。一幅分诗与跋语两部分，跋语高0.60米、宽0.65米，文曰：

象州东西南北四禅刹最古，而兹尤占佳胜，公暇喜一寻访。元丰辛酉仲夏二十二日，因为诗刻于仁寿院之崖壁，曲江张唐辅。

诗文高0.65米、宽0.9米，文曰：

象山秀拔倚清穹，宝刹禅关占四峰；东北岭头千桧竹，西南崖表万杉松。楼台掩映高低起，殿阁参差上下重；我愧不才叨假守，公余时喜一游从。

另外一幅石刻于诗、跋边约30米，高0.45米、宽0.75米，文曰：

太子中舍曲江张唐辅，著作佐郎始兴许彦传，元丰三年庚申六月同游。

张唐辅所书的石刻年代为宋元丰三年（庚申，1080年）、元丰辛酉（1081年）。若以1080年为计，此时相距唐朝灭亡（907年）为173年，而与宋朝建立（960年）相隔仅为120年。张唐辅称西山寺等四个寺为“（最）古”之寺，由此可推论西山寺至少在北宋初期已经存在，至今已有上千年的历史，并且很有可能在唐代时即已建寺。其寺当时应是在六祖岩的石崖下依山而建，故有“楼台掩映高低起，殿阁参差上下重”之称。

关于西山寺与西山之历史典籍记载

西山寺因建于象州西山而命名，而西山又因有六祖岩和象云等瑞象出现，而在历代志书中多有记载。

宋代著名地理总志《舆地纪胜》（王象之编）中有较多记载：

西山寺在城西五里，其寺半山有一槛亭，大江横前，飞湍千里，郡城枕股，万瓦鳞闪，山川景物尽在其中，骚人题咏为多。

六祖岩，在西山寺后，磴道盘纡，石穴空嵌，可容数人，塑六祖像其中。

圆光亭在西山寺。

西山与象山相连，尤为高耸，风土纪云：刀兵永不见，西山最高现。说者以为州从来无兵乱，虽侬智高陈进之猖獗，郡人皆虑，其侵害至境或自退，或败亡。人以为应谶。

瑞象，瑶光台云：郡之西山，耸秀葱翠，四时寒暑，阴晴显晦，变态不常。当其天宇澄霁，倏尔溟濛，红日朝暾，游云浮飞，为白象之形，宛如生成，奔逐飘逸于西山之上，出没无时，父老相传，号为（瑞象）。

宋周去非《岭外代答》有：

象州郡治西楼，正面西山。山腹忽起白云，状如白象，移时不灭。然不可常见。案：秦象郡乃交址，非象州也，今象州城门乃画一白象，不审何义。然象州自昔不遭兵革，凡有大盗，皆相戒以不宜犯象鼻，然则城门之画象，岂谓此耶？

志载，古时西山寺有多处亭榭，如园光亭、超然亭、退思轩等。蒋日莱乾隆二十九年所编的《象州志》记载：

退思轩，在隔江三里许，西山寺超然亭之右，明秦进建，为训子肄业之所，俯长江，瞰平原，豁人心目，久圮。（秦进，象州人，明正统三年戊午科举人。）

西山寺及西山古时多有文人题咏

宋代著名文人孙觌被贬象州时，曾作《西山超然亭》：

庞区翳榛莽，地瘴藏百怪。
西山何轩轩，拔脚风尘外。
中萦一绕蟠，侧立两壁对。
旁连九疑高，远控三湘大。
孤亭坐林杪，俯见飞鸟背。
号方泣二女，御魅窜四罪。
谁云窘囚拘？故自脱天械。
飘飘思凌云，万里风雨会。

清乾隆年间象州名人刘光烈，曾在六祖岩内留下诗刻，诗曰：

山径萧条古洞开，白云深锁旧经台。
半炉烟冷埋青草，满砌花飞点翠苔。
秦凤空传人跨去，辽城几见鹤归来。
风前搔首舒长啸，我正天仙暂脱胎。

还写有《象云说》：

郡西渡江二里许有山焉，峭立正对瑶光楼，不象其形而象其名。古传每雨后日出，山腹白云辄而成象，经时不灭。岁丙寅，余读书城之西南隅，去城不数武。适仲夏八日，日午初斜，清风不作，予避暑其上。倏忽彤云密布，阳焰无光。雷鼓为之助威，天公于焉舒笑。滂沱蔽野，林木滋垂。已而天开霁色，波净沙澄，四山之烟光荡漾，瀑布飞空。予方凭栏骋目，心旷神怡。而山腹中祥光隐跃，瑞霭毕呈，纷纷缦缦。秉扶日之姿，蕴从龙之志。其质白以洁，其形高而庞……求之他山，概无有焉。噫！云之奇亦至此矣。

清代象州知府郭步瀛（字安澜）与象州名人石鸿韶、李文雄等三人游西山寺时，曾和咏而作《游饮西山寺题壁》。其中郭步瀛诗文为：

劈开古洞几千春，忝莅此邦作主人。
花拂层轩香绕座，酒斟满竿净无尘。
留题有侣非孤调，邀赏乐群属上宾。
埽石观诗经剥蚀，后贤云集焕然新。

石鸿韶诗文为：

双凫莅处即阳春，为政风流见几人？
山水有缘探窟奥，楼台何处着埃尘。
一龛宝月仍供佛，数盏香醪可醉宾。
峭壁首题冰雪句，愧无才调斗清新。

李文雄诗文为：

楼卷珠帘酒泛春，诗笺飞下语惊人。
芳樽恨未陪高座，芝盖徒令望后尘。
此地结缘贤有主，群仙聚会喜来宾。
江山遥见都生色，只为留题雅调新。

西山寺与六祖岩

清同治九年《象州志》中有记：

六祖岩，在西山寺后，磴道盘纡，石穴空嵌，内可容数人。旧志云：有石刻六祖岩三字。

西山寺缘于六祖曾在西山隐修而为后人所建，并成为古象郡的著名禅刹。六祖岩因是六祖直接隐修之地，而成一方圣土。可以断定，但凡到西山寺参访的人必定要到六祖岩去礼拜六祖圣像，感受佛意，清涤身心。

整个西山寺及六祖岩若依佛教而言，则是处于大道场围绕之中。左边的象山即普贤菩萨道场（象为普贤菩萨坐骑），右边的狮山即文殊菩萨道场（狮为文殊菩萨坐骑），前面的象江即观音道场（大悲水），后靠的西山即为弥陀净土。由此可知当年六祖慧能所选隐修之地的灵异，在此大道场勤苦修行，也更有利于他得证无上菩提。

正如岩中石壁上《重塑六祖圣像碑记》所记：

象郡西山有岩，曰六祖岩。中有圣像，昔人所塑也。郡人云：昔六祖南庇藏于此，信祀之也。宋元丰时，郡守张公唐辅勒诗于石，明我祖秉佛之旌旄，施传之心印，详且尽也，不复须矣。正德癸酉春……诗曰：灯传六世胤黄梅，五叶舒卷有自来，释部藩篱蒙祖辟，空门锁钥赖师开。山头慈雨濡萌蘖，岩底穹碑翳藓苔。景仰遗形闲遣兴，尘襟尽洗净无埃。

因此西山寺千年以前早已存在，六祖圣像为当地百姓世代供奉，当地名人（如许纪、刘光烈、石鸿韶等）、各朝州官（如张唐辅、郭步瀛等）、外来文化名人（如谭掞、孙觌等）都曾认证、参访和供养，由郑小谷主编的清代同治九年《象州志》中的地图上也标有西山寺。只是时至近代，由于各种因素加上各种政治运动的影响，世人对此日渐淡忘。

根据本地黄皮沟村老人陈庭修（84岁）、陈庭德（83岁）的回忆，原西山寺有水长流，是用石涧接水来吃用。六祖岩前面建筑以前是木楼，柱子宽约50厘米，上面盖瓦，四周敞开有围栏，岩内的六祖圣像约有1米高。六祖岩上方原来有一大石伸出，像鹰嘴一样，后来在1971—1972年建氮肥厂时受破坏。西山寺被毁具体时间两位老人也无从知晓，只知道在他们出生之前西山寺早已被毁。

尽管西山寺被毁已久，而六祖岩依然存在。尽管六祖圣像也被毁已久，但六祖岩中香火至今不断。今时逢盛世，六祖岩得以重现世间，重建西山寺，弘扬六祖文化已经成为民众上下的共同心愿。期盼着西山寺及六祖文化园早日建成并真正发挥作用。

从鉴真过境谈唐宋时期象州的水路交通状况

——兼论张说被贬钦州期间过境象州的路线

◎吴孝斌

鉴真东渡与玄奘西行一样，都是中国佛教史上中外文化交流的重大事件。鉴真大和尚曾六次东渡，最后成功到达日本。在日本传授佛学理论，传播博大精深的中国文化，促进了日本佛学、医学、建筑和雕塑水平的提高，受到中日人民和佛学界的尊敬。研究其行踪轨迹，可有助于了解当时的交通状况。

鉴真第五次东渡失败后曾过境象州

鉴真（688—763），江苏扬州江阳县人，俗姓淳于。14岁随父亲到扬州大云寺参佛时出家，师从天下400余州的“受戒之主”道岸律师学习律学，26岁开始开坛讲经弘法。四十余年间，为俗人剃度，传授戒律，先后达四万余人，江淮间尊为授戒大师。天宝元年（742），55岁的鉴真毅然接受日本留学僧人荣睿、普照的邀请，开始东渡，拟去日本传道弘法，担任授戒大师，当时日本还不具备授戒条件。鉴真东渡，前五次都告失败，直至第六次才成功登陆东瀛。

天宝七载（748）六月，61岁的鉴真组织第五次东渡。乘船自舟山群岛驶船过海遇飓风，漂流14天到达南海，在海南岛崖县泊岸。渡琼州海峡，回到了大陆。稍作休整后，即择路北返。鉴真率弟子自雷州半岛出发，由东向西，从内河乘舟向桂林进发。

公元779年，日本文豪真人元开（即淡海三船）用汉语文言文体所撰《唐大和上东征传》中载：

> 三日三夜便达雷州。罗州、辨（辩）州、象州、白州、佣州、藤州、梧州、桂州等官人僧道父老，迎送礼拜。供养、承事，其事无量，不可言记。始安都督上党公凭古璞等步出城外，五体投地，接足而礼，引入开元寺。

文中所列经过地方的先后顺序及个别地名（辩州写成辨州、容州写成佣州）虽略有差异。但因是日本人所写，此也属正常现象，并且此文所列的路线方向也是对的。文中明确点出了鉴真此行是经过“象州”而到达桂林。而唐代在岭南及雷州半岛的区域中，仅此象州一地（即当今广西象州）。由此证明鉴真大和尚当年曾过境象州乃真实之事。

分析鉴真师徒此次所行路线，是从海南岛渡过琼州海峡之后的一条北归之路：即经雷州而过罗州（今广东高州以东）、白州（今广西博白附近）、容州（今广西容县）、梧州、藤州（今广西藤县）、象州，溯江而上，入洛清江转道相思埭运河，于天宝九载（750）来到了岭南重镇始安郡桂州（今桂林）。

正如文中所述，鉴真一行经过象州时，进行了短暂的驻留，地方官员、僧人及民众都虔诚地进行迎送、礼拜、供养和承事，其场景想必非常感人。

唐宋时象州的水路交通

鉴真师徒此行经过象州而达桂林，足以印证古代象州的水路交通优势。在象州与桂州（桂林）的往来中，相思埭运河功不可没。

《新唐书·地理志》载:“有相思埭,长寿元年筑,分相思水使东西流。”武则天当年为进一步开拓岭南、加强封建王朝对西南边疆的控制,而开凿此相思埭运河。因相思埭位于兴安灵渠西南,清代将相思埭陡河与灵渠陡河并称为桂林府东西二陡河,故相思埭又称临桂陡河、南陡河,近代称相思埭为桂柳运河、临桂运河。《广西通史》称相思埭:“沟通漓江(桂江)柳江之航运,为桂林通往柳州的水路捷径。”“开凿前,桂林至柳州的水路运输,系由漓江经梧州,溯西江上桂平,北上黔江,又经象州入柳州,航程千余里。运河开通后,从桂林至柳州全航程仅三百里,故称桂柳运河。”也就是说,此运河开通后,从桂林到柳州的航程仅为300里,从桂林到象州的航程也就是200多公里。由此象州形成了通达八方的水路交通体系。

清初顾祖禹撰《读史方舆纪要》有:

柳江在城南。其源曰福禄江,自贵州西山阳洞长官司南流入境,经怀远县西,至融县东为融水,又流经柳城县,始名柳江,历府城西,折而东南,经江口镇,合相思埭、永福、洛容之水,过象州,入浔州府境。

宋代地理志《舆地纪胜》称象州:

地连八桂,密近湖湘……象古名郡,跨三邑之封,当牂牁龙江之沿流,封疆不啻千里。岭西南连属桂林,外接交邕,控扼蕃洞往来要冲。

正是借助良好的水路交通优势,才确定了象州长期作为州(郡)治的地位,也才有唐宋时期的众多大家、名人经过或驻留象州,鉴真大和尚就是其中之一。

试论张说被贬钦州期间过境象州的路线

象州西山上有“真隐岩”、“东海释隐迹处记”石刻，为唐代“燕公”张说所书。按张说的行动轨迹，应该是其被贬钦州期间经过象州的。那么，当年张说过境象州的路线是如何走的？此值得我们认真进行考究。

按当时的交通状况，就水路而言，张说流放钦州在广西境内所经行的路线可有两条：

一是从桂林经漓江、桂江进入西江，然后溯北流江、顺南流江入北部湾，取道钦江至钦州。

二是从桂林经相思埭运河、洛清江至柳州，然后顺柳江而下至桂平，溯郁江至南宁，南下至钦州。

从便捷程度看，张说流放钦州之年（703—705），相思埭运河已于692年修通，取道象州的水路更快捷一些，此即可能是张说之行的首选路线。

另外一种可能是张说在钦州获赦重返朝廷时，取两条路线综合而行，即先从钦江至北部湾，再从南流江下北流江，进入西江后再依后来鉴真大和尚所走路线，在西江流域溯江而上，经象州、入洛清江转道相思埭运河，从而到达桂林。

由此推论，象州西山真隐岩石刻是张说在公元703年（或705年）经过象州而作，距今已在1310年以上，并且还是事关六祖慧能的隐修踪迹，其历史意义非凡。鉴真大和尚和六祖慧能大师这两个唐代高僧均与象州结缘，实乃象州之幸！

广西象州“六祖岩”初探综述

◎吴孝斌

六祖慧能大师是中国佛教禅宗第六代祖师，是中国禅宗文化的真正创始人，对中国及世界佛教文化产生了深远的影响，世称“六祖”，与孔子、老子并称为“东方三圣人”。在六祖的人生轨迹中，其自五祖弘忍接法后至广州法性寺现身期间，隐蔽的十五年行踪不为人知，从而广为后人所探寻。因缘所至，笔者从2015年5月开始对涉及六祖行踪的广西象州“六祖岩”等进行认真探研，并撰写了《探寻象州“六祖岩”》等多篇文章在报刊及网络上公开发表，引起了媒体及有关专家的广泛关注。广西历史学会组织专家组到象州进行实地考察调研并给予了高度的肯定。至今，六祖在象州的遗迹研究已经取得初步的成果。现特将自己近半年来的初步探研情况作一综合论述。

一、象州西山六祖岩石刻文物概况

象州历史悠久，秦始皇三十三年(前214)，岭南设南海郡、象郡、桂林郡，今县境属桂林郡。汉初，象州地属南越。元鼎六年（前111），象州境内置桂林县，属郁林郡。三国时，象州县境地属吴，为桂林郡治。凤凰三年（274）在境内置武安县、桂林县，武安为桂林郡治。隋开皇十二年（592）置象州，其后多以象州或象郡称之，并长期作为郡（州）治所在地，直至民国元年（1912）象州才改称象县。因此象州的文物古迹甚多。

象州“六祖岩”，位于象州县象州镇鸡沙村民委黄皮沟村后面、西山半山腰处。“六祖岩摩崖石刻”被列入广西来宾市文物保护单位，2003年12月25日，来宾市人民政府立碑于西山脚下。

“六祖岩”岩洞高约2.4米，洞口宽约2.5米，洞内宽约2.8米、深约6.5米。岩洞石壁上及周围共有石刻10处（其中摩崖石刻9处，石碑刻1处），其中有7处为宋代及以前（唐代）的石刻，一处为明代石刻，两处为清代石刻。各石刻及内容如下：

（一）“六祖岩”石刻。高0.80米、宽0.48米。篆书刻“六祖岩”三个大字，两旁小字为：“曲江谭掞文初书。元丰甲子岁。”

（二）刘光烈诗刻。高0.47米、宽0.67米，楷书，为清代象州文化名人刘光烈（字杨休）诗作。“戊辰（1748年）仲春”。

山径萧条古洞开，白云深锁旧经台；
半炉烟冷埋青草，满砌花飞点翠苔。
秦风空传人跨去，辽城几见鹤归来；
风前搔首舒长啸，我正天仙暂脱胎。

日省轩刘光烈杨休题

（三）陈蕃石刻。高0.67米、宽0.67米，楷书。

莆阳黄南一谊夫之官安城拥郡春陵徐日起德高同官□　溪汪语子山镇戎□每学□长仪赵汝造子徐□□禅以择之宜春李方晋□毗陵（？）□孝敬政继先柯山赵戬□□□□闲申岳仰清□赵师倌□六祖饯于此。于时天气晏温，梅花的□漂白青山纪（？）名崖石，感羲之兰亭之集，追东坡赤壁之游，不欲其遂成陈迹，姑记不朽耳。时庆元庚申至后九日，晋康陈蕃汉臣书。

（四）《重塑六祖圣像碑记》石刻。高0.67米、宽0.95米。《重塑六祖圣像碑记》。

象郡西山有岩，曰六祖岩，中有圣像，昔人所塑也。郡人云：昔六祖南庇藏于此，信祀之也。宋元丰时，郡守张公唐辅勒诗于石，明我祖秉佛之旌旄，传之心印，详且尽也，不复须矣。正德癸酉春，赵丁□□□之好□□，同游此岩。观祖像倾废，遂募众□共而塑之，复步张公之韵，而镌诸碑，用纪岁月而垂之永久云。诗曰：灯传六世胤黄梅，五叶舒花有自来。释部藩篱蒙祖辟，空门锁钥赖师开。山头慈雨儒萌蘖，岩底穹碑翳藓苔。景仰遗形闲遣兴，尘襟尽洗净无埃。信官吏书许纪……信士陈永……信女……大明正德癸酉春正月吉日赵宗明记。

（五）赵国宝等游题。高0.65米、宽0.42米，楷书。

开封赵国宝、清湘刘景山、桂林孟景善，因饯宪车，憩西山，登一览亭，访六祖岩，花时暄淑，洗金盏，酌玉薤，徜徉久而归。绍熙甲寅仲春癸卯。

（六）谭灏清等游题。高0.37米、宽0.17米，楷书。

晋康陈□□□陈□□□庐陵谭灏清叔庆元庚申腊月十有八日挈榼求游。

（七）元丰年游题。岩前的一处小石刻。

（元）丰六年三月□月日八桂张□区晔同游此。

（八）真隐岩石刻。高1.42米、宽0.42米，楷书。“真隐岩”，“东海释隐迹处记”。

（九）燕公书石刻。长0.55米、宽0.18米，楷书。“燕公书”。

（十）游饮西山寺题壁。石碑长0.86米，宽0.57米，厚0.13米，楷书，县文物管理所将其存于关岳庙进行保护。

劈开古洞几千春，忝莅此邦作主人。
花拂层轩香绕座，酒斟满斝浄无尘。
留题有侣非孤调，邀赏乐群属上宾。
埽石观诗经剥蚀，后贤云集焕然新。

游饮西山寺题壁安澜氏元韵

双凫莅处即阳春，为政风流见几人？
山水有缘探窟奥，楼台何处著埃尘。
一龛宝月仍供佛，数盏香醪可醉宾。
峭壁首题冰雪句，愧无才调斗清新。

晋卿石鸿韶甫稾

楼卷珠帘酒泛春，诗笺飞下语惊人。
芳樽恨未陪高座，芝盖徒令望后尘。
此地结缘贤有主，群仙聚会喜来宾。
江山遥见都生色，只为留题雅调新。

念典李文雄谨和

此外，在六祖岩洞内正向石壁上，有两处明显的碑刻嵌痕，其上的两块石碑已经丢失。

二、涉及六祖行踪主要石刻的研究

以上十处石刻多数与六祖慧能在象州期间的活动有关联。其中最为重要的是“六祖岩”、“重塑六祖圣像碑记”、“真隐岩”、刘光烈诗和石鸿韶等三人游饮西山寺诗等五处石刻。

（一）“六祖岩”石刻。“六祖岩”三个大字为篆书题刻，大字旁边两行小字为题刻的作者及时间落款，一边为“曲江谭掞文初书”，另一边为“元丰甲子岁”（1084年）。作者谭掞，字文初，广东曲江人，北宋文人，曾在广西为官多年，后来官至户部员外郎、广文馆学士、广南东西路转运副使、广南东西路宪司。他与王安石是同学，曾协同王安石编成《字说》。他与苏东坡也是好友，苏东坡曾称赞谭掞：“我观谭君，孝慈忠信，内心纯备。”谭掞于元丰七年（1084）到达象州，时任广西经略司勾当公事。因六祖在广东曲江宝林寺（今南华寺）弘法长达37年，圆寂后六祖真身也一直供奉于其地，谭掞身为曲江文人，对六祖慧能大师自是极为了解和崇拜，当时他到象州西山参访六祖岩，观六祖隐修踪迹，拜六祖圣像，当即挥毫写下篆体“六祖岩”三个大字，并落下了名字与时间。象州“六祖岩”由此即成为国内迄今为止年代最早并以“六祖”命名的岩洞。

（二）《重塑六祖圣像碑记》。其标题“重塑六祖圣像碑记”为横书，碑文则为竖书。字虽模糊，但经采用生粉涂抹处理及拓片比对，文字内容已基本明确。特别是开始的序文部分明确点明了：

象郡西山有岩，曰六祖岩。中有圣像，昔人所塑也。郡人云：昔六祖南庇（藏）于此，信祀之也。宋元丰时，郡守张公唐辅勒诗于石，明我祖秉佛之旌旄，施传之心印，详且尽也，不复须矣。

而后“正德癸酉春”，赵某等人“同游此岩”，“观祖像倾废，遂募众有共而塑之”，“复步张公之韵，而镌诸碑”。诗曰：

灯传六世胤黄梅，五叶舒花有自来。
释部藩篱蒙祖辟，空门锁钥赖师开。
山头慈雨儒萌蘖，岩底穹碑翳藓苔。
景仰遗形闲遣兴，尘襟尽洗净无埃。

此碑记清楚地表明：象州民众一直都在流传着六祖当年藏身于此、修道弘法的故事，民众崇奉于他并立像祭祀；宋元丰年间，象郡太守张唐辅曾勒诗于石用以称颂六祖；明朝正德癸酉（1513年）春赵某等人重塑圣像，“复步张公之韵”所作之诗其意即为赞誉六祖，并表达了六祖岩与六祖的关系。

张唐辅也是广东曲江人，为唐代名相张九龄的第十世孙。因世受六祖思想的影响，他对佛教情有独钟。北宋元丰年间（1078—1085年）任知象州（象州太守），县城东岗岭上现在尚保存有他在元丰辛酉年（1081年）所写的“象州东西南北四禅刹最古”等摩崖石刻。他当时到西山寺六祖岩参拜后“勒诗于石”便不为奇，只可惜此石刻已经丢失（或许就是岩洞内所失两碑之一）。而同为曲江人的谭掞在元丰甲子岁（1084年）参访六祖岩，挥毫写下篆书“六祖岩”题刻，或许就是时任郡守的张唐辅相邀所至。并由此可推论：岩内原塑六祖圣像距今已逾千年。

（三）真隐岩石刻。真隐岩紧挨着六祖岩左上方，石壁上赫然题刻着“真隐岩”及“东海释隐迹处记”两行大字，字显沧桑久远却清晰可见。笔者后来又在其一旁的石壁上发现了“燕公书”三字。据查，唐宋时称“燕公”者，集中指向了张说。张说（667—730），为唐代名人，曾三次为相，获封“燕国公”，时人常以“燕公”称之。从张说生平活动轨迹看，他应该是在703—705年流放广西期间经过象州。他当时到达象州后，以其原来的身份及影响，当地官员肯定会作陪。在与当地官员（或民众）聊天时，他听到：在数十年前，有一位从东边沿海（或南海）过来的修佛之人（卢道者），在象州西山隐修并且有较多灵异之事，其还不时向当地民众讲授佛法，多有善行而深得民心。于是张说亲至西山，探访大师当年隐修之地，感慨之余而欣然写下了

“真隐岩”、“东海释隐迹处记”十个大字，由当地官员请工匠依他所书，镌刻于石壁上。因他考虑自己是被朝廷流放之人，所以当时书刻时并未落下姓名及日期。至713年9月，他二次拜相、获封“燕国公”，后期更是声名显赫，权倾朝野，文领风骚。时象郡州官忆起张说曾在象州西山真隐岩的题刻，同时更是为了纪念六祖曾在此地隐修，于是便在另一石壁上镌刻下“燕公书”三字。由此推论，“真隐岩”、“东海释隐迹处记”石刻，至今已逾1310年，应该是迄今为止、事关六祖隐修最为久远的唐代摩崖石刻。

（四）刘光烈诗刻。清代乾隆年间象州著名文人刘光烈在1748年春所写的诗刻：“山径萧条古洞开，白云深锁旧经台；半炉烟冷埋青草，满砌花飞点翠苔。秦凤空传人跨去，辽城几见鹤归来；风前搔首舒长啸，我正天仙暂脱胎。”此诗正是描写昔日高僧大德于六祖岩中勤苦修行、体悟大道的灵动之作。

（五）游饮西山寺题壁。此是象州知州郭步瀛（字安澜）在清光绪年间邀约象州文人石鸿韶、李文雄共同游饮西山寺、访六祖岩而共题。石鸿韶，字晋卿，象州清代进士，曾官至云南迤西道道尹。根据史料的推断，题壁是于光绪十六至十七年（1890—1891）间所作。诗中“埽石观诗经剥蚀”，“山水有缘探窟奥，楼台何处着埃尘，一龛宝月仍供佛”等诗句就是形容“六祖岩”的绝好诗句。其中石鸿韶所作的“楼台何处着埃尘”，表面上看是他与其他二人的和唱，实际上是他见“六祖岩”及“六祖圣像”而心有感触，是他对六祖当年的见性偈“菩提本无树，明镜亦非台。本来无一物，何处惹尘埃”的绝好和唱。

三、典籍关于象州六祖岩、西山及西山寺的相关记载

（一）《舆地纪胜》。宋朝著名地理总志《舆地纪胜》卷一百五《岭南西路·象州》对此共有七处记载，如：

六祖岩在西山寺后，磴道盘纡，石穴空嵌，可容数人，塑六祖像其中。

西山寺在城西五里，其寺半山有一槛亭，大江横前，飞湍千里，郡城枕股，万瓦鳞闪，山川景物尽在其中，骚人题咏为多。西山与象山相连，尤为高耸，风土纪云：刀兵永不见，西山最高现。说者以为州从来无兵乱，虽侬智高陈进之猖獗，郡人皆虑，其侵害至境或自退，或败亡。人以为应谶。

瑞象，瑶光台云：郡之西山，耸秀葱翠，四时寒暑，阴晴显晦，变态不常。当其天宇澄霁，倏尔溟濛，红日朝暾，游云浮飞，为白象之形，宛如生成，奔逐飘逸于西山之上，出没无时，父老相传，号为（瑞象）。

此外，也出现了关于东山寺、南山寺、北山寺的相应记载。

在《岭南西路·象州·仙释》的记载中，更是出现了关于六祖在此隐修的直接文字记录：

卢道者，隐居阳寿之青金山，去城八十里，其山深广，虎狼甚多，卢在山中卓庵，修行勤苦，虎常蹲伏庵下，每出入，虎为守庵。

文中的“卢道者”即为六祖。六祖俗姓卢，名惠能，广东新州人。肉身与六祖真身同在广东南华寺供奉的明代高僧憨山大师，其《憨山老人梦游集》第五十卷有：“有新州卢道者。得黄梅衣钵。号为六祖。回至曹溪。时宝林已废……”文中也称六祖为“卢道者”，可谓无独有偶。而“阳寿”则是象州古时的县名，《舆地纪胜》载：

阳寿旧县，在阳寿东南三十九里，唐大历二十一年，移州治临大江，县随州治，旧城遂废。

即唐大历二十一年（787）阳寿县城才随州治迁至现址，在此之前阳寿县治在东南方向的今罗秀至中平一带（当地现尚有古城遗址），西山当时应叫青金山。阳寿县随州治移临象江边后，即以县城为中心，在东南西北四个方向各自建设了佛寺，并按所在方位而命寺名。六祖岩所在之山位处县城西方，西山寺在六祖岩前所建，此山即命名为西山。因此志书中便有了六祖慧能大师在象州西山一带卓庵隐居，修行悟道，因其道行高深，使老虎为之护法的记载。

（二）本地旧志的记载。现尚存世的三本古代象州志书中也有相关的类似记载。清乾隆二十九年《象州志》中记载："西山在州西，隔江二里，旧有西山寺，今圮。""六祖岩在西山，有石刻六祖岩三字。"清同治九年《象州志》中记载："六祖岩，在西山寺后，磴道盘纡，石穴空嵌，可容数人。旧志云有石刻六祖岩三字。"民国三十七年《象县志》记载："西山，在城西隔江数里，极挺秀，山腰有寺。""六祖岩，在西山寺后，磴道盘纡，石穴空嵌，内可容数人，有石刻六祖岩三字。"

（三）其他文献记载。六祖岩及西山（寺）上多有文人题咏，除现有的岩内石刻题记外，文献上还见有许多其他记载。如宋代著名文人孙觌被贬象州时，曾作《西山超然亭》，文为：

庞区翳榛莽，地瘴藏百怪。
西山何轩轩，拔脚风尘外。
中萦一绕蟠，侧立两壁对。
旁连九疑高，远控三湘大。
孤亭坐林杪，俯见飞鸟背。
号方泣二女，御魅窜四罪。
谁云窘囚拘？故自脱天械。
飘飘思凌云，万里风雨会。

西山自古以来都与“象云”特别有缘。清代象州著名文人刘光烈曾撰有《象云说》。有“江南才子”和“两粤宗师”之称的郑献甫，在其《阅象州旧志偶书》之作中有“前代遗编久放纷，后生稽古但流闻，难寻北宋楼凰进，尚见西郊幻象云”。他还亲撰了《象云赋》一文。

四、其他方面相关的研究

（一）象州民风习俗与当时境况相符。《舆地纪胜》在对象州的记载中还有：“民有五畜，山多鹿麋。旧经云：人多骋猎，家少秀民。”此与《六祖坛经》中载：“避难猎人队中。凡经一十五载。时与猎人随宜说法。”境况相符。

《舆地纪胜》有记，皇朝郡县志载，象州民俗为“信鬼神，好淫祀”，此与实情相符。特别是象州人民淳朴善良，感恩心较强。对象州有恩之人，时人有为其立像建庙供奉的传统习俗，如甘王庙与（薛仁贵）白袍庙就是例证。又，旧志载：

汪松，字茂叔，三衢人，开禧元年，知象州，以廉静称，任满当更，民恳留，诏从之，民虑其终去，乃刻木像以祀之。

六祖慧能大师当时在此隐修时，因机弘法，度化世人，深得人心，昔人“信而祀之”，塑六祖圣像用以供奉便不足为奇。

（二）象州具有良好的自然条件及交通优势。象州具有良好的水运交通及自然条件优势，古之有名。《舆地纪胜》记载：《象郡志》有载：

民有五畜，山多鹿麋。逾桂岭而南，水清鱼肥为南方之最。虽地居岭表，然民富鱼稻，水泉甘洁，不减中州。地连八桂，密近湖湘，稍接中州清淑之气。……多膏腴之田，长腰玉粒为南方之最，旁郡亦多取给焉。象古名郡，跨三邑之封，当牂牱龙江之沿流，封疆不啻千里。岭西南连属桂林，外接交邕，控扼蕃洞往来要冲。

依当时相对便捷的交通，六祖当年行至象州，想必是感受到了这里的良好条件，并且已经远离了恶人的追杀，于是在此安心进行隐修悟道。

《新唐书·地理志》载："有相思埭，长寿元年筑，分相思水使东西流。"即到了张说703—705年被贬钦州之时，桂林的相思埭运河已经开通，象州的水路交通优势更加明显。《读史方舆纪要》载：

柳江在城南。其源曰福禄江，自贵州西山阳洞长官司南流入境，经怀远县西，至融县东为融水，又流经柳城县，始名柳江，历府城西，折而东南，经江口镇，合相思埭、永福、洛容之水，过象州，入浔州府境。

象州由此成了古代岭南西部地区往来的交通要道。因此唐代时期也就有众多大家、名人经过或驻留象州，如鉴真大和尚从雷州半岛出发经梧州、藤州（今广西藤县）、象州，溯江而上到桂林，唐代另一名相李德裕贬谪海南时也曾经过象州，都有史料可为其证。因此张说（燕公）当年过境象州而题写"真隐岩"及"东海释隐迹处记"是可信的。

（三）从记录六祖的早期经典中看其隐修地点。《坛经》是禅宗的基本经典，记录大师的一生及主要讲法，因此从《坛经》中研究大师避难隐修之地有着积极的意义。《坛经》自六祖圆寂后，由法海等弟子汇集而成。但在随后的世代相传中，人们不断地修订补充，并不断加入自己的观点，从而形成许多不同的版本。根据学术界对《坛经》的研究，虽然《坛经》版本繁多，但真正独立的、有代表性的只有四种。即为敦煌本（成书于780—800年）、惠昕本（967）、契嵩本（1056）、宗宝本（（1291）。而敦煌本是目前现存的年代最古老的本子，也称法海本。

在以上四个具有代表性的《坛经》版本中，提到有关慧能接法后五祖交代去向的，只有成书在后期的契嵩本和宗宝本，即为"慧能启曰：'向甚处去?’祖云：‘逢怀则止，遇会则藏’”，但是成书在其之前的唐代敦煌本与惠昕本并没有此说。由此可以断定“逢怀则止，遇会则藏”此说之始，是契嵩在北宋年间（1056）改编《坛经》时，以五祖弘忍所说而编撰写入；改编于元代的宗宝本《坛经》则继续沿用了契嵩之撰，且广为流布。后世之人多依此说，推论六祖十五年的避难隐修之地为怀集与四会一带。此观点的真实性和全面性确实值得商榷。在此之前已有国学大师（如陈寅恪、胡适等）及多位学者对《坛经》提出过异议，的确是事出有因。

另外，记录六祖著名法脉传人之一神会法师的《南阳和尚问答杂征义》，成书于公元745—753年。其中载有六祖慧能大师的传记，文中对六祖求法接法过程的记录很是翔实。此书与敦煌本《坛经》一样，并没有“遇怀则止，逢会则藏”一说。

并且怀集县“六祖岩”的最早的石刻时间仅为1907年，与象州石刻的时间相距甚远。当然，笔者目前也不能否认慧能曾隐于四会、怀集，但谓十五年全隐该地则有失偏颇。

五、结论

从以上论述可以断定，六祖慧能大师当年的确曾在象州西山匿修悟道。按石刻文物遗迹及历史典籍的记载，可大致将当时情景推理如下：

六祖从五祖处接法南隐后，某日行至象州，感受到象州人民的淳朴，看到西山的景色美丽且独特，于是决定在西山避难修禅。他日常打坐参禅在“真隐岩”上，生活及休息在“六祖岩”内。后来他又结庵修行，当时有猛虎为他作为护卫。在他修行与生活的过程中与附近村民友好相处，还不时向他们传授佛法，因此深得当地民众的信赖。在日常交流中，民众还隐约知道了大师姓卢，是东边沿海（或南海）过来的修行人。在他离开象州后，民众为了纪念他，就在他生活与休息的六祖岩内，依他的形态进行塑像，以表崇敬并供奉。唐代名相、燕国公张说（世称燕公）被流放钦州期间，曾到象州参访。当张说听闻民众述说后，到实地参访，深为感动，就在大师修行打坐之地写下“真隐岩”、“东海释隐迹处记”十个大字。宋代地理史籍中也有六祖（卢道者）在象州隐修的神异记载。后人在六祖岩下建成了西山寺。

到了北宋元丰年间，张唐辅到象州任知州（太守），曾游西山寺访六祖岩，并写诗刻于石上，用以纪念和称颂六祖。同为广东曲江人的北宋名人谭掞在1084年到访后，见“真隐岩”、“东海释隐迹处记”及洞内塑像等六祖隐修古迹时，当即挥毫写下篆书“六祖岩”三个大字，并刻在洞口石壁上。谭掞当时担任广西经略司勾当公事。此摩崖石刻是中国迄今为止所发现的最早的并以“六祖岩”命名的岩洞题刻。

随后，文人骚客纷至沓来，有的还一时兴起，留下题刻。到了大明正德年间，赵宗明等人游六祖岩，见六祖像倾废，于是召集众人筹集资金重塑六祖圣像，并以《重塑六祖圣像碑记》题刻于岩内。

“六祖岩”名震一方，六祖圣像为当地民众世代供奉。当地历代名人（如许纪、刘光烈、石鸿韶等）、各朝州官（如宋朝张唐辅、清朝郭步瀛等）、外来文化名人（如谭掞、孙觌等）都曾经到六祖岩认证、参访和供养。只是到了近代，由于张唐辅石刻的遗失、六祖圣像被毁、《重塑六祖圣像碑记》序文部分受岁月水渍的蚀损，加上各种政治运动的影响，世人对此日渐淡忘。

时至今年，由于笔者的细察深研，象州“六祖岩”有机缘得以重现世间，并受到广西资深历史专家和考古专家的一致认证，被视为今年考古界的“重大发现”。

因此象州六祖岩、真隐岩等遗迹非常珍贵、非常难得，是一份非常厚重和珍贵的历史文化资源，值得社会各界广泛关注，并且还需各方发力，将这个千年文化古迹保护好和传承好。

《游饮西山寺题壁》碑刻略考

◎吴孝斌

象州西山之“六祖岩”，是中国佛教禅宗第六代祖师慧能大师当年隐修之处，今年以来，笔者对其做过多次探研并得到专家肯定。其石壁上及周围共有石刻10处（其中摩崖石刻9处，石碑刻1处），其中有7处为宋代及以前（唐代）的石刻，一处为明代石刻，两处为清代石刻。最晚的一处是清代的《游饮西山寺题壁》碑刻，笔者近日对此碑刻再次进行深入的研究，又有新得。

一、碑刻的内容

此碑刻本在原西山寺（六祖岩）上，后因浩劫而遗失，被附近村民移作洗衣服之用，前些年被发现，县文物管理所将其存于关岳庙进行保护。石碑长0.86米、宽0.57米、厚0.13米，楷书，是三首诗的题刻：

劈开古洞几千春，忝莅此邦作主人。
花拂层轩香绕座，酒斟满斝净无尘。

留题有侣非孤调，邀赏乐群属上宾。
埽石观诗经剥蚀，后贤云集焕然新。

游饮西山寺题壁安澜氏元韵

双凫莅处即阳春，为政风流见几人？
山水有缘探窟奥，楼台何处著埃尘。
一龛宝月仍供佛，数盏香醪可醉宾。
峭壁首题冰雪句，愧无才调斗清新。

晋卿石鸿韶甫藁

楼卷珠帘酒泛春，诗笺飞下语惊人。
芳樽恨未陪高座，芝盖徒令望后尘。
此地结缘贤有主，群仙聚会喜来宾。
江山遥见都生色，只为留题雅调新。

念典李文雄谨和

碑刻文字及图案十分清晰，文才、书法俱佳，且盖有印章。

二、碑刻的作者及时间探析

依碑刻内容看，此是当年象州知州安澜与石鸿韶、李文雄共同游饮西山寺、访六祖岩而共题。据我所目前所研，此三人在史籍中都能找到相应记载。

郭步瀛，字安澜，云南建水人，清同治九年（1870）庚午科带补戊午科、己未恩科考中举人，光绪九年（1883）任象州知州，光绪十七年（1891）离开象州。

石鸿韶，字晋卿（原字仁天），象州寺村镇大井村人，著名历史文化名人，当地古有“才高不过郑小谷，官大不过石鸿韶”之称。他于光绪五年（1879）己卯科中举，光绪六年（1880）庚辰科、黄思永榜以三甲第九名登科进士。

光绪七年遴选翰林院庶吉士加四级。光绪十二年（1886）任山西长子县知县。光绪十六年（1890），他离开长子县，任云南补用知府，并取字为“晋卿”。光绪十八年（1892），署云南开化府知府。光绪二十四年（1898）任云南楚雄知府。光绪二十八年（1902），任云南永昌府知府。光绪三十年（1904），任云南迤西道（腾越关道）道尹。清授资政大夫。

李文雄，清同治九年《象州志》记有“校录：举人李日章、军功保举知县李文雄、生员刘咏裳。”可知李文雄是从军行武之人，因在军队立功而获保举知县，但其文才亦佳，曾负责《象州志》校核，在六祖岩的和作诗文也是文采飞扬。

郭步瀛任象州知州时间是在1883年至1891年之间。而石鸿韶当年文中署以“晋卿”，即表明他已经离开了山西长子县而转到云南为官，时间应是1890年后。由此可推断，当年他三人游饮西山寺（六祖岩）并即兴题诗的时间，应该是在1890—1891年（即光绪十六至十七年）之间。

民国三十七年的《象县志》中，将此三首诗均收录其中。

三、结论

此碑刻是在光绪十六至十七年（1890—1891年），石鸿韶调离山西长子县而升任云南官员不久，他回到家乡象州探亲。当时身为云南人的象州知州郭步瀛即邀约石李二人游西山寺、访六祖岩、拜六祖圣像，酒饭之中即兴作诗而留下此三首诗文。文中“劈开古洞几千春，忝莅此邦作主人，花拂层轩香绕座，酒斟满斝净无尘”、“埽石观诗经剥蚀”、“山水有缘探窟奥，楼台何处着埃尘。一龛宝月仍供佛”等诗句无不是对“六祖岩”的最好形容，同时也是对六祖慧能当年的见性偈语“菩提本无树，明镜亦非台。本来无一物，何处惹尘埃”的绝好和唱。

此碑刻是现象州“六祖岩”所留下的十处石（碑）刻时间最晚的一处，但却也比广东怀集“六祖岩”石刻（1907年所题）早了16年以上！

象州“六祖岩”石刻弥足珍贵，深值我们加以保护和利用。

“六祖岩”系列人物——刘光烈

◎吴孝斌

上象州西山，登六祖岩，在看到篆书刻“六祖岩”三个大字后，岩内众多石刻中首先映入眼帘的便是一诗刻，诗文为：

戊辰仲春
山径萧条古洞开，白云深锁旧经台。
半炉烟冷埋青草，满砌花飞点翠苔。
秦凤空传人跨去，辽城几见鹤归来。
风前搔首舒长啸，我正天仙暂脱胎。
日省轩刘光烈杨休题

此石刻落款清楚地表明此诗乃刘光烈所写。刘光烈何人也？他又因何题此诗？确值我等认真探研。

刘光烈之人生轨迹

《象州旧志》载：

刘光烈，字杨休，另号象山，城内人，幼聪颖，有神童目，年十二入泮，十五超拔食饩，十九领乡荐，淡于仕进，隐居教授。清初，郡人仅知时文，光烈兼治古文，本邑文风之盛，实启其端。年三十余卒，葬金鼓山，武宣陈太史仁题额曰：薰德善良。门人孟廷侯撰联曰：盘龙隐窟斯文种，金鼓如闻讲道声。均刊石墓门，至今过者读之，犹悠然低徊仰慕不已。

另，清同治九年《象州志·纪人·国朝科举表》有“刘光烈，乾隆三年戊午科”。

依以上之寥寥志载，我试勉为之，还原其人生主要轨迹。

刘光烈，字杨休，又号象山，象州城里人，生于清康熙五十八年（1719）。年幼之时即天资聪颖，智力非凡，悟性极好，有一目十行且过目不忘之能。雍正九年（1731），在他十二岁时举行了入学大礼。（大礼古称“入泮”，《礼记·王制》记载：“学童首先换上学服，拜笔、入泮池、跨壁桥，然后上大成殿，拜孔子，行入学礼。”）

依古制，“入泮”礼的大致流程如下：

首先是“正衣冠”。古人有云：“先正衣冠，后明事理。”在这个环节里，学童们一一站立，由先生依次为学童们整理好衣冠。《礼记》有云：“礼义之始，在于正容体，齐颜色，顺辞令。”先正衣冠，再做学问，看来这是古人们的共识。

整理好衣冠，学生们排着整齐的队伍集合于学堂前。恭立片刻后，在先生的带领下，跨过一个半圆形的水池（泮池）之后，便会进行拜师礼。拜完孔子，再拜先生。而拜先生时，学生要向先生赠送六礼束修，六礼包括：芹菜，寓意为勤奋好学；莲子，寓意为苦心教育；红豆，寓意为红运高照；枣子，寓意为早早高中；桂圆，寓意为功德圆满；干瘦肉条，用以表达弟子心意。之后，便是学生间互相鞠躬，表示互爱互帮。

最后是“净手”。学生们将手放到水盆里，正反各洗一次，然后擦干。洗手的寓意，在于净手净心，去杂存精，希望能在日后的学习中心无旁骛。

此外，还必须填写“亲供”，相当于新生入学登记表，写下自己的“年龄、籍贯”，还必须在“亲供”中注明“身中（即身高）、面白、或有须、或无须”，再由老师统一整理后送往学院。

想当年刘光烈在当时孔庙（现象州镇中心校），经过上述“入泮”礼的仪式之后，正式成为孔门弟子，从此便踏上了正式的求学之路。他学习勤奋，加上天资聪明，在十五岁时便已经是鹤立鸡群、超群绝伦，四书五经倒背如流，诗词歌赋信手拈来。

乾隆三年（1738），他十九岁，参加朝廷在广西举行的科举考试（乡试），顺利考中举人。也就意味着由此获得了成为朝廷官员的资格。真可谓是青年才俊，前途无量。

但刘光烈却无心于仕途，急流引退归隐象州。在象州城内教书育人，广传学问。当时正处于清朝的初期，象州多数人只是知晓一般的文字，但刘光烈却对古文非常精通且深有造诣。他十分注重人文修养，依《论语》中“吾日三省吾身——为人谋而不忠乎？与朋友交而不信乎？传不习乎”之义而将自己日常读书写文的地方命名为日省轩。在他的带领下，象州人学经习文蔚然成风。由此之后，象州更是人才辈出。

然天妒英才，文星早坠，刘光烈英年早逝，时年仅三十多岁，葬于金鼓山。噩耗所至，郡人悲戚。时象郡武宣籍进士陈仁（钦点翰林院庶吉士，时称太史，后任翰林院编修擢御史台）为其题额：薰德善良。刘光烈的学生孟廷侯为他撰写挽联：盘龙隐窟斯文种，金鼓如闻讲道声。这些后来都刻在其墓门石碑之上。直至今天，过往之人读到它，依然深感其意悠长，使人久久留恋徘徊，而对刘光烈仰慕不已。

《象云说》之文显绝学

刘光烈的作品因时代的变迁，留存不多，但其所撰《象云说》可谓一绝，至今尚为州人所铭记。后两粤宗师郑献甫所作之《象云赋》，是为步其韵也。

现特录其《象云说》如下：

郡西渡江二里许有山焉，峭立正对瑶光楼，不象其形而象其名。古传每雨后日出，山腹白云辄袅而成象，经时不灭。是说也，余尝疑之，云之变态无常，白衣忽变而苍狗安在？是山之云独有于象也。岁丙寅，余读书城之西南隅，去城不数武。适仲夏八日，日午初斜，清风不作，予避暑其上。倏忽彤云密布，阳焰无光。雷鼓为之施威，天公于焉舒笑。滂沱蔽野，林木滋垂。已而天开霁色，波净沙澄，四山之烟光荡漾，瀑布飞空。予方凭栏骋目，心旷神怡。而山腹中祥光隐跃，瑞霭毕呈，纷纷缦缦。秉扶日之姿，蕴从龙之志。其质白以洁，其形高而庞。不金羁，不锦襜。若舞若拜，俨然长鼻柱蹄。自南递北，度陌而上者十数队，队各分列成形，不相牵杂。求之他山，概无有焉。噫！云之奇亦至此矣！吾闻之，赵云如牛，楚云如犬，周云如轮，魏云如鼠；以至齐云如缝衣，秦云如美人。随地赋形，而名且以著矧。兹擅山川淑气，而散紫垣之彩者，其相去不万万哉！考柳州雨馀添迹，志美如锦章，而后解刮目者惟桑悦一人，其余莫能知。概谓瘴雨蛮烟之地，必无是大观。何此云不幸，不昭章于泰岱之巅，见赏于当代名公巨卿，而丽质比边陲也！虽然是云也，触石而起，蓊郁于岩谷之间，掩映于林泉之外。舒卷自如，不泥成迹，正无藉刻舟以称其轻重也。郡有山，山有云，云类象，山因名象，郡亦名象。是有云而山重，而郡亦重矣！然宁仅重一郡乎哉？

六祖岩题壁留真迹

从刘光烈所著的《象云说》及他自命（号）为“象山”来看，他对象山、西山、象云等是有其独特情愫的。

乾隆十三年（1748）农历二月（仲春），刘光烈从县城码头渡船到达西山，参访当时象州的著名禅寺——西山寺。后沿着石阶道路，“磴道盘纡”，上至六祖岩，瞻礼六祖隐修踪迹，观前人题咏，朝拜六祖圣像。有感而发，当即写下《游六祖岩》诗一首，并题刻于洞口石壁之上。即为：

山径萧条古洞开，白云深锁旧经台。
半炉烟冷埋青草，满砌花飞点翠苔。
秦凤空传人跨去，辽城几见鹤归来。
风前搔首舒长啸，我正天仙暂脱胎。

此诗生动地描写了当时六祖岩的境况，又与其所写的《象云说》呼应，暗指象云或正是从六祖岩之处而出。同时诗文更是描写了当年六祖慧能在六祖岩中勤苦修行、体悟大道之后的灵动之作。此诗在乾隆年间的《象州志》中也得以收录。

随着六祖大师隐修圣迹——象州六祖岩的重光于世，刘光烈又重新进入了世人视野。此或是偶然，但更多的是天意……

“六祖岩”系列人物——张唐辅

◎吴孝斌

在象州西山“六祖岩”，岩内有一处极为重要的石刻碑记，即作于明代“正德癸酉”（1513年）的《重塑六祖圣像碑记》，该碑记中有“宋元丰时，郡守张公唐辅勒诗于石，明我祖秉佛之旌旄，传之心印，详且尽也”。此碑记清楚表明，在北宋元丰年间担任象州知州（郡守）的张唐辅，曾在岩中作诗勒石，诗中充分赞扬了六祖慧能秉承佛旨，心印相传，开创中国佛教禅宗的至伟之功。由此，张唐辅成为我们研究象州“六祖岩”的一个关键人物，值得认真考究。

张唐辅之人生片段

笔者查阅相关历史资料，目前仅找到有关张唐辅的一些零星材料：

宋代吴曾撰《能改斋漫录》（卷四〇《辨麈史载张曲江燕翼无似》）中有：

有朝请张君唐辅，来守安州，盖曲江人也，自称九龄十世孙。皇祐间，侬智高乱岭南。朝廷推恩，凡名举人者，悉官之，无虑七百人，唐辅在其中。

象州旧志“宋秩官表知象州”中有“张唐辅，字元礼，元丰年间任”。

《广西通志》(清嘉庆五年谢启昆编）中有“张唐辅，曲江人，唐张九龄十世孙，元祐间知梧州”。

《苍梧县志》载：“元祐年间（1086—1093年）梧州知州张唐辅创建梧州府学于冰泉北，设苍梧县学于北门内。”

由以上之寥寥数句的历史记录可知，张唐辅生于北宋时代，字元礼，广东曲江人，是唐代名相张九龄的十世孙。皇祐年间（1049—1054年），侬智高在岭南造反，朝廷推恩，张唐辅以举人身份而得至安州（今钦州）为官。后于元丰年间（1078—1085年）任象州知州，元祐年间（1086—1094年）任梧州知州，在梧州期间创建了梧州府学。

六祖慧能对曲江人及张唐辅的特殊影响

在粤北曲江，南华寺是禅宗祖庭，六祖慧能和张九龄却都是一代名人。

南华寺始建于梁武帝天监元年（502)，名“宝林寺”。唐高宗仪凤二年(677)，六祖慧能来寺弘法，遂成为著名的禅宗道场。唐中宗神龙元年(705)，改名为“中兴寺”；神龙三年（707）又改称“法泉寺”。宋开宝元年（968)，改名为“南华禅寺”，沿称至今。六祖慧能到达曲江南华寺后，在曲江传授禅法三十七年，得法弟子四十三人，遍布全国各地，形成“一花五叶”而禅行天下。六祖圆寂后，以“香烟指处”，其真身得归曲江南华寺供奉至今。从那时直至今日，曲江人无不深受六祖文化的深刻熏陶。

张唐辅的前辈、一代名相张九龄和六祖慧能有很深的因缘，且深受六祖之影响。宋沙门释契嵩《传法正宗记》卷第六有载：

昔唐相始兴公张九龄方为童，其家人携拜大鉴（唐宪宗谥六祖为大鉴禅师）。大鉴抚其顶曰："此奇童也，必为国器。"

果如其言，后来张九龄官至极品，位居唐开元盛世一代名相，成为国之栋梁，并留下了"海上生明月，天涯共此时"等诸多名篇名诗而享誉至今。

而张唐辅出生成长于曲江，且作为张九龄的第十代孙，必是深受六祖文化及家风的熏陶，他对六祖慧能大师必有其特殊的情愫。

张唐辅在象州

因缘巧合，在北宋元丰年间，张唐辅就任象州知州（象郡太守）。他到任后，参访西山六祖岩，拜六祖圣像，听闻六祖在此隐修的往事并看到六祖隐修遗迹，当即心情激动，手书一诗并"勒诗于石"。明正德年间所作的《重塑六祖圣像碑记》记有：

象郡西山有岩，曰六祖岩，中有圣像，昔人所塑也。郡人云：昔六祖南庇藏于此，信祀之也。宋元丰时，郡守张公唐辅勒诗于石，明我祖秉佛之旌旄，传之心印，详且尽也，不复须矣。

可惜张唐辅当年所作之诗刻今已丢失，但从赵宗明于碑记中"复步张公（唐辅）之韵"，而作之诗："灯传六世胤黄梅，五叶舒花有自来。释部藩篱蒙祖辟，空门锁钥赖师开。山头慈雨濡萌蘖，岩底穹碑翳藓苔。景仰遗形闲遣兴，尘襟尽洗净无埃。"可以大致推测出，张唐辅当年所作之诗，亦是一首七言八句描写称赞六祖慧能的诗文。

在县城东岗之上古东山寺仁寿院遗址石壁，现仍完整地保存着张唐辅的两幅摩崖石刻。一幅分诗与跋语两部分，均为楷书。诗高0.65米、宽0.90米，诗为：

象山秀拔倚清穹，宝刹禅关占四峰；东北岭头千桧竹，西南崖表万杉松。楼台掩映高低起；殿阁参差上下重；我愧不才叨假守，公余时喜一游从。

跋高0.60米、宽0.65米，文为：

象州东西南北山，四禅刹最占其佳胜，公暇喜一寻访。元丰辛酉仲夏二十二日，因为诗刻于仁寿院之崖壁，曲江张唐辅。

另外一幅石刻距诗、跋边约30米，楷书，高0.45米、宽0.75米，文曰：

太子中舍曲江张唐辅，著作佐郎始兴许彦传，元丰三年庚申六月同游。

宋朝著名地理总志《舆地纪胜》卷一百五《岭南西路·象州》有记：

长峰院，在阳寿县东，宋元丰乙丑，太守张唐辅游焉，赏其水亭之胜，有“一派平分三涧绿”之句，名之为三溪阁，院之胜，阁据其要，盖三溪直前若鼎足，分布堂皇，浩浩涵虚，漱玉浮光，气象千变万状，俞见而俞不穷。

长寿院，后称长峰寺，于今中平镇谢官村旁，宋元丰乙丑（1085年）张唐辅曾游并写文字“一派平分三涧绿”、“三溪阁”等。近期笔者前去探访，其寺已废，但遗址仍存，在其地上发现有宋代的瓷器（宋代青白釉碗），现尚有清代雍正年间重建长峰寺石碑记。

由此可见至少在北宋元丰三年（1080）至元丰乙丑（1085年）间，张唐辅的确是在象州为官。而他在元丰辛酉（1081年）仲夏二十二日所写的“象山秀拔倚清穹，宝刹禅关占四峰；东北岭头千桧竹，西南崖表万杉松。楼台掩映高低起；殿阁参差上下重”、“象州东西南北山四禅刹”诗文，证明他至少在当时（1081年夏）之前即已经参访过西山寺（六祖岩）等四古寺，并已在六祖岩即兴而作诗文并“勒诗于石”。从那时起距今已有930多年，而当时六祖圣像早已存在。由是，六祖圣像及古西山寺距今应该是千年以上，由来甚久矣！

而同为曲江人、深受六祖文化熏陶的宋代文人谭掞，在元丰甲子岁（1084年）参访象州六祖岩，拜六祖圣像，睹物思故而即兴挥毫写下篆书“六祖岩”三个大字，并将其镌刻于洞口一侧石壁之上，此题刻成为全国迄今为止发现最早的“六祖岩”题刻。此举或许就是时任郡守的张唐辅相邀所至。

张唐辅与六祖慧能大师及象州的情缘至深，真可谓不可思议。也恰因如此，才给我们研究象州六祖文化而打开了方便之门，此亦是我们象州人的福气，应当加倍珍惜。

象州西山六祖岩
是佛教禅宗隐修弘法重光的圣迹

◎谢崇安

2015年7月间，笔者曾两次探访象州佛教禅宗六祖岩，现将二谒圣迹感言表述如下。

象州佛教禅宗六祖岩，先后有吴孝斌、黄铮先生撰文作了考证，诸文客观雄辩，证据充分可靠，足证象州西山六祖岩，是当地流传已久的中国著名的佛教禅宗六祖惠能曾经隐修过的圣迹，这处在当地一直流传的六祖岩传说，至少可以追溯到北宋时期，当时任广西提举常平和广西转运副使的谭掞书写的“六祖巖”至今仍然保留在岩洞的崖壁上。

谭掞，字文初，广东曲江人，来自六祖慧能弘法最著名的广东曲江曹溪宝林寺（今韶关南华寺）故里，表明谭掞笃信象州六祖岩曾是惠能的隐修圣迹，意义非同寻常。此后有关六祖岩的史志记载、明代《重塑六祖圣像碑记》等多重证据，都可证明象州六祖岩隐迹流传有序，可与广西永福的六祖隐迹的发现和记载相呼应。

笔者认为，岭南各地弘扬六祖文化遗产的相关人士，都力争慧能隐修的十五年是在其当地度过的，多以《六祖坛经》“逢怀则止，遇会则藏”来增强自己的说服力，但这都没有确凿的证据，实为画地为牢的做法，不利于弘扬禅宗文化，更不合早期禅宗修行的戒律。

现代佛学大师吕澂先生曾指出，禅宗祖师菩提达摩一脉修行传法，是奉行头陀行，严守乞食等规则，不许定居一地，免生贪念，直到唐代“徒众日多”，才逐渐“定住山林”。因此，六祖惠能隐修的十五年，不必拘泥附会于“逢怀则止，遇会则藏”之语，这才符合惠能当时四处躲避恶人追杀的处境，也可以看清早期禅宗奉行头陀行的真象。象州西山六祖岩处于山岩腰间的僻静处，洞口可俯瞰山下远处的河流平原，是一处十多平方米的封闭洞窟，正是符合禅宗教旨——面壁苦修的佳处。

佛教禅宗为何会流传六祖慧能隐修避世十五年的故事，这不能局限于《六祖坛经》的躲避恶人追杀的表面叙述，其中还隐藏着更深的历史背景和原因。首先是佛教弘法派系的争斗，传说得到达摩祖师真传的慧可，就被道恒禅师一派夺去一手臂，慧可一派只好行头陀行。慧可之后是僧璨禅师、道信禅师。道信晚年居黄梅双峰山的西山，传法弘忍，是为五祖，禅宗一脉才“定居山林”，道信和弘忍开“东山法门”，传法神秀，蔚成大宗，神秀受到唐武后的顶礼膜拜，成帝王师。这与道信禅师以死三拒唐太宗征召而终老双峰形成鲜明观照。另一方面，弘忍之“东山法门”，仍然有摆脱俗谛桎梏、自食其力、面向社会大众弘法的遗风。这或许就是慧能偈语能战胜神秀偈语的内在逻辑，也是慧能获得弘忍真传而成为六祖的原因。

禅宗强调，要学佛，得先学安心。象州西山佛教禅宗六祖岩的发现，正是慧能禅师安心隐修弘法的圣迹和禅宗教旨的重光。“天将降大任于斯人也，必先苦其心志，劳其筋骨，饿其体肤，空乏其身，行拂乱其所为，所以动心忍性，曾益其所不能。”我以为，这就是六祖岩昭示的现代意义。

总之，象州西山禅宗六祖岩是可遇而不可求的佛教圣迹，值得珍视，值得保护，值得弘扬，可通过保护和开发利用这一宝贵的禅宗文化遗产，为建设和谐社会与现代人的精神文明做出有益的贡献。

（本文作者系广西民族大学民族学与社会学学院教授）

重建象州西山寺碑记

◎黄 铮

象州古郡，历史悠久，人文荟萃。其县城隔河，有西山雄峙。西山有岩，曰六祖岩，相传为禅宗六祖慧能驻锡隐修之所。民众信之，塑六祖圣像于其中，奉祀至诚。唐宋之交，邑人建西山寺于六祖岩前。寺院前临柳江，后枕西山。山间有圆光亭、超然亭、一览亭、退思轩诸建筑，曲径回廊，连接西山寺与六祖岩。宝刹灵岩，交相辉映，相得益彰，蔚为壮观。北宋元丰甲子（公元一〇八四年），广东曲江籍文人谭掞题“六祖岩”三字于岩前，至今历历在目。又有象州郡守曲江人张唐辅作诗勒石岩中，追寻六祖圣迹，赞颂六祖功德。原碑刻今已不复觅见，幸有旧志留下记载。有宋一代，六祖岩、西山寺文人题咏甚多。明代正德癸酉（公元一五一三年），百姓募资，于岩中重塑六祖圣像，郡人赵宗明留下碑记，追述六祖岩往事甚详。其后，达官贵人，文人墨客，黎民百姓，登临西山，拜谒六祖岩，游历西山寺，络绎不绝，西山寺、六祖岩一时成为游览胜境。

清代以降，西山寺年久失修，庙宇倾废。原建筑今已荡然无存，惟见树木葱茏。六祖岩虽得保存，知之者已不多，六祖圣迹，深藏山中久矣。公元二〇一五年夏，有吴孝斌君，时任中共象州县委副书记，探访西山六祖岩，遍寻周边文物古迹，查阅典籍资料，判定象州六祖岩与禅宗六祖隐秘行踪有关。激动之余，撰文报端，详加介绍。余获吴君赠阅宏文，深感六祖圣迹，埋没可惜，故紧随其后，撰文述论广西六祖遗迹。又协助象州县，于二〇一五年七月和二〇一六年一月，两次邀约文史考古专家及佛教界人士，考察象州西山，召开学术座谈会，对六祖岩、西山寺遗迹作出认证。遂有保护六祖岩，重建西山寺，开发建设六祖文化园之议。有广西尚和文化产业发展有限公司，决定投资建设“广西—东盟六祖文化园”。重建西山寺之计划，亦得到象州县领导及自治区、来宾市宗教局和佛教协会的首肯，得到广大信众和百姓的支持。西山寺喜获重生指日可待矣！

今西山寺筹建之时，欣逢盛世，玉宇澄清，社会祥和，百业兴旺，国泰民安。展望庙宇落成、园区开张之日，黎民百姓，八方游客，东盟嘉宾，摩肩接踵，登临西山，拜谒六祖岩，参访西山寺，畅游六祖文化园，学习交流禅文化，必当盛赞岭南山河之壮美，体会传统文化之厚重，感受六祖精神之博大。进而尽洗尘埃，净化身心，在佛祖庇佑之下，顺风顺水，发展事业，合作共赢，大展宏图，实幸事也！

（本文作者系广西历史学会会长、广西文史研究馆馆员、广西社会科学院原副院长）

重视广西六祖遗迹的保护与开发利用

◎黄　铮

禅宗六祖慧能大师（638—713）是中国佛教实际上的创始人，岭南地区的历史文化名人，珠江文化的杰出代表人物。他与孔子、老子并称“东方三大圣人”。欧洲将其列入“世界十大思想家”之列。他的雕像陈列于英国大不列颠图书馆广场，供世人瞻仰。六祖慧能将佛教中国化、平民化、世俗化，使禅宗文化成为中国传统文化的重要组成部分。毛泽东主席给六祖慧能很高的评价。

在过去很长时间里，六祖的遗迹几乎为广东所专属。广东新兴县夏卢村是六祖故里，新兴国恩寺是六祖圆寂地，广州光孝寺是六祖剃发受戒和开坛说法之地，韶关南华寺是六祖弘法37年的禅宗重要祖庭。六祖在湖北黄梅东山寺接过五祖衣钵后，曾经隐匿修行十五年。广东的怀集、四会、广宁三县市都宣称六祖曾避难藏身、修行悟道于当地。广西虽属岭南，过去却一直被视为六祖文化资源的空白省区。

然而，随着广西象州县、永福县六祖遗迹的被发现和被关注，这个局面将要被打破了。有足够的文物和文献资料表明，六祖在他隐迹的十五年里，曾有一段时间在广西象州、永福两县的岩洞藏身修行悟道。这就是说，六祖遗迹，两广皆有。

象州县有六祖岩，在县城隔江约2公里的西山上，该处发现有唐宋至明清时期石刻共10处。篆书“六祖岩”三字由北宋文人谭掞题于“元丰甲子”（1084年）。岩内《重塑六祖圣像碑记》作于明代“正德癸酉”（1513），它真实地记下了六祖岩的来历：“象州有岩，曰六祖岩。中有圣像，昔人所塑也。”“郡人云：昔六祖南庇藏于此。信祀之也。”“宋元丰时，郡守张公唐辅勒诗于石，明我祖秉佛之旌旄，传之心印，详且尽也。”碑记表明，此岩洞历史悠久，至少在北宋元丰甲子年之前，“六祖岩”就已存在，岩中的六祖圣像就已存在。当地一直流传，六祖南遁期间，曾在此岩洞藏身，修行悟道。民众信而祀之，塑六祖圣像于岩中。北宋元丰年间担任象州知州的张唐辅，曾在岩中作诗勒石，充分赞扬了六祖开创中国南宗佛教的卓越贡献。

碑记上刻有作者赵宗明步张唐辅诗原韵写下的诗作：

灯传六世胤黄梅，五叶舒花有自来。
释部藩篱蒙祖辟，空门锁钥赖师开。
山头慈雨儒萌蘖，岩底穹碑翳藓苔。
景仰遗形闲遣兴，尘襟尽洗净无埃。

此诗同样赞誉了六祖的历史功绩，并联系了六祖在此岩洞修行悟道的往事。岩内还有清代文人留下的一些诗刻。郡人刘光烈的诗写道：“山径萧条古洞开，白云深锁旧经台。半炉烟冷埋青草，满砌飞花点翠苔。秦凤空传人跨去，辽城几见鹤归来；风前搔首舒长啸，我正天仙暂脱胎”。诗中分明道出了当年曾有高僧大德在洞中修行悟道的情景。这个高僧显然就是六祖慧能。清代象州进士石鸿韶与友人李文雄，曾应象州知州郭步瀛之邀共游西山寺与六祖岩，彼此相唱和。石鸿韶留下步郭步瀛原韵的诗作：

双凫莅处即阳春，为政风流见几人？

山水有缘探窟奥，楼台何处着埃尘。
一龛宝月仍供佛，数盏香醪可醉宾。
峭壁首题冰雪句，愧无才调斗清新。

石鸿韶的诗，也分明是借用六祖黄梅偈句“菩提本无树，明镜亦非台。本来无一物，何处惹尘埃”，而道出了六祖岩与六祖关系的奥秘。

在六祖岩外一侧，有三处石刻：“真隐岩”、“东海释隐迹处记”、“燕公书”。此“燕公”极可能是唐代丞相张说（时人称其为“燕公”，曾被贬谪于钦州）。若是，则象州西山此处岩洞便是国内罕见的距六祖生活年代最近的六祖遗迹。

象州的六祖遗迹在文献典籍上也有反映。成书于南宋时期的地理总志《舆地纪胜》，以及清代象州旧志均记载：象州西山有六祖岩，岩前石壁刻有“六祖岩”三字，岩中有六祖圣像。《舆地纪胜》还有卢道者（六祖俗姓卢）在阳寿县（唐代象州旧县名）山中结庵，“修行勤苦，虎为之守庵”的记载。

永福县的六祖遗迹亦见诸文献资料及石刻文物。雍正十一 年（1733）刊刻的《广西通志》卷十三记载：

双瑞岩在州南八十里，形如伏狮，而岩在其口。乃六祖修炼之所。环山拱伏，岩内直入深数十丈，有石佛像，为石乳凝结。

志中直接指明此岩洞是六祖曾经修炼的地方。清光绪八年（1885）刊刻的《永宁州志》，对双瑞岩内情景有这样的描述：

岩内有石昂起首者，宛然如龟；其叩之则鸣者，镗然如鼓。南宋高宗绍兴六年县令黄昌世始闻之，撰文立石，题曰双瑞岩，谓龟与鼓也。龟鼓之间石乳凝结，若人箕踞状，后人因镂石于旁，榜曰“六祖法身”。

根据这则资料，可知早在南宋时，双瑞岩中就有关于六祖遗迹的题刻。永福旧志留下的写双瑞岩六祖遗迹的诗词甚多。清嘉庆年间(1796—1820年)，古田县(永福旧县名)评出“古田八景”，“六祖禅踪”为其中一景。当地举人、解元余绍先曾作《六祖禅踪》词传世。词中有“祖意西来谁领取，衣钵虚留”句。清道光年间(1821—1850年)任永宁知州的李重发，亦曾作题为《夜宿双瑞岩太和寺》的五言诗二首，诗中有“古洞青萝没，残碑碧藓侵。西来衣钵在，往绩慢追寻”句。写的都是六祖西来，在永福双瑞岩中隐修的事。李重发还在他的诗下直接标注：“六祖修道于此。”

永福双瑞岩原先有反映六祖遗迹的石刻文物多处。正面上方岩壁的“双瑞岩”三字石刻，为南宋绍兴六年(1136)县令黄昌世所书。洞中右侧有钟乳石盘结如人箕距状，一旁岩壁刻有榜书“六祖法身”四字，落款为：“宋绍兴六年丙辰秋月署静江古县黄昌世镌。”岩内还有南宋县令黄昌世所撰双瑞岩碑记，宋代重修报身寺碑记、清代重修太和寺碑记，以及一些官员和文人的诗刻。

双瑞岩内石质文物在“文革”之前尚保留完整。后来因各种原因惨遭破坏。“双瑞岩”三字被凿去，石龟、石鼓、“六祖法身”钟乳石不见踪影。岩中碑刻也大多丢失。现仅见岩前地上留有缺角碑刻一方，为清代《重修太和寺碑记》，碑文字迹模糊，但能够辨认出其中有这样的文字：“六祖飞身于此，因营置寺而栖焉，闻六祖衣钵得之五祖……”反映了太和寺所在地乃六祖驻锡之处。另有一块刻于清代嘉庆年间的残碑，藏于永福县文物管理所。其碑文仅见末尾部分若干文字，最后一句中有“无负祖师度世之宏愿，不亦洞天福地……”字样。亦可以推断这则碑记是写六祖与双瑞岩的。碑文后附刻有本州清代举人、乾隆年间任江苏江阴县令的刘新翰作的《题六祖禅踪》诗一首：

□□无尘竹径开，南能飞锡自黄梅。
苦无衲子传衣□，□有石龟听法来。

葱岭人归身是幻，曹溪偈在镜□□。
□门认取禅灯在，碧水空明漾绿苔。

从刘新翰诗刻中亦可以看出，双瑞岩是六祖惠能驻锡之地，六祖曾在此修行、讲法。六祖讲法时，洞中石龟似乎也在昂首聆听。

关于六祖在永福双瑞岩太和寺说法讲经的史事，清康熙年间编撰的《广西通志》，以及同期汪森编辑的《粤西丛载》亦有记载。

广西象州县六祖岩与永福县双瑞岩发现的石刻文物以及文献记载表明，六祖确曾隐匿于这两处地方。这就说明，六祖之遗迹，广东和广西都有。而对比之下，广西的六祖遗迹，除旧志文献记载外，更有年代比较久远的石刻文物作为佐证。而广东怀集、四会、广宁三县市的六祖遗迹，却缺少了石刻文物的佐证。因之，广西象州、永福两县的六祖遗迹，就显得更为珍贵、更为可信、更有说服力。

鉴于禅宗六祖文化在珠江文化和中国传统文化中的特殊地位，鉴于六祖在世界上尤其是东南亚、东亚佛教国家的重要影响，广东省非常重视弘扬六祖文化，非常重视对六祖文化资源的保护及开发利用。广州光孝寺、韶关南华寺、新兴县国恩寺作为六祖禅宗重要祖庭，早已打造成为禅文化旅游胜地，近年来这三处地方轮流举办"广东禅宗六祖文化节"节庆活动，搞得热火朝天，强烈吸引了国内外的高僧大德、社会贤达、信众群体和八方游客。广东四会市作为六祖隐修地，除了重修和扩建原已有的六祖天心禅寺外，另在贞山风景区新建成规模很大的六祖寺，亦成为远近闻名的文化旅游胜地，对佛教界人士和游客也具有很强的吸引力。广东肇庆市的"六祖文化旅游节"就在四会贞山六祖寺举办。怀集县原有六祖禅院，现今又在六祖遗迹所在地上爱岭的山脚下，动工建设规模很大的新六祖禅院。该县计划以新六祖禅院为中心，建成禅宗六祖文化旅游景区。

有鉴于此，广西应关注和珍惜自己的六祖文化资源，保护好和开发利用好自己的六祖文化资源。

首先，要做好六祖遗迹的保护工作。象州县六祖岩丰富的石刻文物，在国内六祖遗迹中是首屈一指的，非常稀缺和珍贵。应加强对该遗迹的管理，作好保护工作，防止发生人为的破坏。岩内碑刻原已丢失两方，其中一方应是宋代象州知州张唐辅赞颂六祖的诗刻，应设法找回。象州六祖岩摩崖石刻曾于2006年由来宾市公布为市级文物保护单位，应提高级别，确定为自治区级文物保护单位。永福县双瑞岩内文物“文革”期间破坏严重，岩洞前原太和寺建筑亦早已荡然无存，遗址现已纳入太和小学范围。县文物管理部门应会同太和乡政府和太和小学，加强对双瑞岩六祖遗迹的管理，清理岩洞内外环境。岩中原有石刻大部分已经丢失，应设法找回。目前在岩前地上留存的一方石刻《重修太和寺碑记》，县文物管理所应收回统一保管。该岩洞原先未列入文物保护单位，建议先确定为县级文物保护单位，随后再确定为市级文物保护单位。

其次，在保护好六祖遗迹的同时，要做好对六祖文化资源的开发利用工作。要学习和借鉴广东省开发利用六祖文化资源，发展禅宗特色文化旅游的做法和经验。广西的六祖遗迹，伴有丰富的石刻文物，弥足珍贵。弃之不用，实在可惜。应依托六祖遗迹，建设广西的六祖文化园，打造广西的禅宗文化旅游胜地。这将大大有利于在广西传播禅宗智慧文化，构建和谐社会，提高广西佛教的影响力；大大有利于促进广西、中国与东南亚佛教国家的文化交流，构建中国—东盟友好合作的新平台；大大有利于促进两广建立更紧密的关系，共同发展珠江—西江文化和岭南文化；大大有利于发展广西禅宗特色文化旅游，形成广西新的禅宗文化节庆品牌，提升广西的旅游产业。据悉，目前已有广西尚和文化产业发展有限公司计划在象州六祖岩和原西山寺遗址打造“广西—东盟六祖文化园”，与象州县政府的投资协议已经签订，项目建设已经开始。自治区和相关部门应从各方面予以支持，将其列为自治区重点项目，使这个具有重要现实意义的禅文化园区早日建成。永福县六祖遗迹同样具有开发价值。应引入有志于投资文化旅游地产的开发商，保护、开发建设双瑞岩、太和寺的六祖遗址区。该地附近的“百寿岩”和“永宁州城”

两处国家级文物保护单位，已是重要的人文旅游景观。双瑞岩太和寺六祖遗址区开发建设后，这三处重要的人文景观就可以连线，形成受八方游客青睐的黄金旅游线路。

六祖与广西之缘

◎黄　铮

禅宗六祖慧能（638—713）对中国佛教以及禅宗的弘法具有深刻和坚定的意义。他将佛教中国化、平民化、世俗化，使禅宗文化成为中国传统文化的重要组成部分。

在过去很长一段时间里，六祖的遗迹几乎为广东所专属。广东新兴县夏卢村是六祖故里，新兴县国恩寺是六祖圆寂地，广州市光孝寺是六祖剃发受戒和开坛说法之地，韶关市南华寺是六祖弘法37年的禅宗重要祖庭。六祖在湖北黄梅东山寺接过五祖衣钵后，曾经隐匿修行十五年。广东的怀集、四会、广宁三县市都宣称六祖曾避难藏身、修行悟道于该地。广西虽属岭南，过去却一直被视为六祖文化资源的空白省区。然而，随着广西象州县、永福县六祖遗迹的被发现和被关注，这个局面将要被打破了。有足够资料表明，六祖在他隐迹的十五年里，曾有一段时间是在广西象州、永福两县的岩洞藏身和修行悟道。广西的六祖遗迹，值得关注。

象州县有六祖岩，在县城隔江约2公里的西山山腰上，该处发现唐、宋、明、清时期石刻共10处。篆书“六祖岩”三字由北宋文人谭掞题于“元丰甲子”（1084年）。岩内《重塑六祖圣像碑记》作于明代“正德癸酉”(1513年)，该碑记真实地记下了六祖岩的来历：“象州有岩，曰六祖岩。中有圣像，昔人所塑也。”“郡人云：昔六祖南庇藏于此。信祀之也。”“宋元丰时，郡守张公唐辅勒诗于石，明我祖秉佛之旌旄，传之心印，详且尽也。”碑记表明，此岩洞历史悠久，至少在北宋元丰甲子年之前，六祖岩就已存在，岩中的六祖圣像就已存在。当地一直流传，六祖南遁期间，曾在此岩洞藏身，修行悟道。民众信而祀之，塑六祖圣像于岩中。北宋元丰年间担任象州知州的张唐辅，曾在岩中作诗勒石，充分赞扬了六祖开创中国南宗佛教的卓越贡献。

该碑记还有作者赵宗明步象州郡守张唐辅诗作原韵的诗：

灯传六世胤黄梅，五叶舒花有自来。
释部藩篱蒙祖辟，空门锁钥赖师开。
山头慈雨濡萌蘖，岩底穹碑翳藓苔。
景仰遗形闲遣兴，尘襟尽洗净无埃。

此诗同样赞誉了六祖的历史功绩，并联系了六祖在此岩洞修行悟道的往事。岩内还有清代文人留下的一些诗刻。郡人刘光烈的诗写道：

山径萧条古洞开，白云深锁旧经台。
半炉烟冷埋青草，满砌飞花点翠苔。
秦凤空传人跨去，辽城几见鹤归来。
风前搔首舒长啸，我正天仙暂脱胎。

诗中分明道出了当年曾有高僧大德在洞中修行悟道的情景。这个高僧显然就是六祖慧能。清代象州进士石鸿韶与友人李文雄，曾应象州知州郭步瀛之邀共游西山寺与六祖岩，彼此相唱和。石鸿韶留下步郭步瀛原韵的诗作：

双凫莅处即阳春，为政风流见几人？
山水有缘探窟奥，楼台何处着埃尘。
一龛宝月仍供佛，数盏香醪可醉宾。
峭壁首题冰雪句，愧无才调斗清新。

石鸿韶的诗，也分明是借用六祖黄梅偈句“菩提本无树，明镜亦非台。本来无一物，何处惹尘埃”而道出了六祖岩与六祖关系的奥秘。

象州的六祖遗迹在文献典籍上也有反映。成书于南宋时期的地理总志《舆地纪胜》，以及清代象州旧志均记载：象州西山有六祖岩，岩前石壁刻有“六祖岩”三字，岩中有六祖圣像。《舆地纪胜》还有卢道者（六祖俗姓卢）在阳寿县（唐代象州旧县名）山中结庵，“修行勤苦，虎为之守庵”的记载。

永福县的六祖遗迹亦见诸文献资料及石刻文物。雍正十一年（1733）的《广西通志》卷十三记载：

双瑞岩在州南八十里，形如伏狮，而岩在其口。乃六祖修炼之所。环山拱伏，岩内直入深数十丈，有石佛像，为石乳凝结。

志中直接指明此岩洞是六祖曾经修炼的地方。清光绪八年的《永宁州志》，对双瑞岩内情景有这样的描述：

岩内有石昂起首者，宛然如龟；其叩之则鸣者，镗然如鼓。南宋绍兴六年县令黄昌世始闻之，撰文立石，题曰双瑞岩，谓龟与鼓也。龟鼓之间石乳凝结，若人箕踞状，后人因镂石于旁，榜曰“六祖法身”。

根据这则资料，可知早在南宋时，双瑞岩中就有关于六祖遗迹的题刻。永福旧志留下的写双瑞岩六祖遗迹的诗词甚多。清嘉庆年间，古田县（永福旧县名）评出“古田八景”，“六祖禅踪”为其中一景。当地举人、解元余绍先曾作《六祖禅踪》词传世。词中有“祖意西来谁领取，衣钵虚留”句。清道光年间任永宁知州的李重发，亦曾作诗《夜宿双瑞岩太和寺》，诗中有“古洞青萝没，残碑碧藓侵。西来衣钵在，往绩慢追寻”句，写的都是六祖西来，在永福双瑞岩中隐修的往事。

永福双瑞岩原先有反映六祖遗迹的石刻文物多处。岩壁的“双瑞岩”三字石刻，为南宋绍兴六年（1136）县令黄昌世所书。洞中石壁刻有榜书“六祖法身”四字，落款为：“宋绍兴六年丙辰秋月署静江古县黄昌世镌”。岩内还有黄昌世所撰双瑞岩碑记，宋代重修报身寺碑记、清代重修太和寺碑记，以及一些官员和文人的诗刻。

双瑞岩内石质文物在20世纪60年代之前尚保留完整。后来因各种原因惨遭破坏。“双瑞岩”三字被凿去，石龟、石鼓、“六祖法身”钟乳石不见踪影。岩中碑刻也大多丢失。现仅见岩前地上留有缺角碑刻一方，为清代《重修太和寺碑记》，碑文字迹模糊，但能够辨认出其中有这样的文字：“六祖飞身于此，因营置寺而栖焉，闻六祖衣钵得之五祖……”反映了永福双瑞岩前太和寺乃六祖驻锡之处。另有一块刻于清嘉庆年间的残碑，藏于永福县文物管理所。其碑文仅见末尾部分若干文字，最后一句中有“无负祖师度世之宏愿，不亦洞天福地”。可以推断这则碑记写了六祖与双瑞岩的关系。碑文后附刻有本州清代举人、乾隆年间任江阴县令的刘新翰作的《题六祖禅踪》诗，诗中可见双瑞岩是六祖驻锡之地，六祖曾在此修行、说法。

关于六祖在永福双瑞岩太和寺说法讲经的史事，清康熙年间编撰的《广西通志》，以及同期汪森编辑的《粤西丛载》亦有记载。

广西象州县六祖岩与永福县双瑞岩发现的石刻文物以及文献记载表明，六祖确曾隐匿于这两处地方。这就说明，六祖之遗迹，广东和广西都有。而对比之下，广西的六祖遗迹，除旧志文献记载外，更有年代比较久远的石刻文物作为佐证。而广东怀集、四会、广宁三县市的六祖遗迹，却仅见于清代及民国的若干记载，而缺少了年代比较久远的石质文物佐证。因此，广西象州、永福两县的六祖遗迹，较之广东三县市的六祖遗迹，显得更为珍贵，更为可信，也更有说服力。

基于禅宗六祖文化在珠江文化和中国传统文化中的特殊地位，以及六祖在世界上尤其是东南亚、东亚佛教国家的重要影响，广东省非常重视弘扬六祖文化，以及对六祖文化资源的保护和开发利用。广州光孝寺、韶关南华寺、新兴国恩寺作为禅宗六祖的重要祖庭，早已打造成为禅文化旅游胜地。近年来，这三处地方轮流举办“广东禅宗六祖文化节”活动，吸引了国内外许多高僧大德、社会贤达、信众群体和八方游客。广东四会市作为六祖隐修地，除了重修和扩建原有的六祖天心禅寺外，另在贞山风景区新建成规模很大的六祖寺，对佛教界人士和游客同样具有很强的吸引力。怀集县原有六祖禅院，规模较小，如今在六祖遗迹所在地的山脚下，动工建设规模较大的新六祖禅院。该县计划以新六祖禅院为中心，建成岭南著名的禅宗六祖文化旅游景区。

有鉴于此，广西应关注、珍惜、保护好六祖文化资源。同时，应大力开发利用六祖文化资源。依托广西的六祖遗迹，打造广西的禅宗六祖文化旅游胜地。

广西六祖遗迹述论

◎黄　铮

禅宗六祖慧能是岭南地区的历史文化名人，珠江文化的杰出代表人物，中国佛教实际上的创始人。毛泽东主席曾给六祖以很高的评价。在过去很长的时间里，六祖遗迹几乎为广东所专属。广东新兴县夏卢村是六祖故里，新兴国恩寺是六祖圆寂之地，广州光孝寺是六祖落发受戒和开坛说法之地，韶关南华寺是六祖弘法37年的南宗重要祖庭。六祖在湖北黄梅接法后，曾经隐迹十五年，广东的怀集、四会、广宁三县都宣称六祖曾避难藏身、修行悟道于该地，开发利用六祖文化资源正搞得热火朝天。广西虽属岭南，过去却一直被视为六祖文化资源的空白省区。然而，随着广西象州县、永福县六祖遗迹的被发现和被关注，这个局面将要被打破了。有足够资料表明，六祖在他隐迹的十五年里，曾有一段时间在广西象州、永福两县的岩洞藏身修行弘法。这就是说，六祖遗迹，两广皆有。六祖文化资源当为两广所共享，为两广所共同开发利用，以共同造福于两广人民。

六祖隐迹十五年之行踪尚无定论

综观禅宗六祖慧能的人生轨迹，有这样几个比较大的节点：唐贞观十二年(638)生于广东新州(今新兴县)夏卢村。三岁丧父。24岁时(唐龙朔元年，661年)往湖北黄梅东山寺拜五祖弘忍大师为师。获五祖器重，并以一首“菩提本无树，明镜亦非台。本来无一物，何处惹尘埃”的法偈最终获五祖秘传禅法，授之衣钵。随即按五祖吩咐避难南行暂隐。39岁那年(唐仪凤三年，676年)的正月初八日来到广州法性寺(今光孝寺)，在印宗法师主持下剃度出家，成为六祖。随后转往曲江曹溪宝林寺(今韶关南华寺)弘法，凡37年。唐玄宗先天二年(713)八月初三日在家乡新州国恩寺圆寂。时年76岁。

六祖黄梅接法后，自24岁至39岁，共有十五年的隐迹修行、参悟佛理的过程。这段时间六祖的行踪是怎样的？他到过哪些地方？分别在什么时间段？有什么具体的活动？这是多年以来人们非常关注的问题，也是至今还没有得出确切的结论的问题。不仅尚无定论，在现实中还出现了一些混乱。在广西象州县和永福县有六祖遗迹的信息披露前一段较长的时间里，广东怀集县、四会县、广宁县都各自拿出根据，表明六祖曾在当地藏身修行。但在时间上，却怎么也理不清楚，只能各说各的。

之所以出现这种情况，主要是历史文献资料的缺乏，以及某些文献记述六祖行踪的不确切——不是语焉不详，含糊其词，就是各执一词，互相矛盾。

在六祖慧能圆寂后的一百年里，先后有唐代大诗人王维、柳宗元、刘禹锡为之撰写过碑铭。但这些碑铭对六祖接法后的具体行踪都含糊其辞。王维的《六祖能禅师碑铭》只说六祖“遂怀宝迷津，销声异域……如此积十六载”。柳宗元的《曹溪第六祖赐谥大鉴禅师碑并序》碑记只记下六祖“遁隐南海上，人无闻知。又十六年……”刘禹锡的《曹溪六祖大鉴禅师第二碑并序》更没有关于六祖辞别五祖后行踪的片言只语。

有某些版本的《六祖坛经》及介绍禅宗早期历史的佛门稗史曾道出六祖隐迹十五年之大致去向，这显然是从《六祖坛经》中五祖嘱咐慧能南行后“逢怀则止，遇会则藏”这句话生发出来的。然而对慧能在“怀、会”的具体时间，相关文献的记述却很不一致。

宗宝本、契嵩本《六祖坛经》记述慧能被恶人寻逐。“乃于四会，避难猎人队伍，凡经一十五载。”

惠昕本《六祖坛经》则称慧能“被恶人寻逐，乃于四会县避难，经五年，常在猎人中”。

《祖堂集》记载，慧能“隐四会、怀集之间，首尾四年”。

《曹溪大师别传》却载慧能于“四会、怀集两县界避难，经于五年”。

仅从上引几种史料看，在慧能隐迹的地点和时间上就有多种说法。关于地点，有说在四会的，有说在“四会、怀集之间”的，有说在“四会、怀集两县界”的。关于隐迹藏身的时间，有十五年说、五年说、“首尾四年”说等。

历史文献记述的含混令人无所适从，因而在现实生活中就引发了某种乱象。

既然史籍有“逢怀则止，遇会则藏”的记载，且有六祖在怀、会县界隐修十五年的说法，而怀集县和四会市又有六祖遗迹和传说，这两个县很早就宣传六祖的藏身地在该地。这也没有什么问题。后来又增加了广宁县，亦有其理由。因为广宁县建置较晚，现今广宁县大半土地历史上属四会县。问题是，六祖在隐迹修行的十五年里，在广东这三个县市各停留过多少时间？分别是在哪个时间段？在历史文献和文物中又还找不到确切的记载，于是只好根据自己的判断进行解读，结果便出现了各自都将六祖隐迹十五年的全部或绝大部分时间说成在本县市的情况。

怀集方面，虽有过六祖“先藏于四会，后隐居怀集”的提法，但更多的是强调六祖在该县冷坑镇上爱岭龟嘴岩隐居修行十五年。2009年11月1日《肇庆日报》曾有公开报道称：北宗禅师神秀弟子一行，南下怀集，“了解六祖惠能在怀集隐居15年修炼成佛的历程”。中新社2011年3月18日也曾发过以《广东怀集：六祖慧能隐身15年的修悟地》为标题的专题报道。

四会方面，虽也曾提及六祖“在四会、怀集一带隐姓埋名长达16年”，但更多时候还是宣传六祖在该县扶卢山避难藏身15年。广东研究六祖文化的资深学者林有能教授在《六祖慧能在四会》一文中写道：“慧能在四会一带十五六年，时间不算短。”看得出来，他认为六祖的隐居地主要是在四会。在同一篇文章中又引述说：“今四会六祖寺住持大愿法师认为慧能在怀集一年，在四会15年。像这样给出慧能分别在怀、会具体时间的还不多见，但似乎也有其理由。”

广宁方面，对六祖慧能曾在该县避难的宣传相对较晚，但一开始就毫不含糊地提出：六祖当年隐于该县宾坑镇榕树旧寺头龙龛古庵达15年。《羊城晚报》（2011年10月8日）也曾刊发《六祖惠能构庵避难15年隐居处在广宁被发现》的专题报道。

以上情况表明，对六祖隐迹15年间的去向的研究至今尚无定论，因为几个地方各有说法，莫衷一是。

广西象州的六祖遗迹

广西象州为千年古郡，因其紧靠柳江，有水路交通的优势，历史上长期设为州治。该县西山上有一处古迹叫“六祖岩”，因岩洞中有多处宋代及明清时期石刻，于2003年6月由广西来宾市人民政府公布为市级文物保护单位，文物名称为“六祖岩摩崖石刻”。然而，这处古迹所体现的人文内涵和重要价值，却一直不大为人所知。故该古迹虽与县城仅一江之隔，却人迹罕至，只有附近村民不时前往焚香祭拜。致使这一重要禅宗遗迹很长时间都“养在深闺人未识”。

2015年5月底，刚从外地调回象州不久的县委副书记吴孝斌，听人说起城郊西山上有六祖岩，便让县文物管理所负责同志陪同前往考察。吴副书记对象州的历史文化有浓厚兴趣，也略知禅宗六祖慧能大师的事迹和六祖文化的地位与价值。他在六祖岩及周边，对多处宋代和明、清时期石刻作了比较深入的考察，又查阅了地方史志资料，对照分析后认为，此处文物古迹当与禅宗六祖慧能大师的行迹有关，六祖慧能应曾在象州此处岩洞隐匿修行。吴副书记将考察的情况及自己的初步研究陆续写成几篇文章，在《来宾日报》上发表。文章引起了广西历史学会负责人的关注。随后，由广西历史学会组织历史学和考古学专家多人到六祖岩进行了实地考察。专家们肯定了六祖岩及周边的石质文物的真实性，认为象州六祖岩与中国佛教的实际创始人禅宗六祖慧能的行迹有关，是十分重要的文物古迹，六祖与象州的关系值得深入探讨。

象州六祖岩在象州县城柳江西岸的西山山腰，属象州镇鸡沙村黄皮沟屯，离县城约2公里。六祖岩目前共发现石刻八处，其中北宋石刻两处，南宋石刻三处，明代石刻一处，清代石刻两处（其中有一碑刻已移至别处）。另在岩内后侧石壁发现有两处嵌痕，原碑刻已经丢失。六祖岩现存石刻绝大部分反映了六祖慧能在象州的活动。其中最重要的两处石刻，为六祖岩前左上方的北宋“六祖岩”三字题刻和岩洞中明代的《重塑六祖圣像碑记》。

“六祖岩”题刻为篆书，字高约0.8米、宽约0.48米。石刻有落款，右侧小字为题刻者:“曲江谭掞文初书”，左侧小字为时间:“元丰甲子岁”(1084年)。谭掞，字文初，广东曲江人，北宋文人，系王安石的同窗。曾任广西提举常平和广西转运副使。他曾在桂林留有多处题刻。“重塑六祖圣像碑记”石刻高0.67米、宽0.95米。其标题自右至左横书，碑文则为竖书。落款为“大明正德癸酉正月”。碑刻字迹虽然模糊，但大部分可以辨读。碑记开头说：“象州有岩，曰六祖岩。中有圣像，昔人所塑也。”“郡人云：昔六祖南庇藏于此。信祀之也。”碑文记述：“宋元丰时，郡守张公唐辅勒诗于石，明我祖秉佛之旌旄，传之心印，详且尽也。”“正德癸酉春，赵……同游此岩。观祖像倾废，遂募众”重塑。复“步张公之韵”，作诗“镌诸碑。诗曰：灯传六世胤黄梅，五叶舒花有自来。释部藩篱蒙祖辟，空门锁钥赖师开。山头慈雨儒萌蘖，岩底穹碑翳藓苔。景仰遗形闲遣兴，尘襟尽洗净无埃”。其后是捐资者名单。碑文最后落款为“大明正德癸酉春正月吉日赵宗明记”。

象州六祖岩这两处石刻，显然与六祖活动有关。“六祖岩”刻于北宋元丰年间的1084年，是国内迄今发现的以“六祖”命名的年代最早的岩洞，是六祖的重要遗迹。而刻于明代的《重塑六祖圣像碑记》，传递出了不少重要信息：此岩洞历史悠久，至少在北宋元丰年间之前，“六祖岩”就已存在，岩中的六祖圣像就已存在。碑记中的“郡人云：六祖南庇藏于此。信祀之也”，表明当地一直流传，六祖南遁期间，曾在此岩洞藏身。民众信而祀之，遂塑六祖圣像于洞中。碑文还告诉人们，宋代元丰年间（1078—1085），象州知州张唐辅曾作诗勒石于岩。诗中充分赞扬了六祖开创中国南宗佛教的卓越贡献。张唐辅的诗刻现在已经丢失。在六祖岩中发现有两处原先嵌有碑刻的空位，可能其中一处就是张唐辅的诗碑。张唐辅与谭掞都是广东曲江人。而曲江宝林寺（今韶关南华寺）是六祖曾经弘法37年的禅宗祖庭。这两位曲江人对六祖的了解和崇拜可想而知。北宋元丰年间两人同在广西为官，桂林与象州又非常靠近。张唐辅了解到象州有六祖隐迹的岩洞时，便邀请自己的曲江老乡谭掞过来同游此岩。然后由谭掞为“六祖岩”题名，他自己则作了赞誉六祖的诗刻于岩中。这是再正常不过的事情。两位曲江人在象州六祖岩的题刻，大大增加了六祖岩作为六祖遗迹的真实性。而碑记作者赵宗明步宋代郡守诗作原韵留下的诗句中，也同样包含有赞誉六祖以及六祖岩与六祖关系的内容。

六祖岩内还有清代象州文人刘光烈的诗刻：

山径萧条古洞开，白云深锁旧经台。
半炉烟冷埋青草，满砌花飞点翠苔。
秦凤空传人跨去，辽城几见鹤归来。
风前搔首舒长啸，我正天仙暂脱胎。

此诗分明道出了当年曾有高僧大德在洞中修行悟道的情景。这个高僧当然就是六祖慧能。在象州县文物管理所，另有一块原先立在六祖岩的碑刻，为清代光绪九年（1883）任象州知州的郭步瀛（云南建水人，字安澜）邀约当地文人石鸿韶、李文雄同登西山访六祖岩相唱和的诗刻。郭步瀛原诗曰：

劈开古洞几千春，忝莅此邦作主人。
花拂层轩香绕座，酒斟满斝净无尘。
留题有侣非孤调，邀赏乐群属上宾。
埽石观诗经剥蚀，后贤云集焕然新。

曾在云南为官的象州人石鸿韶，紧接郭步瀛作了这样的和诗：

双凫莅处即阳春，为政风流见几人？
山水有缘探窟奥，楼台何处着埃尘。
一龛宝月仍供佛，百盏香醪可醉宾。
峭壁首题冰雪句，愧无才调斗清新。

石鸿韶诗中的“山水有缘探窟奥，楼台何处着埃尘”这两句，分明是借用六祖黄梅所作“菩提本无树，明镜亦非台。本来无一物，何处惹尘埃”偈句，而道出了象州六祖岩与六祖关系的奥秘。

在象州六祖岩的左上方，还有另一岩，深约2米，左右两侧敞开，上方岩石稍稍向前伸出。一旁岩壁上，刻有高约1.4米、宽约0.4米的两行字，分别直书“真隐岩”和“东海释隐迹处记”，无落款。而在与此石刻相隔不远的另一处岩壁上，又发现有“燕公书”三字石刻。此三字与“真隐岩”那两行字字体有所不同，亦无落款。十分值得玩味。

关于真隐岩与六祖岩的内在联系，有待探讨。已有研究者提出，真隐岩与六祖岩都应与六祖行迹相关。可能一处主要用于打坐，一处主要用于休息。关于“东海释”的含义，有学者认为，或许六祖在此隐修期间，曾有村民问其从何处而来，六祖无意中说出了自己是从东边来。而村民一般也知道佛教从海外传来。故将隐迹僧人称作“东海释”。那么“燕公”又是何人？查阅唐史，被称为“燕公”的，集中指向了张说（667—730）。张说为唐代名人，一生三次拜相。唐玄宗开元元年（713）二次拜相时，被封为“燕国公”。此后便常被当时文人在诗词作品中以“燕公”称之。如果“真隐岩”题刻真的是“燕公”张说所书，那么，象州真隐岩便成为距六祖隐迹年代（662—676年）仅数十年的一处六祖遗迹。唐朝名相张说何以在象州留下此题刻呢？又缘何会出现显然是别人口气的“燕公书”呢？这几个字缘何会写在另一处岩壁上，字体又与“真隐岩”明显不同呢？这些都亟待探究。目前还算合理的解释是：张说在703—705年曾贬谪广西钦州。在象州游历时，听闻当地人士说起曾有高僧在西山岩洞隐秘修行，于是前往参访，并应所请写下“真隐岩”与“东海释隐迹处记”几个字。因时值贬谪期间，不便张杨，便没有留下题款。后来，张说再次拜相，并被封为“燕国公”，声名大震，于是当地官员便在真隐岩石刻旁补刻上“燕公书”三字。另有专家根据“真隐岩”与“东海释隐迹处记”石刻文字书写一般，认为不一定是张说原有题刻。可能原题刻因年代久远，已经风化湮没，而由后人所补刻。他们仅知题刻者为“燕公”，但不清楚具体时间，故重刻时未署时间。无论作何种解释，都无法否认真隐岩是与六祖隐秘修行相关的年代最为久远的一处古迹。

象州六祖岩、真隐岩的石刻文物留下了关于六祖隐迹象州的实证，而旧志等文献典籍也有相关的记载。清乾隆年间编纂的《象州志》记载：“西山在州西，隔江二里，旧有西山寺，今圮。”“六祖岩在西山，有石刻六祖岩三字。”清同治年间所纂《象州志》亦载：“西山寺，在城西五里。”六祖岩，“在西山寺后，磴道盘纡，石穴空嵌，可容数人，塑六祖像于其中。旧志云有石刻六祖岩三字。”民国版《象县志》对西山寺、六祖岩也有类似记载：“西山，在城西隔江数里，极挺秀，山腰有寺。”“六祖岩，在西山寺后，蹬道盘纡，石穴空嵌，内可容数人，有石刻六祖岩三字。”年代更久远的资料则见诸南宋王象之编纂的地理总志《舆地纪胜》。该书卷一百五《岭南西路·象州》记载：“西山寺，在城西五里。其寺半山有一槛亭，大江横前，飞泻千里，郡城枕股，万瓦鳞次，山川景物尽在目中，骚人题咏为多。”“六祖岩，在西山寺后，蹬道盘纡，石穴空嵌，可容数人，塑六祖圣像其中。”显然，象州清代及民国旧志关于西山和六祖岩的记述，都来源于南宋地理志书《舆地纪胜》的相关记载。而这些记载，与六祖岩的宋代明代石刻的记载正好可以互相印证。

更为重要的是，《舆地纪胜》还留下有关于六祖在象州隐匿修行的一些更为直接的文字记录。该书《岭南西路·象州·仙释》载：

卢道者，隐居阳寿之青金山，去城八十里。其山甚广，虎狼甚多。卢在山中卓庵，修行勤苦，虎常蹲伏庵下。每出入，虎为之守庵。

据研究，文中之“卢道者”应当就是六祖。六祖俗姓卢，广东新州（今新兴县）夏卢村人。明代高僧“憨山大师”（其圆寂后肉身与六祖一同供奉于韶关南华寺）流传下来的著作《憨山老人梦游集》（卷五十）有这样的记载：“有新州卢道者，得黄梅衣钵，号为六祖，回至曹溪……”另《祖堂集·弘忍和尚》也记载：“时有卢行者，年三十二，从岭南来礼觐大师。”此处之“卢行者”亦为六祖慧能。可见，六祖被称为“卢道者”、“卢行者”是有根据的。“阳寿之青金山”，实际上就是现今象州西山。阳寿，象州旧县名，唐武德四年（621）置，当时县治不在今象州，而在距象州约80里地的罗秀镇军田村和中平镇普化村一带（那里发现有颇具规模的古城墙）。至唐大历二十一年（787），即六祖圆寂70多年之后，阳寿县城才迁至今象州，县随州治。象州置州后，在县城四周山上各建佛寺，分别命名为东山寺、西山寺、南山寺、北山寺。原先“卢道者”、“卓庵”的“青金山”，因建有西山寺，便改称为西山。至于“虎为之守庵”，应在情理之中。历史上道行深远的高僧“伏虎”、“驯虎”之事时有记载。六祖修炼用功，道法高超，虎狼为之驯服那是很自然的。因此，南宋地理总志《舆地纪胜》中关于“卢道者，隐居于阳寿青金山“、“在山中卓庵，修行勤苦”的记载，是印证六祖曾在象州隐匿修行的重要史料。

广西永福的六祖遗迹

广西永福县的六祖遗迹，同样既见诸历史文献记载，又有文物古迹作为佐证。也同样因人们对该文化遗产之内涵及价值缺乏认识，未引起足够关注，而“养在深闺人未识”。

永福县位于广西桂林市西南，距桂林城区45公里。唐代置县。唐至明各朝，今永福县地称纯化、慕化、古县、古田县等。明隆庆五年（1571），升古田县置永宁州。永福县的六祖遗迹是双瑞岩。据清雍正十一 年（1733）刊刻的《广西通志》卷十三“山川”记载：

双瑞岩在（永宁）州南八十里，形如伏狮，而岩在其口。乃六祖修炼之所。环山拱伏，岩内直入深数十丈，有石佛像，为石乳凝结。

志中直接指明此岩洞是六祖修炼的地方。另，清光绪八年（1885）刊刻的《永宁州志》，对双瑞岩也有更多的描述：

双瑞岩在州治东南八十里安和上团，有山状如伏狮，岩为其口，始称东明岩。岩外一池，澄莹如镜，其前平原横纵，可数百亩。众峰环列，有万笏朝天之胜。岩内有石昂起首者，宛然如龟；其叩之则鸣者，镗然如鼓。南宋高宗绍兴六年县令黄昌世始闻之，撰文立石，题曰双瑞岩，谓龟与鼓也。龟鼓之间石乳凝结，若人箕踞状，后人因镂石于旁，榜曰“六祖法身”。

根据这则资料，可知早在南宋时，双瑞岩中就有关于六祖遗迹的题刻。

永福县现有的资料表明，六祖慧能曾有两次到广西永福，第一次是六祖离开湖北黄梅后第二年（龙朔二年，662）的春天，他在双瑞岩隐匿修行。第二次是“唐武则天朝”（684—705），他在双瑞岩太和寺讲经说法。史事前者来源于《永宁州志》编纂者刘汉镇留下的口述历史资料，后者依据旧志和地方口述史料。

清《（光绪）永宁州志》编纂者刘汉镇为永福本地文人，喜爱文史。在《永宁州志》刊刻之后，继续搜集永福地方史料，其中包括六祖在永福的史料。他留下的资料文稿对六祖慧能在湖北黄梅接法后的行迹有这样的描述：

慧能辞（五）祖渡江，发足南行。逾两月，过大庾岭。有数百人追来，欲夺衣钵。慧能隐草丛中七昼夜，见追人南下，便折向岭西，避开大路，尽择荒山僻径而行。倏忽春至，慧能行到一处，山清水绿，田园恬静，鸟语争喧，恍若世外桃源。询之，乃纯化县（永福唐时县名）境之拉怀村（今永福县永安乡大坦村）。慧能想起五祖临别时曾有“逢怀则止，遇会则藏”之语，便询之老者：“此方可有寺庙？”老者曰，南行十余里有古寺，可以容身。慧能行之，果见一古寺“报身寺”。因方言不通，慧能遂觅寺后一处山岩栖息。终岁稀言少行，彻心悟佛。一日艳阳高照，慧能欲濯所授法衣，乃于岩侧清溪中浣洗。法衣一振，瑞气盘旋，清溪如泉涌涨，积以成池，慧能乃跪膝浣衣石上。寺中有一僧自西蜀来，异其瑞气祥生，乃至山岩中，见一行者，衣不蔽体，坐禅于岩壁前，晒法衣于石上。惊其不俗，问曰：“石上法衣何处得来？”慧能答曰：“由来处得来。”问曰：“黄梅意旨什么人得？”答曰：“会佛法人得。”问曰：“何为佛？”答曰：“自心即佛。”问曰：“何得通佛法？”答曰：“有道者得，无心者通。”僧大异之。慧能行藏已露，遂悄然离去。寺僧每日如依稀见岩中行者打坐参禅，浑然不觉。后月余，西蜀僧再诣岩中，见行者早已离去，岩壁上有钟乳盘结如人箕踞状。众人皆以为是活佛化身入凡，故瑞霭重生耳……高宗仪凤二年，六祖至韶州曹溪宝林寺，弘扬佛学，宣传“见性成佛”，成为禅宗的正宗。西蜀僧至宝林寺礼觐听法，方知昔日避居山岩中之行者，实为六祖也。

刘汉镇将所整理的有上述内容的史料保存于家中。后来传到了他的孙子刘象九手中。刘象九民国时期曾任百寿县民众教育馆馆长，解放后被当作坏分子管制。他暗中将家传史料交其学生梁景明保存。梁家在“文革”中两次被抄，史料被毁。梁景明之子梁熙成是永福县政协原秘书长。他自小常听父亲讲刘汉镇整理的六祖史事，印象极深，他又曾多次到双瑞岩一带踏访六祖遗迹。于是将所记忆的刘汉镇整理的六祖到永福上述史事，撰文加以介绍。①

双瑞岩位于永福县永安乡太和村狮子山，距县城60多公里。岩洞宽约20米、高约8米、深30多米。洞前顶部岩石垂下若帘。洞内后壁原有一小洞直透狮子山后，可以送进来阵阵惠风。岩前有始建于南朝的古寺“报身寺”，后改为“太和寺”。该寺早废，遗址今为太和小学。双瑞岩中原有的六祖遗迹包括：正面上方岩壁的“双瑞岩”三字石刻，为南宋绍兴六年（1136）县令黄昌世所书。洞中右侧有钟乳石盘结如人箕距状，一旁岩壁刻有榜书“六祖法身”四字，落款为：“宋绍兴六年丙辰秋月署静江古县黄昌世镌”。洞内左侧分别有鼓形和龟形的钟乳石，相距甚近。岩内另有碑刻多处，包括南宋县令黄昌世所撰双瑞岩碑记，清雍正举人刘新翰咏六祖诗碑、清道光年间永宁州知州李重发“宿双瑞岩太和寺”诗碑、道光年间当地解元余绍先所作“六祖禅踪”词碑、宋代重修报身寺碑、清代重修太和寺碑等。还有后人在六祖浣衣处为纪念六祖而取名的“振衣池”、“佛衣石”等。

双瑞岩石质文物在“文革”前尚保留完整。后来因各种原因惨遭破坏。“双瑞岩”三字被凿去，石龟、石鼓、“六祖法身”钟乳石不见踪影。岩前之“振衣池”、“佛衣石”则至今保留，池水依然清澈。双瑞岩中原有碑刻丢失殆尽，现仅见岩前学校篮球场边留有缺角碑刻一方，为清代《重修太和寺碑记》，碑文字迹模糊，但能够辨认出其中有这样的文字：“六祖飞身于此，因营置寺而栖焉，闻六祖衣钵得之五祖……”反映了太和寺所在地乃六祖驻锡之处。另有一块刻于清代嘉庆年间的残碑，藏于永福县文物管理所。其碑文仅见末尾部分若干文字，最后一句中有“无负祖师度世之宏愿，不亦洞天福

①梁熙成:《三访太和》，《福寿之乡》，桂林，漓江出版社，2008年。梁熙成:《福寿文物志·双瑞岩》，《永福福寿文化志》，北京，中国档案出版社，2007年。另参见《永安双瑞岩石刻残碑》，《永福石刻》，南宁，广西人民出版社，2008年。

地”。亦可以推断这则碑记写了六祖与双瑞岩的关系。该碑记落款处刻有“迁京撰”、“增生陈家顺书”。“迁京”即刘迁京，清嘉庆十五年（1810）贡生。他是本州清代举人、乾隆年间任江苏江阴县令的刘新翰之孙。碑记后面，附刻有刘新翰所作《题六祖禅踪》诗一首：

□□无尘竹径开，南能飞锡自黄梅。
苦无衲子传衣□，□有石龟听法来。
葱岭人归身是幻，曹溪偈在镜□□。
□门认取禅灯在，碧水空明漾绿苔。

从刘新翰的诗句中可以清楚地看出，双瑞岩是六祖慧能驻锡之地，六祖曾在此修行、说法。六祖说法时，洞中石龟似乎也在昂首聆听。

以上为仅存的两块碑刻所反映的双瑞岩“六祖禅踪”的情况。因岩内其他碑刻均已丢失，使人们无法从更多的石质文物中求得实证。所幸岩中的一些诗刻，其原作文字可以在《永宁州志》卷十六《艺文》中找到。比如，清嘉庆年间，古田县评选“古田八景”，双瑞岩以“六祖禅踪”入选。随即地方上征集咏“古田八景”的诗词作品。解元余绍先以《六祖禅踪》一词入选。其词曰：

独占此山秋，石洞清幽，灵龟听法喜抬头。石鼓传声同献瑞，必有缘由。宝刹俯平畴，滴翠香浮，千峰环抱水悠悠。祖意西来谁领取，衣钵虚留。

这首词将双瑞岩自然景色的描述与六祖西来在岩中修行弘法的史事融为一体。十分清楚地表明了永福县这个地方确有“六祖禅踪”。

清道光五年（1825）任永宁知州的李重发，亦曾作《宿双瑞岩太和寺二首》，其一写道：

薄暮投萧寺，遥闻玉磬音。
寒潭沉月影，远岫隐云阴。
古洞青萝没，残碑碧藓侵。
西来衣钵在，往绩慢追寻。
（六祖修道于此）

从这首诗的后四句可以看出，作者来到双瑞岩太和寺，不由追思起六祖当年西行来到永福，栖身岩洞隐秘修行的往事。而原诗末句一侧，作者特别标注出“六祖修道于此”。这就更直截了当地指明了，这里是六祖曾经修道的地方。

六祖第二次到永福是在唐武则天朝（684—705年），他在韶州曹溪宝林寺（今韶关市曲江区南华寺）弘法期间。相关史事来源于地方旧志和口述史料。

清康熙四十三年（1703）由汪森编辑完成的《粤西丛载》卷十二《释氏》中有这样的记载：

惠能禅师，唐武则天朝，说法讲经于永宁州南双瑞岩。永福知县至永宁，叩其行止。答曰：“僧修于此，不知花甲。但觉时寒时暑，草木盛而后衰。惟记入山之年，乃某年某月也。”县官数其岁次，已四十年矣。武后征召不赴，后往曹溪。世称六祖。

《粤西丛载》在辑录这则史料时，注明系据《通志》。《通志》为南宋郑樵撰，成书于绍兴十七年（1147）。这就表明早在南宋时就有六祖在双瑞岩讲经说法的记述。此外，清雍正《广西通志》卷八十七《方伎·仙释附》也有类似记载：

惠能禅师，谒黄梅五祖，祖嘱速去，曰逢怀则止，遇会则藏。唐武则天朝说法讲经于永宁州南双瑞岩。永福知县叩其行止，答曰：僧修于此，不知花甲。但觉时寒时暑，草木盛而复衰。惟记入山之年，乃某年某月也。数其岁次，已四十年矣。武后征召不赴，后往曹溪，世称六祖。又尝往怀集上爱岭峰顶石室栖迟。人称六祖岩。

以上引文在提到六祖在永宁州双瑞岩弘法的时间时，用了“已四十年”的说法，这显得不够真实。但六祖在曲江曹溪宝林寺（今韶关南华寺）弘法期间，曾经外出传法，并再次来到广西永福双瑞岩，这是有可能的。清光绪朝《永宁州志》编纂者刘汉镇留下的资料中也有这样的记述：

唐武则天时，慧能周游南方，再至报身寺讲经说法。身披佛衣坐于石上九昼夜，听法者云集岩前平地，池中水族皆浮而听之。

关于六祖在武则天执政期间曾再度来到广西永福，在双瑞岩太和寺讲经说法的史事，绝非空穴来风。

广西六祖遗迹值得关注

以上我们分别叙述了广西象州县和永福县六祖遗迹的情况。据此我们可以初步梳理出六祖在广西的大体行迹：六祖于唐龙朔元年（661）下半年离开黄梅后，南下至粤北曹溪，见犹有恶人追赶，便折向西走小路直奔广西，于第二年（662）春天来到永福，藏匿于双瑞岩，在此修行悟道。越年，离开永福来到象州。在西山六祖岩、真隐岩隐修了一段时间。然后又顺江东下，到广东肇庆的四会、怀集一带，继续他的隐修岁月，直至唐仪凤三年（676）现身于广州法性寺（光孝寺）。但这仅仅是一个初步的推断。关于“六祖与广西”还有许多问题还未弄清楚。比如，六祖南遁至曹溪后再向西来到广西永福走的是哪条路线？六祖是何时从永福来到象州的？又是何时从象州去到广东四会、怀集一带的？走的又是哪条具体的路线？六祖在永福和象州隐修时有什么具体的活动？六祖自南华寺来到永福讲经说法是在哪个时间段？象州西山真隐岩、六祖岩有什么样的具体关联？“真隐岩”为唐相张说题刻还有什么进一步的证据？等等，这些都有待进一步研究。然而，无论这些问题何时解决，能否解决，都不应影响人们对广西六祖遗迹的关注。

正如本文的开头曾经提到的，六祖在黄梅接法后隐迹十五年的具体行踪，至今尚无定论。广东省怀集、四会、广宁三县，都宣传六祖曾在当地藏身、修行，但各自同样有许多具体的问题说不清楚，还造成了某种混乱和尴尬，因而同样需要进一步研究。即便这样，也没有影响到人们对这些地方作为六祖遗迹的关注，没有影响到这些地方热火朝天地开发利用六祖文化资源。二者的道理是一样的。

倘若将两广五县市的六祖遗迹做一番比较，我们就会看到，从反映六祖遗迹的文物及文献资料在整体上表现出的多样性、真实性、稀缺性来说，广西象州、永福两县比广东怀集、四会、广宁三县市显得更要突出一些。

广东怀集县最重要的六祖遗迹是位于县城西北冷坑镇、马宁镇交界处上爱岭的六祖岩（一名龟嘴岩）。与广西象州六祖岩一样，这是国内罕见的直接以六祖命名的岩洞遗迹。根据记载和传说，六祖在此岩洞中隐秘修行悟道长达十五年。这样一处历史悠久的六祖遗迹，却没有伴生出相应历史悠久的石质文物。该岩洞有“六祖岩”三字石刻，自右至左横向书写，每个字约1市尺见方，楷书，未见有落款标注题刻者和题刻时间。从所刻“六祖岩”之“岩”字为简化汉字，以及从石刻凿痕状况来推断，此石刻年代不会太久。整个岩洞除“六祖岩”三字外，另一处仅见的石刻在右侧岩壁，刻于清“光绪戊申”（1908年），为时任怀集县令的东莞人蒋航参访六祖岩留下的诗刻。怀集另一处较重要的遗迹为六祖禅院，位于上爱岭脚麓岗头村边，其前身为六祖亭，为当地民众尊崇六祖所建，始建时间不可考。清同治十年（1871）建此六祖禅院，解放后已严重损毁，21世纪初重修。此处遗迹未见有反映六祖活动的碑刻等石质文物留存。

四会市六祖遗迹主要有六祖古庵和六祖寺（天心禅寺）。六祖庵原在县东之扶卢山上，相传六祖曾在此藏身修行10多年。古庵始建于何时不得而知。庵毁后于清嘉庆十四年（1809）重修时，迁建于山下的龙甫镇营脚村边，易名六祖寺。时人卢应中撰有《重修六祖寺碑记》。该寺大部分建筑已损毁，近年发起重修该寺大雄宝殿。为区别2001年在四会贞山新建成的六祖寺，营脚村六祖寺现称为六祖天心禅寺。该处遗迹也没有反映六祖活动的清代嘉庆之前的石质文物留存。

广宁县的六祖遗迹在该县宾坑镇榕村旧寺头。传说过去山上有古庵，为六祖构庵避难修行处遗迹。明万历年间庵废，发现古碑，据称其上有“龙龛藏锡杖，衣钵在南华”之语。但并没有相应的文物留存作为根据，仅在清《（嘉庆）广东通志》（卷二百三《古迹略》）中提及。清道光三年（1823），当地重修龙龛古寺，刻有《重修龙龛古寺碑记》两方。其中第一方碑刻已经丢失，现仅存第二方，藏于广宁县博物馆，其内容主要是修寺捐款者名单。此外也无别的清道光之前的其他石质文物留存。

众所周知，在记述相关史事的文献资料比较缺乏、所作记述又极不明确的情况下，碑刻文物往往起到特别重要的实证作用。在这方面，广西象州和永福所拥有的反映六祖行踪的石质文物，就显得特别珍贵、稀缺而具有说服力。象州县姑不论西山“真隐岩”唐代石刻，即西山“六祖岩”就有宋、明、清石刻共八处。其中刻于北宋元丰七年（1084）的“六祖岩”石刻，距今已有930多年。象州六祖岩中有在明代重塑六祖圣像时留下的碑记，它明确告知人们，这里曾是六祖藏身的地方。在北宋元丰年间之前，这个岩洞就以六祖名字命名，洞中就塑有六祖圣像。该碑记还证实，北宋元丰年间，象州郡守就曾在六祖岩中留下歌颂六祖的诗刻作品。该碑刻也记有明代的题刻者步宋代郡守原韵所作关于六祖和六祖岩的诗。永福县双瑞岩也有多处石刻文物可以印证六祖曾在此隐修。尽管这些文物绝大部分已经丢失，但有清代《（光绪）永宁州志》的记载可以证实：岩洞中曾有南宋县令黄昌世题刻于高宗绍兴六年（1136）的“双瑞岩”、“六祖法身”以及关于六祖在双瑞岩的碑记。年代也比较久远。双瑞岩仅存残碑上留下的诗文也印证了双瑞岩为六祖遗迹。

广西象州、永福的这些可以作为六祖行踪实证的珍贵的石刻文物，恰恰是广东怀集、四会、广宁三县所缺少的。

而从记载六祖遗迹及六祖活动的文献资料来看，象州和永福也有其独特之处。除像广东三县市那样有清代及民国旧志的记载外，象州和永福还可以找到宋代文献的记载。如南宋地理总志《舆地纪胜》中关于“卢道者”（六祖）在阳寿县（象州唐时县名）之青金山结庵修行的记述；清代典籍《粤西丛载》引南宋《通志》关于六祖曾在永福县双瑞岩讲经说法的记述。此外，还有宋至清代文人参访象州六祖岩、永福双瑞岩六祖遗迹留下的诗词作品的碑刻和文字记载。其中好些诗作传达出六祖在当地修行和讲学的信息。甚至有以“六祖禅踪”为诗词标题以及在诗句一旁明确标注“六祖修道于此”的。这些都是非常难得、非常珍贵的文献资料。

根据以上情况，广西象州、永福两县反映六祖行迹的文物和文献资料确实有其亮点，表现出了某种优势。作为六祖曾经在此隐匿修行的证据，也就具有比较充分的说服力。因而理所应当受到关注。

然而，广西象州和永福的六祖遗迹及相关文物和文献记载在过去很长时间都没能引起人们足够的注意，对其研究和宣传更谈不上，甚至可以说完全没有去做。因之，这些地方的六祖遗迹便被埋没了。而广东方面，怀集县和四会市在很长时间以来，一直都在致力于六祖遗迹的发掘、保护、开发、利用的工作，一直都在做六祖文化遗产的资料整理、研究宣传以及推介的工作，取得了十分突出的成效。显然，广东的做法和经验，值得广西很好地学习和借鉴。

而借鉴广东的做法和经验，关注广西的六祖遗迹，做好保护、开发、利用广西六祖文化资源的工作，在当今有着非常重要的现实意义。因为这将大大有利于在广西传播禅宗六祖智慧文化，弘扬中华民族优秀文化传统，构建和谐社会。大大有利于促进广西、中国与东南亚及日、韩佛教国家的文化交流，构建发展友好合作关系的新平台。大大有利于促进两广建立更紧密的关系，共同发展珠江—西江文化和岭南文化，发展两广特色文化旅游，造福两广人民。

综上所述，广西六祖遗迹确乎值得关注。

（作者附记：本文分别发表于《六祖禅》2015年第4期，《岭南文史》2015年第4期，《广西文史》2015年第4期。本稿录自《岭南文史》2015年第4期。在写作过程中得到吴孝斌、梁熙成君帮助，谨致谢意。）

禅文化

从《坛经》不同版本的差异谈六祖避难隐修之地

◎吴孝斌

六祖慧能大师生于岭南，由一个贫困少年成长为一代圣人。其传奇人生极为引人关注。在大师的生平记录中，唯有其从黄梅五祖处接法避难南隐直至广州法性寺现身前，这十五年多的时间，历史典籍记录最少或者说是几近空白。因此深为人们广为探寻和研究。《坛经》是禅宗的基本经典，记录大师的一生及主要讲法，是由中国人所撰且获“经”称的唯一佛典，由此足以奠定《坛经》在中国佛教史上的地位。因此从《坛经》中研究大师避难隐修之地有着积极的意义。

一、坛经的各种版本简况

禅宗是中国化的佛教。《坛经》自六祖圆寂后，由法海等弟子汇集而成。在随后的世代相传中，人们不断地修订补充，并不断加入自己的观点，从而形成许多不同的版本。六祖弟子南阳慧忠国师曾有感慨（《景德传灯录》卷28载）：

吾比游方，多见此色，近尤盛矣。聚却三五百众，目视云汉，云是南方宗旨。把它《坛经》改换，添糅鄙谭，削除圣意，惑乱后徒，岂成言教？苦哉！吾宗丧矣！

慧忠逝世于唐代宗大历十年（775），距离六祖圆寂之先天二年（713）才60多年，在当时已有此说。因此后面《坛经》出现多种不同的改编传本，便也毫不为奇。

根据学术界对《坛经》的研究，虽然《坛经》版本繁多，但真正独立的、有代表性的只有四种。即为敦煌本、惠昕本、契嵩本、宗宝本。

敦煌本是目前现存的年代最古老的本子，全名为《南宗顿教最上大乘摩诃般若波罗蜜经六祖惠能大师于韶州大梵寺施法坛经》，下署“兼受无相戒弘法弟子法海集记”。卷末题为“南宗顿教最上大乘坛经法一卷”。此本不分品节，文字比较质朴。因此，有人认为它很可能是当时法海记录慧能说法的实录，也称作“法海本”。

惠昕本由晚唐僧人惠昕改编而成，题为《六祖坛经》，分上下两卷，共十一门，约14000字。前有惠昕序，称“古本文繁，披览之徒，初忻后厌”。惠昕本的内容虽然与敦煌本有一些出入，但基本一致。增加了慧能得法归来避难、传五分法身香、朝廷征召等事迹。“坛经传授”从法海一直传到圆会，多传了圆会一代。

契嵩本由僧人契嵩在北宋仁宗至和年间（1054—1056年）改编。全称《六祖大师法宝坛经曹溪原本》，简称《曹溪原本》，一卷，十品，2万余字。

宗宝本由光孝寺僧人宗宝在元朝至元二十八年（1291）前改编，题名为《六祖大师法宝坛经》，一卷，十品，2万余字。品名得到较好的概括，文字流畅优美，可读性强，便成为明代以来的流行本，历代的重刊本有数十种。

总之，《坛经》是屡经增减窜改的。不过各版本的思想和脉络基本相互贯通。要究其根本，应很好地研究敦煌等古本。

二、各版本中对慧能接法前后之文字实录

笔者在此将慧能自接法后到去九江与五祖离别期间的各版本所记文字，如实摘录如下：

1. 敦煌本：五祖夜至三更，唤慧能堂内说《金刚经》。慧能一闻，言下便悟。其夜受法，人尽不知，便传顿教及衣，以为六代祖。将衣为信禀，代代相传，法即以心传心，当令自悟。五祖言："慧能，自古传法，气如悬丝，若住此间，有人害汝，即须速去！"能得衣法，三更发去。五祖自送能至九江驿，登时便别。五祖处分："汝去努力！将法向南，三年勿弘此法。难起已后，弘化善诱，迷人若得心开，汝悟无别。"辞违已了，便发向南。

2. 惠昕本：五祖其夜三更，唤某甲至堂内，以袈裟遮围，不令人见，为某甲说《金刚经》，恰至"应无所住，而生其心"言下便悟，一切万法，不离自性。某甲启言："和尚，何期自性本自清净，何期自性本不生不灭？何期自性本自具足？何期自性无动无摇，能生万法？"五祖知悟本性，乃报某甲言："不识本心，学法无益。若言下识自本心，见自本性，即名丈夫、天人师、佛。"三更受法，人尽不知。便传心印顿法及衣钵："汝为第六代祖，善自护念，广度迷人，将衣为信禀，代代相承。法即心传心，皆令自悟自解自性。佛佛唯传本体，师师默付本心，令汝自见自悟。"五祖言："自古传法，命似悬丝，若住此间，有人害汝。汝须速去。"某甲言："某甲是南中人，久不知此山路，如何出得江口？"五祖言："汝不须忧，吾自送汝。"

某甲领得衣钵，三更便发归南，五祖相送，直至九江驿边。有一只船子，五祖令某甲上船，五祖把橹自摇。某甲言："请和尚座，弟子合摇橹。"五祖言："只合是吾度汝，不可汝却度吾，无有是处。"某甲言："弟子迷时，和尚须度。今既已悟，过江摇橹，合弟子度。度名虽一，用处不同。某甲生在边方，语又不正，蒙师教旨付性，今已得悟，即合自性自度。"五祖言："如是如是，但依此见，已后佛法大行矣。汝去后一年，吾即前逝。"五祖言："汝今好去努力。南中五年，佛法难起。已后行化，善诱迷人。若得心开，与吾

无别。”辞违已了，径发向南。

3. 契嵩本：慧能即会祖意，三鼓入室。祖遂徵其初悟“应无所住而生其心”，慧能言下大彻，遂启祖言：“一切万法不离自性。何期自性本自清净！何期自性本不生灭！何期自性本自具足！何期自性本无动摇！何期自性能生万法！”祖知悟本性，谓慧能曰：“不识本心，学法无益。若识自本心，见自本性，即名丈夫、天人师、佛。”三更受法，人尽不知，便传衣钵，云：“汝为第六代祖，善自护念，广度有情，流布将来，无令断绝。听吾偈曰：有情来下种，因地果还生，无情亦无种，无性亦无生。”祖复曰：“昔达摩大师，初来此土，人未之信，故传此衣以为信证，代代相承。法则以心传心，皆令自悟自解。自古佛佛惟传本体，师师密付本心。衣为争端，止汝勿传！若传此衣，命如悬丝。汝须速去，恐人害汝。”慧能启曰：“向甚处去?”祖云：“逢怀则止，遇会则藏。”慧能三更领得衣钵，云：“能本是南中人，素不知此山路，如何出得江口?”五祖言：“不须忧，吾自送汝。”祖送至九江驿边，祖令上船，慧能随即把橹。祖云：“合是吾渡汝。”慧能云：“迷时师度，悟了自度；度名虽一，用处不同。慧能生在边方，语音不正，蒙师付法；今已得悟，只合自性自度。”祖云：“如是，如是。以后佛法，由汝大行！汝去三年，吾方逝世。汝今好去，努力向南，不宜速说，佛法难起。”慧能辞违祖已，发足南行，两月中间，至大庾岭。

4. 宗宝本：惠能即会祖意。三鼓入室，祖以袈裟遮围，不令人见。为说金刚经，至“应无所住而生其心”，惠能言下大悟，一切万法不离自性。遂启祖言：“何期自性本自清净，何期自性本不生灭，何期自性本自具足，何期自性本无动摇，何期自性能生万法。”祖知悟本性，谓惠能曰：“不识本心，学法无益。若识自本心，见自本性，即名丈夫、天人师、佛。”三更受法，人尽不知，便传顿教及衣钵。云：“汝为第六代祖，善自护念，广度有情，流布将来，无令断绝。听吾偈曰：有情来下种，因地果还生，无情既无种，无性亦无生。”祖复曰：“昔达磨大师，初来此土，人未之信，故传此衣，以为信体，代代相承。法则以心传心，皆令自悟自解。自古，佛佛惟传本体，师师密付本心。衣为争端，止汝勿传，若传此衣，命如悬丝。汝须速去，恐人害汝。”惠能启曰：“向甚处去？”祖云：“逢怀则止，遇会则藏。”惠能三更，领得衣钵，云：“能本是南中人，素不知此山路，如何出得江口？”五祖言：“汝不须忧，吾自送汝。”祖相送直至九江驿。祖令上船，五祖把橹自摇。惠能言：“请和尚坐，弟子合摇橹。”祖云：“合是吾渡汝。”惠能云：“迷时师度，悟了自度，度名虽一，用处不同。惠能生在边方，语音不正，蒙师传法，今已得悟，只合自性自度。”祖云：“如是！如是！以后佛法，由汝大行。汝去三年，吾方逝世。汝今好去，努力向南，不宜速说，佛法难起。”

三、慧能避难隐修地点之我见

在以上四个具有代表性的《坛经》版本中，提到有关慧能接法后去向的只有后面的契嵩本和宗宝本，即为：“慧能启曰：‘向甚处去?’祖云：‘逢怀则止，遇会则藏。’”但是成书在其之前的唐代敦煌本与惠昕本并没有此说。由此可以断定：“逢怀则止，遇会则藏。”此说之始，是契嵩在北宋年间改编《坛经》时，以五祖弘忍所说而编撰写入；改编于元代宗宝本《坛经》则继续沿用了契嵩之撰，且广为流布。后世之人多依此说，推论六祖十五年的避难隐修之地为怀集与四会一带。此观点的真实性和全面性确实值得商榷。在此之前已有国学大师（如陈寅恪、胡适等）及多位学者对《坛经》提出过异议，确是事出有因。并且怀集县“六祖岩”的最早的石刻时间仅为1907年。当然，笔者目前也不能否认慧能曾隐于四会、怀集，但以15年之全部则有失偏颇。

象州事关慧能大师的隐修之地的记载则较多。据目前所掌握的证据推论，象州西山“真隐岩”、“东海释隐迹处记”石刻，是唐代张说（世称燕公）在703—705年流放钦州期间，到访象州时所写；六祖岩内六祖圣像昔人所塑之，元丰三年（1080）以前时任象州太守张唐辅（曲江人）曾勒诗于石；元丰甲子岁（1084年）文化名人谭掞（曲江人）写下篆书“六祖岩”；明正德年间（1513年）的《重塑六祖圣像碑记》中也有“昔六祖南庇藏于此，信祀之也……”的记载；在古代历史地理志书中，对象州六祖岩、西山及西山寺也多有记载。特别是宋朝著名地理总志《舆地纪胜》有多处记载，如“六祖岩在西山寺后，磴道盘纡，石穴空嵌，可容数人，塑六祖像其中”、“卢道者，隐居阳寿之青金山，去城八十里，其山深广，虎狼甚多，卢在山中卓庵，修行勤苦，虎常蹲伏庵下，每出入，虎为守庵”等等。这些都足以证明慧能大师当时确实在象州西山进行过隐修，并且时间较长。当然具体有多长时间，尚待进一步考证。

象州具有良好的水运交通及自然条件优势，自古有名。《舆地纪胜》记载：《象郡志》有载：

民有五畜，山多鹿麋。逾桂岭而南，水清鱼肥为南方之最。虽地居岭表，然民富鱼稻，水泉甘洁，不减中州。地连八桂，密近湖湘，稍接中州清淑之气……多膏腴之田，长腰玉粒为南方之最，旁郡亦多取给焉。象古名郡，跨三邑之封，当牂牁龙江之沿流，封疆不啻千里。岭西南连属桂林，外接交邕，控扼蕃洞往来要冲。

当年六祖慧能大师到达象州，必定是感受到此地资源与条件之良好，与其家乡情况有许多相似之处，并且还远离了他人追逐的视线。于是便安心在此长驻，刻苦修行，终于体证大道，得大觉悟。后至广州法性寺正式开始弘扬禅宗顿悟法门，从而名震天下，成为中国真正的佛教始祖而有圣人之谓。象州也因此而与慧能大师结下不解之缘，时逢盛世而得以重放光芒！

六祖慧能在《西游记》中的印记

◎吴孝斌

明代吴承恩所写的《西游记》，是中国最有影响的四大名著之一。它融合了中国传统文化佛、道、儒三家的思想和内容，既让佛、道两教同时登场表演，又在神佛的世界里注入了现实社会的人情世态，不时还插进几句儒家的至理名言，使它显得亦庄亦谐，妙趣横生。因此《西游记》深受人们的欢迎，老少皆宜，百看不厌。对它的思想意义的阐释和理解，仁者见仁，智者见智。而《坛经》是禅宗的基本经典，记录了六祖慧能大师的一生及主要讲法，是由中国人所撰且获“经”称的唯一佛典，笔者因对象州六祖岩有所探研而得以管窥一二。在细心品读之中，发现《西游记》的许多情节多是取材（或灵感）于《坛经》，遂成此文。

一、《西游记》成书的背景

唐僧取经是历史上的真实事件，唐太宗贞观三年（629），僧人玄奘为求佛经真义，偷越国境，去天竺（今印度）取经，历时十七年，行程5万余公里，途经数十国，备受艰难困苦，取得大小乘佛教经律论657部。后来，其弟子辩机根据其口述西行见闻，整理成《大唐西域记》，记叙了取经途中的艰难困苦和异域风情。稍后，另两位弟子慧立、颜棕又写成《大唐慈恩寺三藏法师传》，为了弘扬师傅的业绩，在书中进行了一些神化玄奘的描写，这被认为是《西游记》神话故事的开端。此后取经故事在社会流传，神异的色彩越来越浓厚。现存敦煌榆林窟的玄奘取经壁画，约作于北宋时期，画中已出现持棒的猴行者。元明之际，又有了一部《西游记评话》，故事内容已远离了历史上的取经事件，不仅孙悟空已成主角，沙和尚、猪八戒也已加入了取经队伍。

至明朝中期，禅宗思想兴盛，其开发自性和即心即佛的思想为儒家理学派和道教所吸收。各家思想的碰撞与交融，成为时常发生之事，文人士大夫无不受其影响，社会上谈禅论道已成为时尚。著名理学家王阳明曾描绘说："夫禅之学与圣人之学，皆求尽其心也，亦相去毫厘耳。"说明了当时思想发展有儒、佛、道合流之趋势。

吴承恩所处的年代为明中后期，自然是深受禅学思想的影响。在前人的神话故事、民间传说及文人和艺人创作的丰厚基础上，吴承恩凭借其良好的禅学基础，以生花之妙笔，再次创作而成《西游记》。作品融入了禅宗思想的精髓。细细品研《西游记》，可以看到它正是通过孙悟空学道、唐僧取经的一连串故事，形象地展示了六祖慧能《坛经》中"自心即佛、自性自度"的禅宗顿悟佛法。

二、谨先从《坛经》"行由品"与《西游记》进行比较

在整部《西游记》中，源自或关联于《坛经》的地方比比皆是。《坛经》共有十品，在此谨摘《坛经》第一品（行由品）而与之比较，即可见这诸多情节都是源自《坛经》中慧能的行迹。

（一）求道之缘

《坛经》记载慧能：于市卖柴。时有一客买柴，使令送至客店。客收去，

慧能得钱。却出门外，见一客诵经。慧能一闻经语，心即开悟，遂问客诵何经。客曰：金刚经。复问：从何所来，持此经典？客云：我从蕲州黄梅县东禅寺来。其寺是五祖弘忍大师在彼主化，门人一千有余。我到彼中礼拜，听受此经。大师常劝僧俗，但持金刚经，即自见性，直了成佛。慧能闻说，宿昔有缘。乃蒙一客取银十两与慧能，令充老母衣粮，教便往黄梅参礼五祖。

《西游记》："猴王参访仙道，无缘得遇。"……（听樵子歌唱之声，而寻至。）猴王道："我才来至林边，只听得你说：'相逢处，非仙即道，静坐讲《黄庭》。'《黄庭》乃道德真言，非神仙而何？"樵夫笑道："实不瞒你说，这个词名做《满庭芳》，乃一神仙教我的……"猴王道："……但望你指与我那神仙住处，却好拜访去也。"樵夫道："不远，不远。此山叫做灵台方寸山，山中有座斜月三星洞，那洞中有一个神仙，称名须菩提祖师。那祖师出去的徒弟，也不计其数，现今还有三四十人从他修行。你顺那条小路儿，向南行七八里远近，即是他家了。"

（二）初见祖师之言语

《坛经》记载慧能：不经三十余日，便至黄梅，礼拜五祖。祖问曰："汝何方人？欲求何物？"慧能对曰："弟子是岭南新州百姓，远来礼师。惟求作佛，不求余物。"祖言："汝是岭南人，又是獦獠，若为堪作佛。"慧能曰："人虽有南北，佛性本无南北。獦獠身与和尚不同，佛性有何差别？"

《西游记》：美猴王一见，倒身下拜，磕头不计其数，口中只道："师父，师父！我弟子志心朝礼，志心朝礼！"祖师道："你是哪方人氏？且说个乡贯姓名明白，再拜。"猴王道："弟子乃东胜神洲傲来国花果山水帘洞人氏。"祖师喝令："赶出去！他本是个撒诈捣虚之徒，那里修什么道果！"猴王慌忙磕头不住道："弟子是老实之言，决无虚诈。"祖师道："你既老实，怎么说东胜神洲？那去处到我这里，隔两重大海，一座南赡部洲，如何就得到此？"猴王叩头道："弟子漂洋过海，登界游方，有十数个年头，方才访到此处。"祖师道："既是逐渐行来的也罢。你姓什么？"……祖师笑道："你身躯虽是鄙陋，却像个食松果的猢狲。我与你就身上取个姓氏，意思教你姓'猢'。"

（三）接法之经过

《坛经》记载：祖潜至碓坊。见能腰石舂米。语曰。求道之人。为法忘躯。当如是乎。乃问曰。米熟也未。慧能曰。米熟久矣。犹欠筛在。祖以杖击碓三下而去。慧能即会祖意。三鼓入室。祖以袈裟遮围。不令人见。为说金刚经。至应无所住而生其心。慧能言下大悟。

《西游记》：走上前，将悟空头上打了三下，倒背着手，走入里面，将中门关了，撇下大众而去。……悟空一些儿也不恼，只是满脸赔笑。原来那猴王已打破盘中之谜，暗暗在心。所以不与众人争竞，只是忍耐无言。祖师打他三下者，教他三更时分存心；倒背着手走入里面，将中门关上者，教他从后门进步，秘处传他道也。……祖师闻得声音是悟空，即起披衣盘坐，喝道："这猢狲！你不在前边去睡，却来我这后边作甚？"悟空道："师父昨日坛前对众相允，教弟子三更时候，从后门里传我道理，故此大胆径拜老爷榻下。"祖师听说，十分欢喜，暗自寻思道："这厮果然是个天地生成的，不然，何就打破我盘中之暗谜也？"悟空道："此间更无六耳，止只弟子一人，望师父大舍慈悲，传与我长生之道罢，永不忘恩！"祖帅道："你今有缘，我亦喜说。既识得盘中暗谜，你近前来，仔细听之，当传与你长生之妙道也。"

（四）与祖师离别之语

《坛经》：若传此衣。命如悬丝。汝须速去。恐人害汝。

《西游记》："悟空过来！我问你弄什么精神，变什么松树？这个工夫，可好在人前卖弄？假如你见别人有，不要求他？别人见你有，必然求你。你若畏祸却要传他，若不传他，必然加害，你之性命又不可保。"……祖师道："你快回去，全你性命；若在此间断然不可！"

三、《西游记》中多处体现出六祖慧能的思想精髓

《坛经》是慧能大师的思想结集，《西游记》记中不时闪现其思想精髓，在此，笔者略述一二。

（一）名字之中见真性

“菩提”一词为古印度语（即梵文）Bodhi 的音译，意思是觉悟、智慧，用以指人忽如睡醒，豁然开悟，突入彻悟途径，顿悟真理，达到超凡脱俗的境界等。《西游记》中，孙悟空所拜师父为菩提祖师。祖师住在“灵台方寸山，斜月三星洞”。灵台方寸者，心也；斜月三星，就是“心”字的写法。禅家重在修心，有两首偈子人尽皆知，即神秀：“身如菩提树，心如明镜台。时时勤拂拭，勿使惹尘埃。”慧能：“菩提本无树，明镜亦非台。本来无一物，何处惹尘埃?”慧能的偈子境界更高，就因为“本来无一物”，悟得通透，因此慧能在此当下即为“悟空”。

（二）“众生平等，都能成佛”之理念

慧能初见五祖时说：“人虽有南北。佛性本无南北。獦獠身与和尚不同。佛性有何差别”，提出了众生平等、都具佛性、皆可成佛之说。在《疑问品第三》中，慧能特别指出：“东方人，但心净即无罪；虽西方人，心不净亦有愆。东方人造罪，念佛求生西方；西方人造罪，念佛求生何国？”慧能看重的是修佛人的“自心清净”，而不是拘执于地域的差别。

《西游记》中唐僧师徒为到西方取得真经，一路西行，途中经历无数劫难，遭遇妖魔、恶人无数，纵使到了西方佛土也不能免。此即形象地启示：无论身处何地，但知自心即佛并身体力行，则自然是佛；反之，则西方人界未必是佛，也会堕入恶道。八戒由天蓬元帅被贬落凡尘，生为猪形；沙僧由凡人修炼而成天宫的卷帘大将，再因犯错而贬落人间，后来二人经认真取经修行，都得大道，此即“人虽有南北，佛性本无南北”之理。

（三）“不立文字，直指人心”之顿悟法门

在禅宗经典中有“佛祖拈花，迦叶微笑，不立文字，教外别传”之说。慧能的“前念迷即众生，后念悟即佛”强化了这一观点。

《西游记》第九十三回中师徒们谈到《心经》时：行者道：“师父只是念得，不曾求那师父解得。”三藏说：“猴头！怎又说我不曾解得！你解得么?”行者道：“我解得，我解得。”自此，三藏、行者再不作声。旁边笑倒一个八

戒，喜坏一个沙僧，说道："嘴脸！替我一般的做妖精出身，又不是那里禅和子，听过讲经，那里应佛僧，也曾见过说法？弄虚头，找架子，说什么晓得，解得！怎么就不作声？听讲！请解！"沙僧说："二哥，你也信他。大哥扯长话，哄师父走路。他晓得弄棒罢了，他哪里晓得讲经！"三藏道："悟能悟净，休要乱说，悟空解的是无言语文字，乃是真解。"

（四）迷悟皆在自己之一念

《坛经·般若品》中有："不悟，即佛是众生，一念悟时，众生是佛。""前念迷即凡夫，后念悟即佛。""一刹那间，妄念俱灭，若识自心，一悟即至佛地。"

《西游记》写到孙悟空从八卦炉中跳出时，与众天神大战，对他有这样的描写："也能善，也能恶，眼前善恶凭他作。善时成佛与成仙，恶处披毛并带角。"

（五）"自修，自行，自成佛道"之修证过程

慧能在《坛经》坐禅品中，提出修佛须"于念念中，自见本性清净，自修，自行，自成佛道"。

《西游记》第二十回载：偈曰：法本从心生，还是从心灭。生灭尽由谁，请君自辨别。既然皆己心，何用别人说？只须下苦功，扭出铁中血。绒绳着鼻穿，挽定虚空结。拴在无为树，不使他颠劣。莫认贼为子，心法都忘绝。休教他瞒我，一拳先打彻。现心亦无心，现法法也辍。人牛不见时，碧天光皎洁。秋月一般圆，彼此难分别。"一篇偈子，乃是玄奘法师悟彻了《多心经》，打开了门户，那长老常念常存，一点灵光自透。

《坛经》对中国及世界产生了极大的影响。四大名著的另一本《红楼梦》第二十二回《听曲文宝玉悟禅机》中则直接记入：当日南宗六祖惠能，初寻师至韶州，闻五祖弘忍在黄梅，他便充役火头僧。五祖欲求法嗣，令徒弟诸僧各出一偈。上座神秀说道："身是菩提树，心如明镜台。时时勤拂拭，莫使有尘埃。"彼时惠能在厨房碓米，听了这偈，说道："美则美矣，了则未了。"因自念一偈曰："菩提本非树，明镜亦非台。本来无一物，何处惹尘埃？"

慧能将佛教中国化，禅宗亦由他而一花五叶，筑成了一特质的“花果山”——禅文化。禅文化融合了佛、道、儒，是中国传统文化的精髓，更加深入人心，更加平民化、生活化和世界化。象州县现在已决定对慧能隐修之地“六祖岩”进行保护和开发，建设“六祖文化园”，禅文化必将成为文化园的核心与灵魂。慧能大师的思想将在象州大放异彩，我们拭目以待。

关于六祖慧能传记的早期文献珍贵史料

◎吴孝斌

六祖慧能大师被称为中国的佛祖、“东方三圣”之一。其一生的传记主要见于各种版本的《坛经》之中。因对象州六祖岩的不断探寻研究，笔者有缘得以目睹唐代刘澄所集录的《南阳和尚问答杂征义》，该书主要是记录神会大师在南阳龙兴寺期间，与众多僧俗和士大大的酬答宣教。

神会大师，是禅宗六祖慧能晚期弟子，建立和弘扬南宗的一个关键人物。也是六祖著名的法脉传人之一，有人将其称为中国禅宗的七祖。根据专家的推断，《南阳和尚问答杂征义》成书于公元745—753年，根据古本的不同发现地点，有伦敦本、石井本、巴黎本。其中载有六祖慧能大师的传记，文中对六祖求法接法过程的记录很是翔实，的确是难得一见的早期珍贵史料。

在此，笔者要特别提示的是，此书与敦煌本《坛经》一样，并没有“遇怀则止，逢会则藏”一说。

现就《南阳和尚问答杂征义》石井本（杨曾文教授校注）中关于六祖慧能的记载全录如下：

第六代唐朝能禅师，承忍大师后。俗姓卢，先祖范阳人也。因父官岭外，便居新州。年廿二，东山礼拜忍大师。忍大师谓曰："汝是何处人也，何故礼拜我？拟欲求何物？"

能禅师答曰："弟子从岭南新山，故来顶礼，唯求作佛，更不求余物。"

忍大师谓曰："汝是岭南獦獠，若为堪作佛？"

能禅大师言："獦獠佛性，与和上佛性，有何差别？"

忍大师深奇其言，更欲共语，为诸人在左右，遂发遣，令随众作务。遂即为众踏碓。经八个月，忍大师于众中寻觅，至碓上见共语，见知真了见性，遂至夜间，密唤来房内，三日三夜共语，了知证如来知见，更无疑滞，既付嘱已，便谓曰："汝缘在岭南，即须急去，众人知见，必是害汝。"

能禅师曰："和上，若为得去？"

忍大师谓曰："我自送汝。"

其夜遂至九江驿，当时得船渡江。大师看过江，当夜却归至本山，众人并不知觉。去后经三日，忍大师言曰："徒众将散，此间山中无佛法。佛法流过岭南讫。"

众人见大师此言，咸共惊愕不已，两两相顾无色。乃相谓曰："岭南有谁？"递相借问。众中有潞州法如云言："此少慧能在此。"各遂寻趁。

中有一四品将军舍官入道，俗姓陈，字慧明，久久在师下，不能契悟。闻大师此言，当即晓夜倍程奔趁，至大庾岭上相见。能禅师怕急，恐畏身命不存，便将袈裟过与慧明。慧明禅师谓曰："我本不为袈裟来。大师发遣之日，有命言教，愿为我解说。"能禅师具说正法。明禅师闻说心法已，合掌顶礼，遂遣急过岭。以后大有人来相趁。

能禅师过岭至韶州居漕溪，来住四十年，依金刚经重开如来知见。四方道俗，云奔雨至。犹如月轮，处于虚空，顿照一切色相；亦如秋十五夜月，一切众生，莫不瞻睹。至景云二年，忽命弟子玄楷、智本，遣于新州龙山故宅，建塔一所。至先天元年九月，从漕溪归至新州。至先天二年八月三日，忽告门徒曰："吾当大行矣。"

弟子僧法海问曰:“和上，以后有相承者否？有此衣，何故不传?”

和上谓曰:“汝今莫问，以后难起极盛，我缘此袈裟，几失身命。汝欲得知时，我灭度后四十年外，竖立宗者即是。”其夜奄然坐化。大师春秋七十有六。是日山崩地动，日月无光，风云失色，林木变白。别有异香氲氲，经停数日。漕溪沟涧断流，泉池枯竭，经余三日。

其年于新州国恩寺，迎和上神座，十一月，葬于漕溪。是日，百鸟悲鸣，虫兽哮吼。其龙龛前，有白光出现，直上冲天，三日始前头散。殿中丞韦据造碑文，至开元七年，被人磨改，别造文报镌，略叙六代师资相授及传袈裟所由，其碑今见在漕溪。

门徒问曰:“未审法在衣上，即以将衣以为传法?”

大师谓曰:“法虽不在衣上，以表代代相承，以传衣为信。今佛法者，得有禀承。学道者，得知宗旨，不错不谬故。况释迦如来金兰袈裟，见在鸡足山。迦叶今见持着此袈裟，专待弥勒出世，分付此衣，是以表释迦如来传衣为信。我六代祖师，亦复如是，我今能了如来性，如来今在我身中。我与如来无差别，如来即是我真如。”

六祖轶事

◎廖才兴　搜集整理

不要九代状元　只要万年香火

据说，唐武德年间，有一位不露姓名的国师，寻龙追穴来到新州（今广东新兴县），拜见上洞村某财主。那财主为人吝啬，招待不热情，国师不能忍耐，转而来到龙山山麓慧能母子住的山寮房，受到慧能母子殷勤款待。

当天晚上，慧能母子在家搭一板床供国师睡眠。国师就枕，因床凳高矮不齐，板床随国师转身而不时摇动，时至午夜国师不能成眠。慧能闻知，心里不安，便潜入国师床底，以小手垫床凳使板床不再摇动。国师在床上睡着转身，慧能的手被床凳压得太紧，忍不住痛而泄声。国师听到，忙起床燃灯观看，见慧能在床底下，国师很是感动，即叫他出来去就枕。

第二天，国师对慧能母亲李氏说："你有先人没有坟地吗?"李氏说："丈夫卢行瑫已死三载，尚无坟地安葬。"国师说："那好，我在上洞村财主家住时已寻得一龙脉穴地，那财主为人不善，我未点给他，你母子这样诚意待我，该送给你家。此穴地在你寮屋的右侧，可用作葬你的丈夫，必能佑你子孙日后发达，但不知你们要九代状元，还是要万年香火？”李氏说：“他父亲当小官吏，还要从范阳贬来新州；我们安分守己，怎敢盼九代状元！但求万代香火，世代平安过日子。”国师乃叹说：“你儿子是肉身菩萨，此地合该给你们葬先人。那穴地形势，背山三宝佛顶峰高耸，落脉酷似活龙蜿蜒而下，前向近则一字书案，远则笔架横陈，气度恢宏，于世无双。墓穴东西正向，其后世人可以大魁天下，九代状元；我今改线坐寅向申，则会出一位享万年香火的绝世法王。”

国师离去后，慧能母子按国师点定的寮屋右侧的穴位安葬卢行瑫。后来，慧能果然出家成佛。李氏百年后，慧能又将李氏合葬在那里，现已1200多年了。

精诚所至　金石为开

相传，六祖慧能听人诵读《金刚经》有悟，欲往湖北蕲州（今湖北蕲春县）黄梅东山寺，参拜五祖弘忍学佛法。

慧能回家后征求母亲的意见：“我想去湖北黄梅参拜五祖师学佛。”母亲一听很不开心，并设法劝阻不让他去，说：“如果你去了留下年老多病娘亲怎么办？难道你就这么忍心？你三岁丧父，娘亲好不容易才将你拉扯大，现在，你竟然要离开娘亲去出家。”

但慧能求佛心切，无论母亲怎样劝解，他始终坚持要去拜见五祖学佛法。母亲无奈，只好请慧能的舅父出面拦阻，让慧能找舅父商量，并说舅父同意你去你就可去。慧能马上找到舅父，舅父也极力反对。可是，无论舅父怎样劝说，慧能不但不放弃出家的念头，反而请舅父帮做母亲的思想工作。舅父为了难为他，对慧能说：“村前有块大石头，你若能拜开那块大石头你就去，否则就休想去。”慧能真的跪在那块大石头前天天礼拜，一共拜了七七四十九天。拜到第四十九天，天下大雨，乌天黑地，一个雷鸣电闪把村前那块大石头劈开。慧能求佛，心诚意坚感动了上天，终于获得母亲和舅父的支持，前去拜见五祖学佛法。正可谓“精诚所至，金石为开”！

继承衣钵

据说，六祖慧能三岁丧父，由母亲李氏抚养。因家境贫寒，慧能没有上过一天学，却很孝顺母亲，稍长即上山打柴和帮人做零活赚钱，以供养母亲和维持生计。后听人诵读《金刚经》有悟，前往湖北蕲州（今湖北蕲春县）黄梅东山寺，参拜五祖弘忍学佛法。

当时，五祖考其悟性，问：“汝何方人？欲求何物？”

慧能回答说：“弟子是岭南新州百姓，远来礼师，惟求作佛，不求余物。”

五祖又问：“汝是岭南人，又是獦獠，若为堪作佛？”

慧能回答说：“人虽有南北，佛性本无南北。獦獠身与和尚不同，佛性有何差别？”

慧能话语中透出极高悟性，五祖心中大喜，但因担心引起弟子们的嫉妒，便暂时派他到后院劈柴舂米。慧能劈柴舂米之余常常听聆佛经，夜间静静思考佛经，甚是潜心。

八个月后的一天，70多岁的五祖决定以作偈子比试智慧的方法在弟子中寻找一名继承人，便召集全寺弟子说，大家“取自本心般若之性”都做一首偈子，看谁开悟见性就传衣钵给谁。他的大弟子神秀半夜起来，在院墙上写了一首偈子：

身是菩提树，心为明镜台。
时时勤拂拭，勿使惹尘埃。

僧众称绝。五祖第二天看到后，知道神秀还没有明心见性，便说：“依此偈修免堕恶道。”让全寺僧众传诵。慧能闻后即作偈：

菩提本无树，明镜亦非台。

本来无一物，何处惹尘埃？

并请别人写在神秀的偈子旁，四句肯定式偈子与四句否定式偈子并排书于院墙上，形成极大的反差，僧众看后大为惊异，议论纷纷。五祖看到这个偈子以后，“见众人惊怪，恐人损害”，亲自用鞋擦掉了这个偈子，说“亦未见性”，以息众议。

次日，五祖潜至碓坊，“见惠能腰石舂米，语曰，‘求道之人，为法忘躯’，当于是乎？乃问曰：‘米熟也未？’”惠能说：“米熟久矣，犹欠筛在。”五祖用拐杖在石碓上轻轻敲击三下就走。慧能明白五祖的意思，于当晚三更时分潜至五祖的禅房。在那里，五祖向他讲解佛教《金刚经》，当讲到“应无所住而生其心”时，慧能大悟“一切万法不离自性”，说：“何期自性，本自清净；何期自性，本不生灭；何期自性，本自具足；何期自性，本无动摇；何期自性，能生万法。”五祖知其已悟本性，道：“不识本性，学法无益，若识自本心，见自本性，即名丈夫、天人师、佛。”并传衣钵给他，说：“汝为第六代祖，善自护念，广度有情，流布将来，无令断绝。”并说：“昔日达摩大师传此衣以为信本，自古佛佛惟传本体，师师密付本心。”五祖为了防止别的弟子不服而争夺衣钵，甚至加害于慧能，叫慧能速速离去。慧能问往何处为好，五祖说，你是南方人，往南方去修行悟道吧。

名　利

据说，六祖慧能在象州西山隐修悟道时，常以佛学的道理教育周边村民。一次，慧能与三个村民聚在六祖岩前喝茶论道，慧能从岩中拿出自己刚采摘的五个大小差不多的柚子果，对村民说：“兄弟们各选一个拿回家给家人享用，剩下两个大家在这里品尝，如何？”村民老王家境贫寒，说：“谢谢卢行者！”率先从茶几上选了一个最大的放到自己脚旁。村民老赵小时候读过两年私塾，念过三字经，知晓孔融让梨的故事，说：“我学孔融让梨，我要最小的那个。”随手选了最小的一个放到自己脚旁。村民老李说：“老王要大的，老赵要小的，我要卢行者面前不大不小的那个。请卢行者为大家解说。”慧能说：“这五个柚子果大小相差无几，选哪一个都差不多，选个大的赚不了多少，选个小的也亏不了多少？但就佛学道理而言，取大者说明其比较看重利益，取小者说明其比较看重名誉，取不大不小者说明其比较看重别人对他的评价。其实，大家都选取最靠近自己的一个才是正确的，因为最靠近自己的才是最应该属于自己的。如果有很多柚子果任你取，由近及远而取你就有可能获得更多，这也就是佛学所说的随缘。”

穷人与仙人

相传，六祖慧能继承五祖弘忍衣钵回到南方隐修悟道后，一直担心黄梅弟子有不服者追来争夺五祖的祖传衣钵，甚至加害于他，所以未能立即出家弘法，大约有十五年的时间流亡在广州的新州、四会、广宁、怀集和广西的象州、永福等地隐修悟道，经常与山间的樵夫猎人生活在一起，不时向他们讲述一些佛学的道理。

一次，慧能给几个樵夫讲一个故事：一个穷人，遇见一个仙人，仙人许诺让穷人变富，要什么给什么。随着仙人所指，金银珠宝、稀世珍奇一一出现。结果，穷人什么都不要，只要仙人的手指……故事尚未讲完，几个樵夫都抱怨起来，觉得那穷人不可思议，现成的财富不要反而要仙人的手指。慧能耐心解释说，其实，那个穷人具有与众不同的智慧，眼前的那些财富都是派生出来的东西，是暂时的利益，唯有仙人的手指才是财富的源泉，是永恒的利益。

（本文作者系象州县政协文史教卫委主任）

禅宗六祖慧能大师

◎廖才兴

禅宗六祖慧能大师（638—713年），世称“六祖”、“慧能大师”。古时慧通惠，故也称惠能大师。唐新州（今广东新兴县夏卢村）人，中国佛教禅宗第六代祖师，中国禅宗文化的真正创始人，对中国及世界佛教文化都产生深远的影响，与代表东方思想的先哲孔子、老子并称为“东方三圣人”，被誉为“世界十大思想家”之一。

闻经有悟　黄梅学法

六祖慧能，俗姓卢，祖籍河北范阳（今河北涿州），父名行瑫，唐武德年间遭贬官，徙居到岭南新州。唐贞观十二年（638）二月初八，慧能生于新州。次日黎明，有二位僧人前来造访，专为新生儿取名慧能。

父问：“何名慧能？”

僧人回答：“上慧下能。慧者，以法慧施众生；能者，能作佛事。”言罢辞去，立时消逝得无影无踪。当然，此是传说。

慧能三岁丧父，由母亲李氏抚养。因家境贫寒，慧能没有上过一天学，却很孝顺母亲，稍长即上山打柴和帮人做零活赚钱，以供养母亲和维持生计。后听人诵读《金刚经》有悟，安顿好母亲后即前往湖北蕲州（今湖北蕲春县）黄梅东山寺，参拜五祖弘忍学佛法。

当时，五祖考其悟性，问："汝何方人？欲求何物？"

慧能回答说："弟子是岭南新州百姓，远来礼师，惟求作佛。"

五祖又问："汝是岭南人，又是獦獠，若为堪作佛？"

慧能回答说："人虽有南北，佛性本无南北。獦獠身与和尚不同，佛性有何差别？"

慧能话语中透出极高悟性，五祖心中大喜，但因担心引起弟子们的嫉妒，便暂时派他到后院劈柴舂米。慧能劈柴舂米之余常常聆听佛经，静修悟道，甚是潜心。

开悟见性　继承衣钵

慧能到黄梅学法八个月后的一天，年逾古稀的五祖弘忍决定以作偈子比试智慧的方法在弟子中寻找一名继承人，便召集全寺弟子说，大家"取自本心般若之性"都做一首偈子，看谁开悟见性就传衣钵给谁。他的大弟子神秀半夜起来，在院墙上写了一首偈子：

身是菩提树，心为明镜台。
时时勤拂拭，勿使惹尘埃。

僧众称绝。五祖第二天看到后，知道神秀还没有明心见性，便说："依此偈修免堕恶道。"慧能闻后作偈：

菩提本无树，明镜亦非台。

本来无一物，何处惹尘埃？

并请人代书于神秀的偈子旁。四句肯定式偈子与四句否定式偈子左右并排书于院墙上，真是针尖对麦芒，形成鲜明的对比、极大的反差，僧众看后大为惊异，议论纷纷，有不服者欲找慧能论理。五祖闻讯赶来看这个偈子后，“见众人惊怪，恐人损害”，亲自用鞋擦掉了这个偈子，说“亦未见性”，以息众议。

五祖将两偈比较，认为慧能的悟境高于神秀，意欲将衣钵传给他。次日，五祖潜至碓坊，“见慧能腰石舂米，语曰，‘求道之人，为法忘躯’，当于是乎？乃问曰：‘米熟也未？’”慧能说：“米熟久矣，犹欠筛在。”五祖用拐杖在石碓上轻轻敲击三下就走。慧能明白五祖的意思，于当晚三更时分潜至五祖的禅房。在那里，五祖向他宣讲《金刚经》大意，当讲到“应无所住而生其心”时，慧能透悟“一切万法，不离自性”，说：“何期自性，本自清净；何期自性，本不生灭；何期自性，本自具足；何期自性，本无动摇；何期自性，能生万法。”五祖知其已悟本性，道：“不识本心，学法无益，若识自本心，见自本性，即名丈夫、天人师、佛。”并传顿教门法及衣钵给他，说：“汝为第六代祖，善自护念，广度有情，流布将来，无令断绝。”并说：“昔日达摩大师传此衣以为信本，自古佛佛惟传本体，师师密付本心。”为了防止别的弟子不服而争夺衣钵，甚至加害慧能，五祖叫慧能速速离去。慧能问往何处为好，五祖说，你是南方人，往南方去吧。

为确保安全，五祖连夜送慧能南下过江，来到九江渡口，师徒登舟，五祖亲自摇橹送慧能渡江。慧能说师傅请坐，弟子当摇橹。五祖说：“合是吾渡汝”，慧能答：“迷时师度，悟了自度；度名虽一，用处不同。慧能生在边方，语音不正；蒙师传法，今已得法，只合自性自度。”五祖说：“如是如是，以后佛法，由汝大行矣。努力向南，不宜速说，佛法难起。”慧能辞别五祖，望南而去。

数日之后，僧众才知慧能携衣钵离去，有不服者便南下追夺。其中有个叫慧明的率先追至大庾岭，眼看就要追上慧能。慧能掷衣钵于石上，自己藏在草丛间。慧明拿不动，大叫道："我非为衣钵而来，为法而来。"慧能道："既为法来，可与吾同去授法。"慧明行礼说："望行者为我说法。"慧能遂以佛法相告。慧明大悟，拜慧能为师，阻住追僧，往他处修行。慧能得以继续南行。

隐修悟道　凡十五载

慧能南行到了曲江曹溪，又被恶人寻逐追杀。于是他便隐姓埋名，远遁他乡，期间共有十五年的时间，流亡在广东的四会、广宁、怀集和广西的象州、永福等地隐修悟道，并经常与山间的樵夫猎人生活在一起，还不时向他们讲述一些佛教的道理。一次，慧能给几个樵夫讲一个故事：一个穷人，遇见一个仙人，仙人许诺让穷人变富，要什么给什么。随着仙人所指，金银珠宝、稀世珍奇一一出现。结果，穷人什么都不要，只要仙人的手指……故事尚未讲完，几个樵夫都抱怨起来，觉得那穷人不可思议，现成的财富不要，反而要仙人的手指。慧能耐心解释说，其实，那个穷人具有与众不同的智慧，眼前的那些财富都是派生出来的东西，是暂时的利益，唯有仙人的手指才是财富的源泉，是永恒的利益。

慧能隐修期间，猎人们常让他看守捕获猎物的网罟，每当见到活猎物误入网罟，慧能就放走它们，慧能也因此常受猎人责难。每到吃饭的时候，慧能把素菜放在猎人们的肉锅里捎带煮熟。有的人问他为什么不吃肉，他就回答："但吃肉边菜。"

风动幡动　升座弘法

大约十六年后，慧能来到广州法性寺（今广州光孝寺）。当时印宗法师正在讲《涅槃经》，突然清风吹动旗幡，听众中有二僧争论，一说风动，一说幡动，争论不止。慧能则说："不是风动，不是幡动，仁者心动。"印宗法师听言，即把慧能请至上席谈论佛法。见慧能出语不凡，契理契机，不禁问道：“久闻黄梅衣法南来，莫是行者否？”慧能出示五祖所传法衣，公开了自己的嫡传身份。于是，慧能在法性寺正式剃发出家并开始升座讲法，成为六祖，由此开始了他辉煌的弘法生涯。不久，慧能大师往韶关南华寺继续弘法，凡三十七年，向他的弟子，也向社会上的一般民众宣传佛法。慧能大师主张不立文字，教外别传，直指人心，见性成佛。主张不打坐、不读经、打破偶像崇拜，把佛教大众化、平民化。主张透过自身实践，从日常生活中直接掌握真理，最后达到真正认识自我。认为不一定要出家，不一定要烧香拜佛，只要“心中有佛”，时时处处崇善向上积善行德，把人做好了，就可以达到佛的境界，最终实现人成佛成的终极目标。他用通俗简易的修持方法，取代烦琐的仪式，形成了影响久远的南宗禅，成为中国禅宗的主流。六祖惠能的思想，集中体现于《六祖坛经》。

中国禅宗奉北魏来华的印度僧菩提达摩为初祖，奉慧可、僧璨、道信、弘忍为继初祖菩提达摩之后的二、三、四、五祖。但从历史考察，真正创立起禅宗的是被后世禅宗奉为四祖的道信和五祖的弘忍，他们在湖北黄梅创立的“东山法门”实际是最早的禅宗。自弘忍门下分出北宗的神秀，南宗的慧能。到唐末五代的时候，北宗已经衰微到湮没无闻，而慧能开创的南宗却随应时代一枝独秀，发展为禅门五宗——临济宗、沩仰宗、曹洞宗、云门宗、法眼宗。

在六祖慧能之前，禅宗一直是单传。自六祖慧能以后，禅宗很快在大江南北盛传开来，并形成了“一花五叶”的繁荣局面。据《六祖坛经》记载，六祖慧能的弟子很多，有一千多人。其中比较著名的有法海、法达、智常、志彻、神会等。禅宗史上非常有影响的青原行思、南岳怀让和南阳慧忠等大禅师，也都是六祖慧能的法嗣。

公元713年，慧能大师在新兴国恩寺圆寂后，肉身不腐，被后世弟子供奉在广东韶关南华寺至今，即“六祖真身”。慧能生前的主要讲法，由弟子法海整理成书，即为《六祖坛经》。在佛教史上，中土人有著述堪称为经的，唯六祖慧能大师一人。

《六祖坛经》 名扬中外

《六祖坛经》融汇了释、儒、道三家思想，是禅宗文化的精华，是中国佛教的著名经典，是广大佛教信众的宝典。在《六祖坛经》里，我们看到六祖慧能主张除“十恶”，即杀生、偷盗、邪淫、绮语、妄言、恶口、两舌、贪心、瞋心、痴心；去“八邪”，即邪语、邪见、邪思、邪业、邪命、邪精进、邪念、邪定；倡导诸恶莫作、众善奉行、行善积德。看到六祖慧能要求弟子和信徒要有善良、诚实、正直之心；要知恩图报、孝养父母、感恩家乡，要上下和睦、尊卑相亲，要宽宏大量，要助人为乐、有错即改等。这些与中华传统美德思想相辅相成的佛教文化精华，对我们今天树立正确的世界观、人生观、价值观，对我们协调化解当前出现的各种矛盾，培养我们高尚的情操、美德，以及创建和谐家庭和和谐社会，都会产生巨大的正能量。

现在，以《六祖坛经》为代表的禅宗文化不仅遍布中国的大江南北，而且还远播到日本、朝鲜、韩国、越南等东方国家，成为东方佛教的主流。在欧美等西方国家，《六祖坛经》亦颇受青睐，成为仅次于《心经》而被翻译成外语次数较多的经典。目前，《六祖坛经》的英译本有12种近20本，除此之外，还将《六祖坛经》翻译成日、韩、法、西班牙文乃至德文等。蓝卡斯特教授在他的《英译六祖坛经版本的历史研究》一文中说：“《六祖坛经》是西方世界最熟知的佛教经典之一。”由此可见，《六祖坛经》在世界的地位之高和影响之大。现在，无论是东方国家，还是西方国家，《六祖坛经》仍然是学者、专家们研究的热门话题。

六祖遗迹 象州尚存

象州为千年古郡，因其紧靠柳江，有水路交通之便利、鱼米之乡的优势，历史上长期设为郡、州、县治。象州县城郊西山有六祖岩，岩中及岩左上方现有六祖岩、重塑六祖圣像碑记、真隐岩、东海释隐迹处记、燕公书等摩崖石刻10处，为古人所题刻，其中尤以唐宋石刻为多，皆为后人反映六祖慧能大师在象州隐修的记载。来宾市人民政府于2003年6月公布为市级文物保护单位，文物名称为“六祖岩摩崖石刻”。

六祖岩岩口向东，岩洞高宽各约2米、深约3.2米，内有一张约2平方米的石床；六祖岩左上方约15米处有真隐岩，岩口亦向东，岩洞细深，洞口呈喇叭形，外宽内窄，洞口前沿约有3平方米的平台，曾是六祖慧能大师的隐修地之一。六祖岩、真隐岩两岩及周边主要石刻及内容如下：

六祖岩石刻：刻于六祖岩洞内左上方，为北宋石刻，字高0.8米、宽0.48米，篆书。石刻有落款，右侧小字为题刻者：“曲江谭掞文初书”，左侧小字为时间：“元丰甲子岁”（1084年）。

谭掞，字文初，北宋广东曲江县人，是与佛结缘颇深的北宋文人，王安石的同窗。曾任广西提举常平，负责粮食调剂和农田水利事务；后任广西转运副使，执掌财赋和督察地方官吏，他曾在桂林等地留有多处题刻。象州“六祖岩”三字，是谭掞在广西为官期间所书，为中国迄今为止发现最早的“六祖岩”题刻。

重塑六祖圣像碑记石刻：石刻位于六祖岩洞内左侧，字高0.67米、宽0.95米。内容为：

象郡西山有岩，曰六祖岩，中有圣像，昔人所塑也。郡人云：昔六祖南庇 于此，信祀之也。宋元丰时，郡守张公唐辅勒诗于石，明我祖秉佛之旌旄，传之心印，详且尽也，不复须矣。正德癸酉春，赵丁□□□之好□□，同游此岩。观祖像倾废，遂募众□共而塑之，复步张公之韵，而镌诸碑，用纪岁月而垂之永久云。诗曰：灯传六世胤黄梅，五叶舒花有自来。释部藩篱蒙祖辟，空门锁钥赖师开。山头慈雨儒萌蘖，岩底穹碑翳藓苔。景仰遗形闲遣兴，尘襟尽洗净无埃。信官吏书许纪……信士陈永……信女……大明正德癸酉春正月吉日赵宗明记。

张唐辅也是广东曲江人，为唐代名相张九龄的第十世孙。因世受六祖思想的影响，他对佛教情有独钟。宋元丰年间（1078—1085）任知象州（象州太守）。

真隐岩石刻：石刻位于真隐岩左侧，与东海释隐迹处记石刻左右并列，东海释隐迹处记在右，真隐岩石刻在左，竖排，字高0.50米、宽0.20米，为楷书老体字“真隱嵓”。

东海释隐迹处记石刻：石刻位于真隐岩右侧，与真隐岩石刻左右并列，真隐岩石刻在左，东海释隐迹处记在右，竖排，字高1.42米、宽0.20米，为楷书旧体字“東海釋隱跡處記”。

燕公书石刻：石刻位于真隐岩左侧相邻的另一块石崖上，字高0.55米、宽0.18米，为楷书老体字“鷰公書”。

张说（667—730），唐代文学家、政治家，三拜为相，封燕国公，时人常以燕公称之。张说与六祖慧能同时代，比六祖慧能小29岁。从张说生平活动轨迹看，他应该是在703—705年流放广西期间经过象州，写下了“真隱嵓”、“東海釋隱跡處記”十个大字，至今已逾1310多年，应该是迄今为止、事关六祖慧能隐修最为久远的唐代摩崖石刻。

六祖隐修　象州史载

六祖慧能大师在象州隐修亦见诸史籍。宋代著名地理总志《舆地纪胜》卷一百五《岭南西路·象州》记载：“六祖岩在西山寺后，磴道盘纡，石穴空嵌，可容数人，塑六祖像其中。”“西山寺在城西五里，其寺半山有一槛亭，大江横前，飞湍千里，郡城枕股，万瓦鳞闪，山川景物尽在其中，骚人题咏为多。”“西山与象山相连，尤为高耸，风土纪云：刀兵永不见，西山最高现。说者以为州从来无兵乱，虽侬智高陈进之猖獗，郡人皆虑其侵害，至境或自退，或败亡。人以为应谶。”“瑞象，瑶光台云：郡之西山，耸秀葱翠，四时寒暑，阴晴显晦，变态不常。当其天宇澄霁，倏尔溟濛，红日朝暾，游云浮飞，为白象之形，宛如生成，奔逐飘逸于西山之上，出没无时，父老相传，号为（瑞象）。”等等。

在《岭南西路·象州·仙释》的记载中，更是出现了关于六祖在象州隐修的直接文字记录。“卢道者，隐居阳寿之青金山，去城八十里，其山深广，虎狼甚多，卢在山中卓庵，修行勤苦，虎常蹲伏庵下，每出入，虎为守庵。”文中的“卢道者”应为六祖。六祖慧能大师俗姓卢，名慧能，广东新州人。肉身与六祖真身同在广东南华寺供奉的明代高僧憨山大师，其《憨山老人梦游集》第五十卷有：“有新州卢道者。得黄梅衣钵。号为六祖。回至曹溪。时宝林已废……”文中也称六祖慧能为“卢道者”，可谓无独有偶。而“阳寿”则是象州古时的县名，《舆地纪胜》载：“阳寿旧县，在阳寿东南三十九里，唐大历二十一年，移州治临大江，县随州治，旧城遂废。”即唐大历二十一年（787）阳寿县城才随州治迁至现址，在此之前阳寿县治在东南方向的今罗秀至中平一带（当地现尚有军田村古城遗址和大普化村古城遗址），西山当时应叫青金山。阳寿县随州治移临象江边后，即以县城为中心，在东南西北四个方向各自建设了佛寺，并按所在方位而命寺名：东山寺、西山寺、南山寺、北山寺。六祖岩所在之山位处县城西郊，西山寺在六祖岩前所建，此山即命名为西山。因此志书中便有了六祖慧能大师在象州西山一带卓庵隐居，修行悟道，因其道行高深，使老虎为之护法的记载。

现尚存世的三本古代象州志书中也有相关的类似记载。清乾隆二十九年《象州志》中记载：“西山在州西，隔江二里，旧有西山寺，今圮。”“六祖岩在西山，有石刻六祖岩三字。”清同治九年《象州志》载：“六祖岩，在西山寺后，磴道盘纡，石穴空嵌，可容数人。旧志云有石刻六祖岩三字。”民国三十七年《象县志》载：“西山，在城西隔江数里，极挺秀，山腰有寺。”“六祖岩，在西山寺后，磴道盘纡，石穴空嵌，内可容数人，有石刻六祖岩三字。”

六祖遗迹　永福亦存

在广西，除象州之外，永福县也有六祖活动遗迹见诸石刻。永福县永安乡太和村西面有双瑞岩，岩口向东，岩口高约5米、宽10多米、岩洞深30多米，有后洞通后山，岩前为太和小学。岩内由于20世纪70年代兴建“岩洞电影院”，已把岩内石龟、石鼓、石人等钟乳石敲毁，现为平地。岩前50米处有一小溪潭，传说中的晒衣石隐约可见。原在岩前建有的太和寺已毁，现为太和小学校园。据访问村中老者，都说岩前岩内原有碑刻20余通，现在已难寻踪迹，岩前石壁上隐约可见“双瑞岩”三字。

双瑞岩石刻文物尽管大都丢失，但现存残碑《重修太和寺碑记》，可以辨认出有“六祖飞身于此，因营置寺而栖焉”的字句。反映了此地乃六祖驻锡之所。另一残碑上有永宁州举人刘新翰所作《题六祖禅踪》诗，其中有“□□无尘竹径开，南能飞锡自黄梅”、“□门认取禅灯在，碧水空明漾绿苔”之句，表明永福双瑞岩是六祖慧能驻锡之地，印证六祖曾在这里修行说法。

六祖隐修　永福史载

清雍正本《广西通志》记载：“双瑞岩在州南八十里，形如伏狮，而岩在其口，乃六祖修炼之所。”慧能“唐武后朝说法讲经于永宁州（今永福县百寿镇明清时为永宁州治所）南双瑞岩，知永福某叩其行止，答曰：僧修于此，不知花甲，但觉时寒时暑，草木盛而复衰，惟记入山之年，乃某年某月也。数其岁次，已四十年矣”。

清光绪《永宁州志》载：

双瑞岩，在州治东南八十里安和上团，有山状如伏狮，岩为其口，史称东明岩，岩外一池，澄莹如镜。其前平原，纵横可数百亩，众峰环列，万笏朝天之胜。岩内有石，昂其首者，宛然如龟；其扣之则鸣者，镗然如鼓，南宋高宗绍兴六年，县令黄昌世始得之，撰文立石，题曰双瑞岩，谓龟与鼓也。龟与鼓之间，石乳凝结若人箕踞状，后人因镂石于旁，曰“六祖法身”。

清康熙四十三年（1703）成书的《粤西丛载》，以及清雍正《广西通志》都有关于“惠能禅师，唐武则天朝说法讲经于永宁州南双瑞岩”的记载。《粤西丛载》在辑录这则资料时注明系据《通志》。这表明，早在南宋时期就有关于六祖慧能在双瑞岩的传闻。永福旧志中留下不少写六祖禅踪的诗词。这些诗词将双瑞岩自然景色的描述与六祖西来在岩中修行弘法的史事融为一体。十分清楚地表明了永福县这个地方确有“六祖禅踪”。

专家论证　六祖隐象

2015年5月底，时任象州县委副书记吴孝斌，听人说起城郊西山上有六祖岩，便让县文物管理所负责同志陪同前往考察。吴副书记对象州的历史文化有浓厚兴趣，也略知禅宗六祖慧能大师的事迹和六祖文化的地位与价值。他在六祖岩及周边，对多处宋代和明清时期石刻作了比较深入的考察，又查阅了地方史志资料，对照分析后认为，此处文物古迹当与禅宗六祖慧能大师的行迹有关，六祖慧能应曾在象州此处岩洞隐匿修行。吴副书记将考察的情况及自己的初步研究陆续写成《探寻象州“六祖岩》、《再探象州“六祖岩”》、《“六祖岩”又有重大新发现——三探象州“六祖岩”》、《祖师隐修　猛虎护卫——六祖慧能大师隐修象州获又一力证》、《象州六祖遗迹初探综述》等多篇文章，在《来宾日报》和网络上公开发表，引起媒体和有关专家学者的广泛关注，引起广西历史学会负责人的关注。2015年7月，由广西历史学会组织历史学和考古学专家多人到六祖岩进行了实地考察。专家们肯定了六祖岩及周边的石质文物的真实性，认为象州六祖岩与中国佛教的实际创始人禅宗六祖慧能的行迹有关，是十分重要的文物古迹，六祖与象州的关系值得深入探讨。

2016年1月22日，由广西历史学会与象州县政协主办，象州县禅宗六祖文化研究会承办的广西六祖遗迹座谈会在象州县城召开。出席座谈会的有广西历史学会组织的区内文史与考古专家10人，自治区佛教协会会长成清法师、来宾市佛教协会会长麦德林居士等佛教界人士8人，来宾市、象州县、永福县有关部门代表20多人。与会代表中有半数以上到象州考察过六祖岩。座谈会的筹备工作做得比较充分，象州县和永福县都准备有关于本县六祖遗迹的材料印发给参会人员。座谈会上，时任象州县委副书记吴孝斌使用多媒体课件汇报了“六祖慧能与象州”反映在文献资料及遗迹文物方面的情况。永福县文化局副局长刘家毅也汇报了“六祖慧能与永福”的文献资料及遗迹文物情况。会议期间，与会人员来到象州西山，实地考察了六祖岩、真隐岩古迹与石刻文物。在此基础上，围绕象州、永福两县六祖遗迹的相关信息进行了充分的研讨与交流。

与会专家学者从文献资料记载和文物实物佐证两个方面对象州县和永福县的六祖遗迹进行了认定。在评判象州和永福六祖遗迹的真实性的问题上，与会同志观点高度统一，发言的同志一致认为，象州和永福两地的六祖遗迹都有比较充足的文献资料和文物实物作为佐证，因而是真实的、可靠的，也是珍贵的、难得的。

有的专家学者认为，佛教与象关系密切，而象州与象联系也非常紧密。象州西山一侧有象山。而象州的得名，不论是因古时城门画有大象，犯境兵匪见之自退，还是说象州西山不时有云气集结，形似白象，都与象有关联。这更增加了象州西山作为禅宗胜迹的分量，因此，将来在打造象州西山禅宗文化旅游胜地时，应尽可能结合象州特色文化资源，融入“象”文化元素。

与会专家学者建议，象州县六祖岩石质文物虽大多保存完好，但也要加强管理，妥善保护，防止发生人为的破坏，并要提高遗迹文物保护的级别。象州六祖岩摩崖石刻应从市级文物保护单位提高到自治区级文物保护单位。目前，第七批自治区级文物保护单位的审批尚未结束，应尽快补报材料，争取公布为第七批自治区级文保单位，然后再适时申报国家级文物保护单位。永福县双瑞岩也要列入相应文物保护单位。与会专家学者还建议，象州六祖遗迹是非常宝贵的禅宗六祖文化资源，应很好地开发利用，将这一文化资源转变为现实的旅游资源。并使之与广东新兴国恩寺、韶关南华寺、广州光孝寺等几处禅宗重要祖庭联结起来，形成岭南一条重要的禅宗文化旅游黄金线路。

元宵佳节话六祖

——中国禅宗六祖慧能大师剃度出家纪念日

◎吴孝斌

今天是2016年2月22日，农历正月十五。在全国人民欢度传统元宵佳节之时，却鲜有人知，此日正是中国禅宗六祖慧能(也称惠能)大师剃度出家纪念日。就在1340年前的今天，即唐仪风元年（676）正月十五，慧能在广州法性寺正式削发为僧，从而禅行天下，一花五叶，结果自成。慧能获后世赞为中国佛祖，并与老子、孔子一起并列为“东方三圣”。今日匆忙之中，借用网络拼凑而成此文，介绍慧能从出生到在广州法性寺正式削发为僧的这段经历，以纪念这位伟大的先圣。

六祖慧能（638—713），俗姓卢，原籍范阳（郡治在今北京城西南）。

慧能家境贫寒，三岁丧父，迁居南海。稍长，卖柴养母。一日，路过一旅店，听闻有人诵读《金刚经》，就放下肩上的柴草，静心倾听。听到“应无所住，而生其心”，豁然有悟，上前对念经人说：“刚才所念什么经？从哪里得来？”客人说：“是《金刚经》，是从蕲州黄梅县东禅寺五祖弘忍大师那里得来。”慧能便发心前往修学。当即有一客人施舍十两银子。他把老母亲安顿好之后，就踏上寻法之路。

到了韶阳，遇到同村之刘志略。刘志略有一个姑姑叫无尽藏，经常读诵《涅槃经》。有一天，慧能又听到无尽藏在读《涅槃经》，随即替她解说经中之义理。那无尽藏知道慧能并不识字，而听他讲义理时却头头是道，就感到十分奇怪。不料，慧能却对她说："诸佛理论，不关文字，若取文字，则非佛意。"无尽藏深为叹服，称之为行者。有人就劝他到宝林古寺修道，慧能就暗地对自己说："本来我是为求师才出来的，如果现在一改初衷住寺修道，就无异于像刚出门的人，没走几步又回家去了。"后来，他又至乐昌西石窟从智远禅师学禅。几经接触，智远禅师发觉慧能非等闲之辈，就劝他到蕲州黄梅东山弘忍处受学。

到了黄梅，便立刻去参见弘忍，弘忍问他："你是哪里人，到这里来做什么?"他回答："弟子是岭南新州人，此来拜你为师，是为了要成佛，再无其他目的。"

弘忍为他的质朴无邪所感动，但他毕竟是位非常有智慧的法师，故意用讽刺的话考验慧能说："你从新州来，是南蛮之人，如何能成佛?"

这话引起了慧能尖锐的反击："人虽有南北之分，而佛性岂有南北之别，我的形体虽与你不同，但我们的佛性又有什么差别呢?"

弘忍发现慧能是可造之才，本想和他多谈一会，可是看到许多徒弟们围在慧能旁边，脸露不屑之色，因此便不多说，只吩咐慧能去做粗工。但慧能却没有察觉到弘忍的一番心意，又问："报告师父，弟子自心常生智慧，不要离开自心，便是福田，请问你要我做什么呢?"

弘忍只得打断他的话说："这个南蛮，根性倒也敏利，不必说了。"接着便派他到后院去做碓米的工作。

有一天，弘忍去看慧能，问他："我知道你颇有见地，但生怕别人妒忌，加害于你，所以没有明言，你知道吗?"

慧能回答说："弟子知道师父的意思，因此始终不敢到堂前参见吾师，生怕别人怀疑。"

慧能在黄梅一晃就过了八个月。某日，弘忍觉得传法的时机已到，便召集徒弟们训话说："我要告诉你们，生死是件大事，你们整天只求幸福，而不去想想如何脱离生死的苦海。这样你们的自性早已迷失，即使得到幸福，又有何用？你们应从自己的心中去发现智慧，再把所证悟的写成偈子，给我看看，如果谁真的已经悟道，我便把衣钵传给他，做禅宗的六祖。你们快去写偈子，不要拖延，犹疑和思考便是心无所悟，如果真能见性的人，当下便能见性，即使置身车轮刀斧之下，也能见性。"

大家听了弘忍的吩咐，回去后，便互相讨论说："我们无须绞尽脑汁去作偈，神秀上座现在已是我们的讲师，一定是他得到衣钵。我们即使作了偈子，也只是浪费心血而已。"于是大家便不作偈，只是准备以后跟随神秀。

神秀是一位非常虔诚和谦虚的人。他心里想："徒弟们都不会作偈，因此我必须作偈，否则师父便不知我的见解如何。但我作偈的话，如果为了求法，当然用意很好；如果是为了做祖师，那便与俗人争夺虚名没有什么差别，唉！真是为难极了。"反复思考过后，神秀于是趁夜晚在墙上写下偈子：

身是菩提树，心如明镜台。
朝朝勤拂拭，莫使惹尘埃。

当弘忍看到了这首偈子，知道是神秀写的，知道他并未见性。便说这首偈子值得大家诵持，如能照着修行，便不至于堕入邪道。当天晚上三更时分，弘忍便单独把神秀叫进房说："你那首偈子并没有见性，还只是到了门槛，未能登堂入室。一般人依照这首偈子去修行，虽不至于堕入邪道，但决不能得到最高的智慧。要想得到最高的智慧，必须当下认清自己的心，看清自己的本性，知道它是不生不死的。如果你的每个念头都能明心见性，那么世界上便没有任何东西会阻碍你。你的存在是真实的，万物的存在也是真实的。你将会发现万象的变幻无常，都是法尔如此，都是真性实相。能够有这种见地，就是最高的菩提自性了。"于是弘忍便叫神秀再写一首，可是神秀的心情一直不宁，想了好几天，总是写不出。

正在神秀苦思不出的当时，有一个小和尚口中念着神秀的偈子，经过慧能碓米的地方，慧能一听到这首偈子，知道作者尚未悟道，便问那个小和尚是谁写的，小和尚大叫道："你真是个南蛮，连这个都不知道"！然后便把经过一五一十地告诉了慧能。慧能要求说："老兄，我在这里碓米已有八个月，未曾到过堂前，请你带我去看看那首偈子好吗？"

于是他们便到了写偈的地方，慧能又请求说："我这个粗人不识字，请你念给我听听。"这时正好江州的一位通判官，名叫张日用的，也在场，他便高声地念给慧能听，慧能听了就对张日用说："我也有一首偈子，请你替我写在墙上，好吗？"张日用奇怪地说："什么，你也会作偈子，真是怪事！"

慧能便正色地说："要学最高的菩提之道，可别轻视那些初学的人。有时，极下等的人，有最高的智慧；而极上等的人，却毫无见识可言。"这几句话把张日用说得服服帖帖，便替慧能在墙上写出了那首偈子：

菩提本无树，明镜亦非台。
本来无一物，何处惹尘埃？

敦煌本《坛经》为：

菩提本无树，明镜亦非台。
佛性常清净，何处有尘埃？

围观的和尚们看到了这首偈子，都大为惊讶，交头接耳地说："不能以貌取人啊，这样一个活菩萨，我们居然要他做粗工呢！"弘忍看到大家的惊异之色，生怕有人妒害慧能，便用鞋把偈子擦掉说："这首偈子也没有悟道。"于是围观的和尚们便一哄而散。

第二天，弘忍悄悄地溜到碓米的地方，看到慧能腰上缚了一块大石头，正在碓米，便自言自语地说："求道的人，该这样忘形的工作吧！"接着便问慧能："米熟了吗？"

慧能回答说："早已熟了，只是等着人来筛呢！"弘忍不说话，用杖敲碓三下便走。这是暗示慧能于当晚三更去见他。

慧能心领神会，到了半夜三更，他就恭敬虔诚地走到五祖的卧室跪了下来，弘忍便为他讲解金刚经，当他讲到"应无所住而生其心"时，慧能突然大悟，才了解宇宙万物都不离自性，便对弘忍说："我何必去思考，自性本来是清净的！我何必去攀缘，自性本来是没有生灭的；我何必去追求，自性本来是一切具足的；我何必去犹疑，自性本来是没有动摇的；我何必去贪恋，自性本来就能产生万法。"

弘忍听了这话，知道慧能真已悟道，便说："如果不能认清自心，向外求法是毫无益处的，相反的，如果能明自心，见自性，那便是大丈夫，便可为天人之师，也就是一个真正的佛。"

也就在这个深夜，弘忍把衣钵及顿教的法门传给了慧能，并叮嘱他说："现在你已是禅宗的六祖了，希望你好自为之，要承先启后，传法救人。请听我的偈子：'有情来下种，因地果还生，无情亦无种，无性亦无生。'"然后指示慧能立即离开寺庙，以免发生不测。

弘忍连夜送慧能赶到九江，欲渡河时，慧能劝阻弘忍不要再送，他说："迷时靠师渡，悟时要自度。"弘忍回到寺里，过了三天，才普告全寺门人："我的正法已经南传了。"

慧能离开黄梅后，先后有几百人在后面追，其中有一位曾做过武将的僧人慧明最先追上慧能，讨要衣钵。慧能便把衣钵放在石头上，任他取走，他却费尽力气也拿不动。当下心生惭愧，对慧能说："我为法而来，不为衣钵，望仁者为我说法。"

慧能说："你既为法来，坐下说话。"开示说："不思善，不思恶，如何是本来面目？"慧明若有所悟，问："大师，除此密言密意之外，还有密否？"慧能说："与你说者就不是密，密就在你身边。"慧明大悟，拜慧能为师，慧明也就成了慧能的第一个大弟子。慧能于是回到岭南，开始了十五年的隐居生活。

他先后在象州、永福、四会、怀集一带藏匿修行了整整十五年，直到唐高宗仪凤元年(676)才公开露面。这年的正月初八，慧能来到广州法性寺(今光孝寺)。当时，风吹起寺庙的旗幡，两个和尚在争论到底是“风动”还是“幡动”？慧能说：“既非风动，亦非幡动，仁者心动耳。”慧能的说法，令众僧大为惊叹，引起了印宗法师的关注和尊敬。请教之后，得知慧能果然是禅宗五祖弘忍衣钵传人。

到了正月十五，印宗法师在法性寺召集众多高僧大德，他亲自为慧能削发剃度，并反拜慧能为师，而且还把慧能的头发埋在那里，后建塔以资纪念。至此，慧能从一位行者成了一名真正的僧人。

二月初八，在法性寺智光律师处受具足戒，受戒时所登戒坛，是南朝宋时求那跋摩三藏所立。跋摩已登果位，他当初曾预言：“日后会有肉身菩萨于此坛受戒。”此外，梁朝末年之真谛三藏也曾于此坛之旁种菩提树，并对徒众说：“此后一百二十年，有大菩萨于此说无上乘，度无量众。”到慧能时，果然于此地大弘东山法门，实应前谶。慧能的言行后被其弟子法海汇编成书，这就是被奉为禅宗宗经的《六祖法宝坛经》。在佛教中，只有佛祖释迦牟尼的说法行为记录能被称作“经”，而一个宗派祖师言行录也被称作“经”的，慧能是绝无仅有的一个。

感言：笔者缘分所至，去年发现并研究象州“六祖岩”，揭开了当年六祖慧能在落发之前曾隐修于象州西山这个“千年之谜”。并于去年7月有机缘参访了广州光孝寺，在“六祖瘗发塔”前体悟六祖圣意。遥想当年印宗法师遇到六祖，言谈之下，不但没有嫉妒，而且特别赞扬，且印宗法师作为六祖的剃度师，在替六祖剃了头之后，反过头来拜六祖做老师，真正是谦虚明达的高人！而六祖到达光孝寺前，在象州、怀集、四会等地生活了15年之久，他隐藏于猎人群中，奔波于崎岖山道之上，住“六祖岩”，吃“肉边菜”，为肩负传承佛法重任，忍受千辛万苦，坚毅潜心修禅。这种“潜修禅道，坚忍负重”精神，岂不正是我辈人生所必需的精神力量！

2016年元宵佳节，特为此记。

主要参考文献：吴经熊:《禅学的黄金时代》。

附：

宋普济《五灯会元》对六祖慧能的记载

六祖慧能大师者，俗姓卢氏，其先范阳人。父行瑫，武德中左官于南海之新州，遂占籍焉。三岁丧父，其母守志。鞠养及长，家尤贫窭，师樵采以给。一日负薪至市中，闻客读金刚经，至“应无所住而生其心”，有所感悟，而问客曰：“此何法也？得于何人？”客曰：“此名金刚经，得于黄梅忍大师。”祖遽告其母以为法寻师之意。直抵韶州，遇高行士刘志略，结为友。尼无尽藏者，即志略之姑也。常读涅槃经，师暂听之，即为解说其义，尼遂执卷问字。祖曰：“字即不识，义即请问。”尼曰：“字尚不识，曷能会义？”祖曰：“诸佛妙理，非关文字。”尼惊异之，告乡里耆艾曰：“能是有道之人，宜请供养。”于是居人竞来瞻礼。近有宝林古寺旧地，众议营缉，俾祖居之。四众雾集，俄成宝坊。祖一日忽自念曰：“我求大法，岂可中道而止。”明日遂行，至乐昌县西山石室间遇智远禅师。祖遂请益。远曰：“观子神姿爽拔，殆非常人。吾闻西域菩提达磨传心印于黄梅，汝当往彼参决。祖辞去，直造黄梅之东山，即唐咸亨二年也。

忍大师一见，默而识之。后传衣法，令隐于怀集四会之间。至仪凤元年丙子正月八日，届南海，遇印宗法师于法性寺讲涅槃经。祖寓止廊庑间，暮夜，风扬刹幡。闻二僧对论，一曰幡动，一曰风动。往复酬答，曾未契理。祖曰：“可容俗流辄预高论否？直以风幡非动，动自心耳。”印宗窃聆此语，竦然异之。明日，邀祖入室，征风幡之义。祖具以理告，印宗不觉起立曰：“行者定非常人。师为是谁？”祖更无所隐，直叙得法因由。于是印宗执弟子之礼，请授禅要。乃告四众曰：“印宗具足凡夫，今遇肉身菩萨。”乃指座下卢居士曰：“即此是也。”因请出所传信衣，悉令瞻礼。至正月十五日，会诸名德，为之剃发。二月八日，就法性寺智光律师授满分戒。其戒坛，即宋(南朝)求那跋陀三藏之所置也。三藏记云：“后当有肉身菩萨在此坛受戒。”又梁末真谛三藏于坛之侧手植二菩提树，谓众曰：“却后一百二十年，有大开士于此树下演无上乘，度无量众。”祖具戒已，于此树下开东山法门，宛如宿契。明年二月八日，忽谓众曰：“吾不愿此居，欲归旧隐。”即印宗与缁白千余人，送祖归宝林寺。韶州刺史韦据，请于大梵寺转妙法轮，并受无相心地戒。门人纪录，目为坛经，盛行于世。后返曹溪，雨大法雨，学者不下千数。

中宗神龙元年降诏云：“朕请安秀二师宫中供养，万机之暇，每究一乘。二师并推让曰：‘南方有能禅师，密受忍大师衣法，可就彼问。’今遣内侍薛简驰诏迎请，愿师慈念，速赴上京。”祖上表辞疾，愿终林麓。简曰：“京城禅德皆云，欲得会道，必须坐禅习定。若不因禅定而得解脱者，未之有也。未审师所说法如何?”祖曰：“道由心悟，岂在坐也。经云：‘若见如来，若坐若卧，是行邪道。’何故？无所从来，亦无所去。若无生灭，是如来清净禅。诸法空寂，是如来清净坐。究竟无证，岂况坐邪?”简曰：“弟子回，主上必问，愿和尚慈悲，指示心要。”祖曰：“道无明暗，明暗是代谢之义。明暗无尽，亦是有尽，相待立名。故经云：‘法无有比，无相待故。’”简曰：“明喻智慧，暗况烦恼。修道之人，倘不以智慧照破烦恼，无始生死，凭何出离?”祖曰：“烦恼即是菩提，无二无别。若以智慧照烦恼者，此是二乘小见，羊鹿等机。大智上根，悉不如是。”简曰：“如何是大乘见解?”祖曰：“明与无明，其性无二。无二之性，即是实性。实性者，处凡愚而不减，在贤圣而不增，住烦恼而不乱，居禅定而不寂，不断不常，不来不去，不在中间，及其内外，不生不灭，性相如如，常住不迁，名之曰道。”简曰：“师说不生不灭，何异外道?”祖曰：“外道所说不生不灭者，将灭止生，以生显灭，灭犹不灭，生说无生。我说不生不灭者，本自无生，今亦无灭，所以不同外道。汝若欲知心要，但一切善恶都莫思量，自然得入清净心体，湛然常寂，妙用恒沙。”简蒙指教，豁然大悟。礼辞归阙，表奏祖语。有诏谢师，并赐磨衲袈裟、绢五百匹、宝钵一口。十二月十九日，敕改古宝林为中兴寺。三年十一月十八日，又敕韶州刺史重加崇饰，赐额为法泉寺。祖新州旧居为国恩寺。

一日，祖谓众曰："诸善知识，汝等各各净心，听吾说法。汝等诸人，自心是佛，更莫狐疑。外无一物而能建立，皆是本心生万种法故。经云：'心生种种法生，心灭种种法灭。'若欲成就种智，须达一相三昧，一行三昧。若于一切处而不住相，彼相中不生憎爱，亦无取舍，不念利益成坏等事，安闲恬静，虚融澹泊，此名一相三昧。若于一切处，行住坐卧，纯一直心，不动道场，真成净土，名一行三昧。若人具二三昧，如地有种，能含藏长养，成就其实。一相一行，亦复如是。我今说法，犹如时雨溥润大地。汝等佛性，譬诸种子，遇兹沾洽，悉得发生。承吾旨者，决获菩提。依吾行者，定证妙果。"先天元年告诸四众曰："吾忝受忍大师衣法，今为汝等说法，不付其衣。盖汝等信根淳熟，决定不疑，堪任大事。听吾偈曰：'心地含诸种，普雨悉皆生。顿悟华情已，菩提果自成。'"说偈已，复曰："其法无二，其心亦然。其道清净，亦无诸相。汝等慎勿观净及空其心。此心本净，无可取舍。各自努力，随缘好去。"尝有僧举卧轮禅师偈曰："卧轮有伎俩，能断百思想。对境心不起，菩提日日长。"祖闻之曰："此偈未明心地，若依而行之，是加系缚。因示一偈曰："慧能没伎俩，不断百思想。对境心数起，菩提作么长！"〔卧轮非名即住处也。〕祖说法利生，经四十载，其年七月六日，命弟子往新州国恩寺，建报恩塔，仍令倍工。又有蜀僧，名方辩，来谒曰："善捏塑。"祖正色曰："试塑看。"方辩不领旨，乃塑祖真，可高七尺，曲尽其妙。祖观之曰："汝善塑性，不善佛性。"酬以衣物，辩礼谢而去。先天二年七月一日，谓门人曰："吾欲归新州，汝速理舟楫。"时大众哀慕，乞师且住。祖曰："诸佛出现，犹示涅槃。有来必去，理亦常然。吾此形骸，归必有所。"众曰："师从此去，早晚却回。"祖曰："叶落归根，来时无口。"又问："师之法眼，何人传受？"祖曰："有道者得，无心者通。"又问："后莫有难否？"祖曰："吾灭后五六年，当有一人来取吾首。听吾记曰：'头上养亲，口里须餐，遇满之难，杨柳为官。'"又曰："吾去七十年，有二菩萨从东方来，一在家，一出家。同时兴化，建立吾宗，缔缉伽蓝，昌隆法嗣。言讫，往新州国恩寺，沐浴跏趺而化，异香袭人，白虹属地。即其年八月三日也。时韶新两郡，各修灵塔，道俗莫决所之。两郡刺史，共焚香祝曰：“香烟引处，即师之欲归焉。”时炉香腾涌，直贯曹溪。以十一月十三日入塔，寿七十六。

时韶州刺史韦据撰碑，门人忆念取首之记，遂先以铁叶漆布固护师颈。塔中有达磨所传信衣。〔西域屈眴布也，缉木绵华心织成。后人以碧绢为里。〕中宗赐磨衲宝钵，以辩塑真道具等，主塔侍者尸之。开元十年壬戌八月三日，夜半，忽闻塔中如拽铁索声，僧众惊起，见一孝子从塔中走出，寻见师颈有伤，具以贼事闻于州县。县令杨侃、刺史柳无忝得牒，切加擒捉。五月于石角村捕得贼人，送韶州鞫问。云：“姓张名净满，汝州梁县人，于洪州开元寺受新罗僧金大悲钱二十千，令取六祖大师首，归海东供养。”柳守闻状，未即加刑，乃躬至曹溪，问祖上足令韬曰：“如何处断？”韬曰：“若以国法论，理须诛夷；但以佛教慈悲，冤亲平等，况彼欲求供养，罪可恕矣。”柳守嘉叹曰：“始知佛门广大。”遂赦之。〔尔后，甚有名贤赞述，檀施珍异，文繁不录。〕

上元元年肃宗遣使就请师衣钵，归内供养。至永泰元年（公元七六五年）五月五日，代宗梦六祖大师请衣钵。七日，敕刺史杨瑊曰：“朕梦感禅师请传法袈裟却归曹溪。今遣镇国大将军刘崇景顶戴而送，朕谓之国宝。卿可于本寺如法安置。专令僧众，亲承宗旨者，严加守护，勿令遗坠。”后或为人偷窃，皆不远而获，如是者数四。宪宗谥大鉴禅师，塔曰元和灵照。皇朝开宝初，王师平南海刘氏，残兵作梗，祖之塔庙，鞠为煨烬，而真身为守塔僧保护，一无所损。寻有制兴修，功未竟，会太宗皇帝即位，留心禅宗，颇增壮丽焉。

试论佛教在象州的传播

◎吴孝斌

象州地处广西中部，依托其特殊的地理和资源优势，为千年古郡，千年以来受儒、佛、道等文化的综合影响，其历史厚重、民风淳朴。自去年6 月以来，象州“六祖岩”被重新发现和认识，象州的佛教文化重新被世人所重视。本文试从佛教古代在象州的传播进行综合分析，以供有缘者进行学习交流和参考。

一、象州在中国古代行政区域中的重要地位

象州是千年古郡、历史悠久，位于县城南约2公里处的贝丘遗址，是广西目前已发现的最大的新石器时代贝丘遗址之一，是目前广西已发现的分布在最北面的新石器时代的河旁台地贝丘遗址，距今约1万年。

秦始皇三十三年(前214)，岭南设南海郡、象郡、桂林郡，今县境属桂林郡。

汉初，今象州地属南越。元鼎六年（前111），今象州境内置桂林县，属郁林郡。

三国，今县境地属吴，为桂林郡治。凤凰三年（274），境内置武安县、桂林县，武安为桂林郡治所在地。

西晋太康元年（280）武安更名武熙，改属郁林郡，今县境有武熙、桂林二县。东晋太兴元年（318）分郁林郡设晋兴郡，武熙县、桂林县属晋兴郡。

南朝宋、齐时，武熙县改属桂林郡，初为郡治，后迁往中溜，齐复将郡治迁回武熙。梁在今县地置韶阳郡，领阳寿、武化、长风、淮阳四县，阳寿（今县城）为郡治。陈沿梁制。

大业二年（606）撤象州，今县境置阳寿、桂林二县，将阳宁并入阳寿县，西宁并入桂林县，改属始安郡。

隋开皇十二年（592）置象州，《旧唐书》卷四十一志第二十一《地理四》载：

象州下：隋始安郡之桂林县。武德四年，平萧铣，置象州，领阳寿、西宁、桂林、武仙、武德五县。贞观十二年，省西宁县，割废晏州武化、长风来属。天宝元年，改为象山郡。乾元元年，复为象州。旧领县六……

其后多以象州或象郡称之，并长期以来作为郡（州）治所在地，直至民国元年(1912)象州才改称象县。因此，在中国古代建置中(特别是岭南地区)，象州是长期重要的郡（州）治所在地，其地位重要而独特。

二、象州佛教最早传入的时间推断

佛教传入中国的最早记录，现公认始于汉代，东汉永平七年（64），汉明帝闻西方有异神，遣郎中蔡愔、博士弟子秦景等赴天竺求法。据《冥祥记》、《高僧传》等记载，永平十年(67)，他们与中天竺僧人摄摩腾、竺法兰赍佛经、佛像回洛阳。

佛教传入广西的时间，现存的资料可证，至迟在东汉末期。汉末三国时的苍梧郡广信（今广西梧州市）人牟子写了《理惑论》，推动了儒释道三家的融合，扩大了佛教在社会上的影响，文中指出："尧舜固孔，修世事也，佛与老子，无为志也，众道众残，凡有九十六澹泊无为，莫尚于佛。"他认为，佛教通过与儒道二教的比较，突出佛教超越儒道二教。

到魏晋南北朝时期，佛教更是广为流传，特别是在南朝的梁、陈二代，皇帝都是虔诚的佛教徒，其中的梁武帝和陈武帝甚至舍身入佛寺，让其臣下以上亿万钱财到寺院去为他们赎身。由于统治者大力提倡佛教，于是"都下佛寺，五百余所，穷极宏丽，僧尼十余万，资产丰沃，所在郡县，不可胜言。"(《南史·郭祖深传》)南朝佛教的传播几乎风靡全国。

在举国崇佛的情况下，当时同属南朝管辖并作为岭南重郡的象州官员及百姓必然深受影响而学佛敬佛修寺。由此可推断，在南北朝时期佛教即已经传入象州。

三、象州佛教在唐代开始兴盛

在中国佛教史上，唐代是佛教发展臻于极盛、佛教中国化走向完成的时期。特别是武则天执政后，佛教得到了更大的发展。武则天母家出自杨隋皇室，有世代信佛的传统。个人的信仰和政治的需要相结合，武则天表现出强烈的崇佛热情。《旧唐书·卷六·本纪第六·则天皇后》载："制颁于天下，令诸州各置大云寺，总度僧千人。"她诏令每州置大云寺一所，甚至在远处唐朝辖境西陲、今俄罗斯境内的碎叶城也修建了大云寺。

据史料记载，贞观元年(627)，唐太宗分天下为十道，贞观十四年(640)全国共设三百六十州（府），象州为岭南道辖下的州（府）之一。因此，在唐代武则天时期，象州必然会按武则天的诏令在州内修建大云寺，此也可能成为象州境内最早建设的佛寺之一。

在象州东岗岭，上有摩崖石刻，是北宋象州知州张唐辅于元丰辛酉（1081年）所题，其中有"象州东西南北四禅刹最古"，表明当时象州的"东西南北”四个佛教禅寺为“最古”之寺。因其能获“古寺”之称，由此可推论此象州“东西南北”四个禅寺应该也是始建于唐代。

象州的佛教在唐代是比较兴盛的。现尚存的象州西山“六祖岩”等诸多摩崖石刻证明，禅宗六祖慧能大师（卢惠能）当年自黄梅接法后，曾有较长的一段时间在象州进行过隐修和弘法。《舆地纪胜·岭南西路·象州》载：“卢道者，隐居阳寿之青金山，去城八十里，其山深广，虎狼甚多，卢在山中卓庵，修行勤苦，虎常蹲伏庵下，每出入，虎为守庵。”“六祖岩在西山寺后，磴道盘纡，石穴空嵌，可容数人，塑六祖像其中。”

鉴真大和尚也曾于天宝九年（750）过境象州，据《唐大和上东征传》中记载，当时象州等地的官员、僧人及百姓“迎送礼拜，供养、承事，其事无量，不可言记”。

四、历史典籍中宋代以后的象州佛寺（建筑）记录

象州自唐代始，历代均有志书，可惜多已流失无存，现尚见的最早志书仅是清乾隆年间的《象州志》。从目前笔者所掌握的历史资料看，宋代以后有明确史料文字记载的佛寺（建筑）如下：

宋代六处，即东山寺（仁寿院）、南山寺、西山寺、北山寺、报恩寺、长峰院（后称长峰寺），各处并建有亭台楼榭。宋代地理志《舆地纪胜·岭南西路·象州》载：“东山寺，在城东五里，寺后有亭，名秋屏。南山寺，在城南十里，江流有声，断岸千尺，古榕盘龙，松竹交荫，为招提之盛境。西山寺，在城西五里。其寺半山有一槛亭，大江横前，飞泻千里，郡城枕股，万瓦鳞次，山川景物尽在目中，骚人题咏为多。北山寺，在城北。长峰院，在阳寿县东，宋元丰乙丑，太守张唐辅游焉，赏其水亭之胜，有‘一派平分三涧绿’之句，名之为三溪阁，院之胜，阁据其要，盖三溪直前若鼎足，分布堂皇，浩浩涵虚，漱玉浮光，气象千变万状，愈见而愈不穷。”“寒碧亭在报恩寺。”“拟草亭，在南山寺前，尚书孙命名。”“圆光亭，在西山寺。”

元代增加一处，即清规院。《广西通志·卷一百四十·胜迹十一》载：“象州清规院，元至正二十四年，池中有龙居焉，寺钟常夜飞入水与龙斗，胜而归则声振林木，偶一夕不回，僧往视之，见龙蟠钟上，寺遂废。名胜志。”

明代增加两处，即景德寺、崇福寺（南乡里）。明代《天下一统志》载：“景德寺，在象州治南。”崇福寺在南乡里（今寺村镇），现尚存有的明代象郡建崇福寺功德碑（铁质）可为其证，其碑文为：

窃思开辟以来，佛住西国，是清静而无为乃极乐乡。自于汉帝而后，佛入中国，始修观而立寺，装严金像备香灯而祀奉，朝夕祷祈即护国以安民，普天之下，共庆明昭之不爽；率土之滨，均沾普济于无疆，兹吾象郡系南乡里有一崇福寺，宫宇既已修成，香瓶犹未造就，今有姚登第意欲而修之……

清代共有21处佛寺（庵、阁）建筑，均可见于清同治九年《象州志》图文之诸多记载。归纳起来，在州城附近（城厢里）七个，即西山寺、东山寺、北山寺、南山寺、景德寺、寂照庵、观音阁。东安里（今百丈乡）四个，即雷山寺、大（满）云（溪）寺（云溪寺）、灵云寺（六外村旁）、延龄寺（中宫与谢石村间）。南乡里（今寺村镇）三个，即回龙寺、三教寺（路（六）道寺）、寺村寺（或为崇福寺）。北下里（今寺村镇）两个，即崇寿寺（屯盘村）、天龙寺（崇山村旁）。北上里（今罗秀镇）两个，即永明寺、独鳌寺。安中里（今中平镇）两个，即长峰寺、白衣寺。另，乾宁寺，不知在何乡，郑献甫《募修云溪寺公启》中曾提到过。其中：雷山寺、大云寺、三教寺、崇寿寺四个寺为清同治九年《象州志》中首次录入，天龙寺在民国志中补入。

五、象州佛教文化的千年兴衰略述

象州的佛教文化曾是州人的主要信仰之一，但却几经兴衰。先是经历“三武灭佛”之祸，随即又马上兴盛。但到了清代末期太平天国时期，天国宣布："凡一切孔孟诸子百家妖书邪说者尽行焚除，皆不准买卖藏读也。"象州作为太平军的主战场，太平军所到之处，毁坏庙宇、塑像和祭器，而无视它们的价值。郑献甫《募修雷山寺碑记》有记："咸丰改元，吾乡多故，寺遂圮，僧亦逃。"其后诸多乡贤（如郑献甫等）又倡议重修。最后在"文革"中又受到致命打击，佛寺被毁严重。

今经多方努力，目前仅有雷山寺和东山寺得以重建，但与原貌已相距甚远。虽屡经风霜，但西山寺（六祖岩）、南山寺、北山寺、长峰寺、云溪寺等古寺遗迹尚存，长峰寺与云溪寺的院墙依然存在，见证着时代的变迁。如今随着社会的发展及物质的丰富，而人们的精神生活却多是一片空虚，佛教等传统文化又重新被人们认识和利用起来。特别是去年象州"六祖岩"的重光于世，六祖岩及西山寺引起了广泛关注，此抑或是象州千年佛教文化、特别是禅宗文化重起之时。

走出迷信误区　正确认识六祖文化

◎吴孝斌

今年5月，因缘所至，我到象州“六祖岩”进行调研，发现其与六祖慧能大师的行迹有关。于是充分利用业余时间，数月来一门深入，深探细研，并在报刊及网络等媒体上公开发表了多篇文章，引起了国内外的高度关注。广西历史学会组织专家组，到象州实地调研，给予高度的肯定和赞誉，认为这是六祖修行弘法遗迹的一个重大发现。由是，有识之士倡导重建西山禅寺、建设六祖文化园。但在实际工作的推进中，我感觉到不少群众、干部职工乃至各级领导仍然心存疑虑，将之与宗教活动及封建迷信活动画上等号，甚至出现消极无为的现象及阻力，直接影响到了相关工作的推进。近日得见黄伟宗教授（中山大学中文系教授、广东省人民政府参事、广东省珠江文化研究会会长、中国作家协会会员，享受国务院特殊津贴的专家）撰写的《走出神教迷信误区，确立六祖惠能的文化地位，弘扬妈祖、龙母文化的精华》，又看了林有能先生（广东省社会科学界联合会专职副主席）等专家学者的文章，很受启发和教育。于是试写此文，以期得到更多的理解和支持。

一、关于宗教与迷信问题

我国宪法规定："中华人民共和国公民有宗教信仰自由。任何国家机关，社会团体和个人不得强制公民信仰宗教或不信仰宗教，不得歧视信仰宗教的公民和不信仰宗教的公民。"多年来，政府部门及广大信众能正确理解并执行这些宪法规定和宗教政策。但在现实中，由于文化传承与教育的缺失，也有不少人认为建设寺庙、求神拜佛等都是封建迷信，并由此形成了普遍性的认识误区。其实，宗教与封建迷信是有着明显区别的。

宗教是一种特定形式的思想信仰，是一种世界观。即"相信在现实世界之外，还存在着超自然人间的神秘境界和力量。主宰着自然和社会，因而对之敬畏和崇拜"。正如恩格斯所指出的："一切宗教都不过是支配着人们日常生活的外部力量，在人们头脑中的幻想的反映，在这种反映中，人间的力量采取了超人间的力量的形式。"宗教还是一种一定形态的文化现象，不论是在哲学、文学、艺术、伦理等社会学领域，还是在医学、化学、天文学、生命学等自然科学领域中，都留下了丰富的文化遗产。在历史及现实中，宗教成为世界各国人民进行文化交流的一个重要组成部分。宗教还是一种同一思想信仰的人们构成的一种社会实体，也就是与宗教信仰、宗教感情相适应的宗教仪式和宗教组织所构成的一种社会实体。对于正常的宗教信仰和宗教活动，只要引导得好，就有利于社会的稳定和民族的团结。

封建迷信是从有神论观念派生出来的，但并不是宗教。在我国，封建迷信主要是指那些神汉、巫婆和迷信职业者利用封建社会遗留下来的巫术，进行装神弄鬼、妖言惑众、骗钱害人的活动，如请神降仙、驱鬼治病、相面揣骨、测字算命、看风水等等。这类封建迷信活动，起着破坏社会秩序、扰乱人心、损害群众身体健康的作用。如果我们把宗教和迷信混为一谈，这不仅在理论上是荒谬的，而且在实践中也是有害的。

当代百岁高僧梦参长老则直接指出："什么是迷信呢？就是迷惑而信，对自己信仰的对象并不了解，盲目地信奉。比如有些自称是信佛的人，他经常烧香磕头、求神拜佛，甚至到寺院里去吃斋念佛，以为这样就能求得佛菩萨的感应，保佑自己心想事成，这种人就是迷信。佛并不能保佑任何人，佛告诉我们一切都要靠我们自己，佛明了世间宇宙真相，告诉我们万事万物都有一定的因果关系，我们要得到什么样的果报，我们就必须通过自己的努力用正确的方法从因上下手，就好像农民种地必须先下种、施肥、浇水，小心看护，然后经过一段时间，我们才能得到所要的瓜果。也就是种瓜得瓜种豆得豆。一切都必须自己亲自动手，天上不会掉下来的。这就是佛告诉我们的因果定律，如果自己不努力，靠求神拜佛去求，这就是彻头彻尾的迷信。”佛教修行强调的是自我的觉悟，因此真正的佛教并非迷信。而佛教之禅宗，则是由六祖慧能将印度佛教与中国传统儒家、道家文化进行了深度融合而形成的宗派，非但不是迷信，且更具智慧与灵性。

二、关于六祖文化

六祖慧能（也称惠能）是中国佛教禅宗的创始人，也是世界佛教禅宗的领袖和圣尊，更是一位大思想家、大哲学家。在英国大不列颠博物馆陈列有世界大思想家塑像，中国有孔子、老子、慧能三人入列，同时还尊称他们为“东方三圣人”。《坛经》是禅宗的基本经典，记录六祖的一生及主要讲法，是由中国人所撰且获“经”称的唯一佛典。现在学术界和有些高等院校，已将《六祖坛经》列为哲学经典研究或课程。清末著名大学者梁启超对慧能在学术和文学上的影响评价很高，称“唐宋两代皆六祖派”、“宋儒皆从佛书来”、“宋士大夫晚节皆依佛”，说“唐人喜以佛语入诗”，苏轼、王安石的诗“大半为禅悦语”。唐代著名诗人王维、柳宗元和刘禹锡分别为六祖慧能撰写碑铭。唐朝乃至以后各朝各代的君王，无不对慧能推崇有加。要比英国的贝克莱早1000年。”《坛经》先后在多个国家和地区出版发行，有英、韩、日、法、德、西班牙等诸多译本，是佛经中翻译成外语次数排名第二的经典（第一为《心经》），《坛经》目前是西方世界最熟知的佛教经典之一。

2004年，黄伟宗教授向广东省政府提交了题为“走出神教迷信误区，确立六祖惠能文化地位，弘扬妈祖、龙母文化精华”的参事建议，受到普遍重视和反响。这项建议根据恩格斯在《反杜林论》中关于宗教性质的论述而指出：神、教实际是人创造，是人自身某种力量的外化，又是人希求借助的一种精神力量或精神寄托。所以，应当以此划清正当神教信仰和封建迷信界限，这就是：所尊奉的神或教是否人的真善美力量的外化，所提供人借助的精神力量或精神寄托，以至为人们提供的信仰和尊奉方式，是否都是真善美的，即人性的、真诚的、正义的、圣洁的，是反虚伪的、反盲从、反丑恶、反残暴的；当然，前提必须是爱国的、爱人民的。六祖惠能与一般宗教与神学有根本性的不同，因为大多宗教神学是人的精神力量寄托的外化或神化，而六祖惠能的禅宗和禅学思想，则是将已被外化或神化了的精神力量和精神寄托又转为人化和内化，他的一系列说法都表明他的人佛平等观、平民平等观，人和神的人性化、实用化、平民化，是“中国化”、“平民化”的佛教。许多人只注意惠（慧）能是宗教领袖，未注意他是大思想家、大哲学家，是珠江文化哲圣，所以应当确立其应有的文化地位。广东由此开始，省、市、县三级都相继成立六祖文化研究机构，致力于六祖文化的研究与宣传，取得了非常显著的效果，也极大地推动了当地经济社会的发展。

实际上佛教禅宗并不像人们想象中的传统宗教那样神秘、可怕和不可接近。慧能认为，“佛性不分南北、人人都可以成佛”；“人人心中有佛”；“识心见性，自成佛道”；“我心自有佛，自佛是真佛”；“自若无佛心，向何处求佛？”与其他一些宗教宣传上帝主宰一切之类的神说，则更是一种异域的“先进文化”。

慧能提倡的“人间佛教”、“生活禅”直面大众、直面社会、直面现实。他提出“人即有南北，佛性即无南北”、“见性是功，平等是德”、“但识众生，即能见佛”、“离众生无佛心”等主张，表现了他既秉持人佛平等观，又秉持人的平等观、平民观。他认为“佛法在世间，不离世间觉，离世觅菩提，恰如求兔角”，要求人们在现实中寻求佛法；禅无处不在，无时不在，无事不在，行住坐卧、吃饭、砍柴、担水、耕田皆可修禅；并主张“农禅并重”、“农禅合一”，将神化的修行方式也变得日常生活化、实用化，在家即可以修禅，不一定要到寺庙去。对在家如何修禅，慧能所作的《无相颂》，可成为我们普通人如何教人、育人、做人的至理格言：

心平何劳持戒，行直何用修禅。
恩则孝养父母，义则上下相怜。
让则尊卑和睦，忍则众恶无喧。
若能钻木出火，淤泥定出红莲。
苦口的是良药，逆耳必是忠言。
改过必生智慧，护短心内非贤。
日用常行饶益，成道非由施钱。
菩提只向心觅，何劳向外求贤。
听说依此修行，天堂只在目前。

文中“心平、行直、孝、义、忍、让、苦口良药、逆耳忠言”等这些无不是以人为本、以心为先，此与中央积极倡导的社会主义核心价值观中的“和谐、爱国、敬业、诚信、友善”等是完全一致的，也是我们建设和谐社会所需要的。

从中国历史上看，外来文化的传入，最重要的有两次：一次是公元1世纪前后开始传入中国的印度佛教，一次是16世纪以来西方文化的输入。

三、弘扬六祖文化，象州应该有所作为

六祖文化的研究和弘扬近年在广东搞得风生水起、如火如荼。而同属岭南地区的广西却是重视不足、宣传不够，从而导致象州、永福等地的“六祖遗迹”长期不为人知。今年自从笔者就象州“六祖岩”在报刊及网络等媒体

上公开发表了多篇文章、引起专家学者的重视后，终于让这些重要禅宗遗迹“重光于世”。黄铮教授（广西历史学会会长、自治区人民政府参事、享受国务院特殊津贴的专家）撰写了《重视广西六祖遗迹的保护与开发利用》的参事建议上报自治区政府领导，得到了自治区主要领导的重视并批示。广西六祖文化由此开始得到官方的重视。

象州六祖岩在象州县城柳江西岸的西山山腰，属象州镇鸡沙村黄皮沟屯，离县城约2公里。六祖岩及其附近目前共发现石刻10处，其中唐代石刻2处、北宋石刻2处、南宋石刻3处、明代石刻1处、清代石刻2处（其中有一碑刻已移至别处）。另在岩内后侧石壁发现两处嵌痕，原所嵌碑刻已经丢失。六祖岩现存石刻绝大部分反映了六祖慧能在象州的活动。并且在历史典籍中也能找到相应的记载。古西山禅寺遗址上还发现有大量的古代建筑材料，足以能够相互印证。其价值非常厚重。

因此，象州（乃至来宾市、广西）各个方面必须“破迷开悟”，走出认识上的误区，统一思想，上下形成共识，将象州“六祖岩”等遗迹保护和开发利用好。应成立六祖文化研究会，进一步加大宣传力度。恢复重建西山禅寺，建设六祖文化园区，将之建成在广西传播禅宗六祖智慧文化、弘扬中华民族优秀文化传统的重要平台，建成促进广西乃至中国与东南亚及日本、韩国佛教国家的文化交流，构建发展友好合作关系的新平台，将推动两广更好地合作，促进两广建立更紧密的关系，共同发展珠江—西江文化和岭南文化，发展两广特色文化旅游，造福两广人民。

星云大师2013年11月参访南华寺，在主题讲座中高度评价了佛教禅宗六祖大师的历史地位：“在中国能代表中华五千年文化的，仅慧能大师一人而已。”

习近平总书记指出：“中国传统文化博大精深，学习和掌握其中的各种思想精华，对树立正确的世界观、人生观、价值观很有益处。”他强调：“在带领中国人民进行革命、建设、改革的长期历史实践中，中国共产党人始终是中国传统文化的忠实继承者和弘扬者。”他特别指出：“保护好古建筑、保护好文物就是保存历史，保存城市的文脉，保存历史文化名城无形的优良传统。”“要把凝结着中华民族传统文化的文物保护好、管理好，同时加强研究和利用，让历史说话，让文物说话，在传承祖先的成就和光荣、增强民族自尊和自信的同时，谨记历史的挫折和教训，少走弯路、更好前进。”“要在展览的同时高度重视修史修志，让文物说话，把历史智慧告诉人们，激发我们的民族自豪感和自信心，坚定全体人民振兴中华、实现中国梦的信心和决心。”

进入新时代，我们要实现中华民族伟大复兴的“中国梦”。而民族的复兴首要的就是文化的复兴，文化的复兴是民族复兴的活水之源，是民族复兴的先导，同时又是民族复兴的精神与思想的动力和指导。因此，弘扬六祖文化顺乎历史潮流，有利于中华民族的伟大复兴，象州应该且必须有所作为。

谨以此文，送走2015、迎来2016。祈盼新的一年，象州六祖文化事业能跃上新台阶。

参考资料：

1. 黄伟宗：《走出神教迷信误区，确立六祖惠能的文化地位，弘扬妈祖、龙母文化的精华》。

2. 林有能：《六祖慧能·岭南文化·时代意义》。

3. 梅任骏：《感悟大善智慧 品味传奇人生》。

禅门龙象　云门四世

——记从广西象州走出来的资圣盛勤禅师

◎吴孝斌

笔者2014年底从异乡调回象州工作后，深感象州历史的厚重，工作之余多于史海中漫游。2015年5月开始探研象州六祖岩，继而留心于禅宗文化传承与象州的关系。或是因缘所至，抑或是功夫不负有心人，近期竟然在浩大的禅林中发现了象州籍的大禅师，即为北宋时期著名的资圣盛勤禅师，是为六祖慧能后"一花五叶"之云门宗第四世。契嵩（宋仁宗皇帝赐号"明教大师"）曾亲自为他的舍利塔撰写塔铭（并序），为他的作品《原宗集》写序，禅宗典籍对他亦多有介绍。无奈时光流逝，象州人至今却全然无知，现特此书之，让象州、来宾乃至广西记住这位家乡的禅门大师。

根在象州　受戒桂林

广西藤津（今广西藤县）籍的"明教大师"契嵩在所撰写的《原宗集叙》开篇即说"象郡勤师聚禅学百家之说"，点明了盛勤禅师为象郡之人。

而在《秀州资圣禅院故和尚勤公塔铭（并序）》（以下简称

《塔铭》）中更是清楚地进行了说明："和尚讳盛勤，本姓谢氏。不书其得姓之本末，从释氏也。象郡之寿阳人也。童真出家，北面事象之白容山惟齐禅师。祥符中以诵经中试，遂得落发。其年纳戒于桂管之延龄寺。还白容，会其师适灭，葬已，遂浩然西出。"（"北面"古义为："谓拜人为师，行弟子敬师之礼。"）

考北宋地理志《元丰九域志》（宋·王存著）有："下象州象郡，景德四年升防御，治阳寿县。……县三，中下阳寿、中下来宾、下武仙。"可知当时象州（象郡）为防御州，所辖区域相当于今来宾市象州县、兴宾区、武宣县所辖区域。

《塔铭》"象郡之寿阳"应为笔误，因古代象郡（象州）州治在阳寿，一般多以象州（象郡）称，而较少采用（阳寿）县名，因此在称谓及记录时有偏差。如象州在清代道光七年所立的《粤东会馆碑记》中有："粤西柳府，属曰象州，古称寿阳即其地也。观其山川毓秀，地脉钟灵……道光七年岁次丁亥建乙巳岁立石。"在此亦出现了"寿阳"之称，应为笔误或口误。

文中出现的"象之白容山"，应为"白面山"，即今所称"回面山"。南宋时期地理总志《舆地纪胜》（王象之编纂）卷一百五《岭南西路·象州》载："白面山，顺流至城五里，近南山寺，石壁屹立横截大江，江水为之折而西去，多白石，故名。""南山寺，在城南十里，江流有声，断岸千尺，古榕盘龙，松竹交荫，为招提之盛境。"

象州，宋代佛教已广为流传，当时已有东山寺、南山寺、西山寺、北山寺、报恩寺、长峰寺等多家寺院。其中尤以相传六祖慧能曾隐修的六祖岩（西山寺）及南山寺最为出名，宋代著名文人孙觌在此（西山、南山）两寺均有诗作，其中《南山寺》（二首）为：

千丈云根荫此邦，沉沉寒影卧秋江；
潭空映日苍虬动，烟暖翔沙白鹭双。
梦觉滩声喧客枕，吟余竹色满僧窗；

诗成叫绝层楼上，听我洪钟万石撞。

安心是乐本非禅，遇胜欣然意所便；
嚼蕊拈花身老矣，穿林渡水思茫然。
行逢酒伴操觚去，倦憩僧房借榻眠；
寄语后来问津者，人中今是地行仙。

由此可知，宋时象州白面（容）山有南山寺，寺中有僧是为事实。

由以上及《塔铭》内容可知，盛勤禅师为北宋象郡阳寿县（今象州县）人，俗姓谢，生于北宋淳化三年（992），受象州当时兴盛佛教文化的影响，年幼之时即已出家，拜师于象州白面山南山寺的惟齐禅师，成为一名小沙弥（童真是沙弥的别名）。“和尚资淳深懿厚，夙有道识，童之时以自发明。”并且勤于学习，聪明善记，诵经如流。当时要正式成为一名僧人却是很不容易，如唐代玄奘法师一样，必须经过朝廷的考试合格后方可。《佛祖统纪》五十一有：“宋仁宗诏试天下童行诵《法华经》，中选者得度，参政宋绶夏竦监试。”《法华经》是《妙法莲花经》的简称，共二十八品八万余字，世称其为经中之王，内容博大精深，普通人连读一遍都觉得困难，能将其背诵非常人所能。

盛勤禅师却在大中祥符年间（1008—1016年），以对《法华经》的流利背诵而顺利通过考试，中选得度，正式落发为僧，并于当年在南方五大禅林之一的桂林延龄寺受戒。

桂林延龄寺为古刹，原名西庆林寺，创建于唐武周女皇武则天当朝之际，中唐后名延龄寺，时与四川大足寺、云南鸡足寺、贵州扶风寺、广东南华寺齐名，被列为南方五大禅林之一。关于它的创寺与镌佛，还有一个故事。

传说武则天临朝之日，她突然梦见一身长一丈六尺的金身之人，来向她乞赐袈裟。武皇即召众大臣问其梦事，一时大臣皆莫能解。后来，有位大臣进奏：“陛下既有此梦，不妨就依梦中所是，造袈裟一件，悬于皇城门上，看是否有人将它取走，作上标记，然后再作符验。”第二天，袈裟果然被人取走，于是武则天遂诏令天下，寻找这件袈裟。结果在桂州（今桂林）西山西庆林寺供奉的那尊卢合那大佛金身上找到了这件袈裟。

原来，这尊佛身的镌刻亦有着不凡的经历：西山原本荆棘丛生，并无寺宇。有一阵子桂林城涨了大水，西山下漂来了一根上好的巨木。正当有人操斧砍伐它时，忽见一位梵僧立在巨木旁说：“此木有灵，尔宜勿伐！”说毕梵僧就隐去了。后来，有心人就将这根巨木雕刻成一尊卢合那大佛身，供奉在西庆林寺内。这个传说记载在唐代莫休符的《桂林风土记·延龄寺圣像》中。

盛勤禅师当年在此名刹受戒后，即返回象州白面山修行，逢其师惟齐禅师入灭（圆寂）。他将师父火化并埋葬后，便毅然从象州走出来，勤修寻师。

寻师得证　云门四世

为寻求大道，盛勤禅师离开了故土象州，向外云游修行。在衡山与湘水之间、江陵和襄阳等地，访名山，“遍学衡湘鄢郢老禅硕师”，并深得宗师们的厚爱。

有一次他向一位高僧拜师学习，高僧向他传授安般（呼吸之出入息）禅定之法。刚开始时，为表虔诚之心，盛勤在师父面前席地而坐，用艾灸头顶（“然顶”）。其时，突然有特别奇异之光在盛勤的头上发出，圆红明显，如太阳一般。（“遽有异光上发。圆赫如日。”）艾灸完成光熄之后，他的头部却全然没有受到任何损害。高僧于是对他说：“你是具有学佛、弘法善根的上品大乘之人。”（“其师曰。汝最上乘法器也。”）勉励他不要到此为止，而要继续寻访名师修行，以荷担如来家业。

盛勤禅师最后在德山慧远禅师那里证悟到了独特而洁博深奥的禅宗义理。德山慧远禅师为禅宗云门三世，据契嵩禅师所作的《武陵集叙》记载：“慧远和尚以有道称于四方。在天禧乾兴间，其名甚振，学者无远近归之，如水沛然就下。予少闻之，恨不识其人。晚游吴，得其语于勤暹二师。”

根据《塔铭》记载，盛勤初拜德山慧远和尚为师时，以云门祖师语句向师父慧远和尚请教。虽然他不停地向师父请教，一直持续了三个月（“虽叩问勤至垂三月”），慧远师父却没有跟他详尽地讨论与解说，目的是让他自己契悟。一旦盛勤自己得到证悟，慧远和尚便当即向他点明。某一日，慧远和尚一看见盛勤，就对他说：“你已经彻底证悟了（“汝已彻矣”）！”就在其时，盛勤和尚立刻感觉到自己的身体已超越虚空，并且没有感觉到住房（墙壁）等的障碍与阻隔。（“当此和尚顿觉身超虚空，不觉屋庐为阂。”）当回到其站立之处时，却是全身的雨水与汗水，他的悟道经过就是如此的灵验和奇异（“其悟道灵验如此也”）。

后来许多修学禅道之人，仰慕于盛勤禅师，纷纷前来拜他为师（“其后禅之学者。乃蔚然向慕”）。他到达浙江后，就在余杭（今杭州市余杭区）的安乐山上驻锡，弘扬禅之云门宗法。秀州（今浙江嘉兴）在宋仁宗皇祐年前并没有禅居，皇祐初年（1049），嘉禾太守聂公听说他道风淳厚，于是率人前来恭请。盛勤禅师受邀进入秀州传法后，就在秀州盖了资圣禅院，并在此禅院传法十二年，度人无数，影响甚大。《塔铭》载：“秀之人，无贤愚男女风德大化。法侣趋其会者，日不下数百，精庐宗葺僧储充备，而秀有禅居自和尚起也。”资圣盛勤禅师亦由此而得名。

资圣盛勤禅师乃为云门四世，其得法于德山慧远和尚，印可于三角澄公禅师，即为禅宗六祖慧能下之第十世法嗣，也即为中国禅宗的第十六代祖师。《原宗集叙》载：“故曰原宗勤师证法于德山远公。印可于三角澄公。澄远皆云门匡真大师之法孙也。云门秉云峰存禅师。云峰承德山宣鉴。德山续龙潭信。龙潭嗣天皇悟。天皇继石头大师。石头绍庐陵思和尚。思和尚受法于第六祖大鉴禅师。广菩提达磨所传之道。”

舍利现世　法传千载

盛勤禅师在秀州大兴禅法十二年，化度民众，使当地社会风气明显好转，乃其时之真正得道高僧。

嘉祐庚子五年（1060）五月（阴历）壬寅日，盛勤禅师预知时至，示现微疾，端正禅坐，跟弟子们讲说偈语。言毕，即在法座上保持双盘坐姿，闭目进入禅定，涅盘示寂，安详而逝。其当时所说偈语不详，在此谨以《建中靖国续灯录》（卷第二十九偈颂门）所记录的盛勤禅师所说《西来意》五首偈子为示：

君问西来意，春深雨水多。
熊山藏只履，赤脚过流沙。

君问西来意，春风依旧寒。
欲行千界外，举步细须看。

君问西来意，云深差路多。
暖风吹晓谷，明月照烟萝。

君问西来意，巧会隔新罗。
直饶便恁么，鹤入凤凰窠。

君问西来意，迢迢十万程。
举头看北斗，磊磊一天星。

盛勤禅师享世寿六十八年，僧腊（受戒后的年岁）四十二年，行化秀州十二年。因为他的慈悲心肠、应机说法且道法深入人心，其俨然已成为当地民众的精神支柱。得知他入灭的消息，整个秀州的人全都哀痛号哭，情不自禁，就像自己最亲之人过世一样，其场景令人万分感动。《塔铭》有记："以嘉祐庚子之五载仲夏壬寅示微疾。正坐说偈而尽。世寿六十八。腊四十二。……其要道慈德入人最深。故其亡也。秀人倾城号恸。若丧所亲。”象郡之人，身在他乡，有此殊荣，夫复何求？

嘉祐庚子五年（1060）五月己酉日，其弟子遵照佛教礼仪将他的遗体火化。遗体焚毕，出现了许许多多黑、白、红、银、蓝等五色舍利子，数不胜数，令人叹为观止。《塔铭》载：“以嘉祐庚子五月己酉。遵教火之。得五色舍利。绚如不可胜数。”

佛教认为，舍利子的形成与修行者生前的修行有密切关系。舍利子是一个人通过戒、定、慧的修持，加上自己的大愿力所得来的，它十分稀有、宝贵。舍利子常被信徒建塔来供养。

嘉祐壬寅七年(1062)仲秋，秀州民众将盛勤禅师的舍利骨身(或为部分)建塔安放在他曾驻锡过的余杭安乐山上。并请与盛勤禅师“道交相知”、知道他的详细出处(“尤深详得其出处”)、同为广西老乡、时获御封“明教大师”的契嵩禅师为其舍利塔书写塔铭，即流传至今的《秀州资圣禅院故和尚勤公塔铭(并叙)》(收录于《镡津文集》)。高僧写高僧，而成千古之文。

盛勤禅师勤学苦修，善于传承揾升，“聚禅学百家之说”。他选取以佛祖释迦牟尼为始、下至禅宗之云门宗，正法相传的弟子共323人，辑录祖师们最为精华的语录620则，“总一万八千余言”。在他49岁之年，汇编成书，取名《原（源）宗集》，用以指导民众修学佛法。康定辛巳年（1041）农历十月初一，契嵩禅师为其书作序，即为《原（源）宗集叙》(收录于《镡津文集》)，而流传至今。《千倾堂书目》亦载其中。

盛勤禅师一生修禅行化，教化之人数不胜数，其行为及言语在后世佛教典籍中多有记载，如《镡津文集》、《建中靖国续灯录》、《五灯会元》、《续传灯录》、《五灯全书》、《法门锄宄》等等，其修禅法要至今仍为修学之人所参学。在此谨录其一为记：

秀州资圣院盛勤禅师，僧问：“如何是正法眼？”师曰：“山青水绿。”问：“四威仪中如何履践？”师曰：“鹭鸶立雪。”曰：“恁么则闻钟持钵，日上栏杆。”

师曰："鱼跃千江水，龙腾万里云。"曰："毕竟如何？"师曰："山中逢猛兽，天上见文星。"上堂："多生觉悟非干衲，一点分明不在灯。"拈拄杖曰："拄杖头上祖师，灯笼脚下弥勒……"良久曰："水流千派月，山锁一溪云。"卓拄杖，下座。

盛勤禅师的语录，不是用来读的，而是用来品的。或者说也不是用来品的，而是就在那一当下，禅机一闪，佛性即现。其中之奥各人自悟。

盛勤禅师在《雍正浙江通志》、《光绪嘉兴府志》等历代志书中多有记载。《嘉兴历代人物考略》（增订本）亦载："释盛勤，字源宗，元嘉兴资善（圣）寺僧……"就连清康熙皇帝御定卷的《御定佩文韵府》也引录其语。

综观盛勤禅师一生，其身在象郡（象州）26年，异乡行化42载，最终成为一代禅宗大师，舍利真骨却埋于其驻锡行化之地。时至后世，家乡之人却不得而知，感而慨之，诚如契嵩禅师在《塔铭》结语所言：

惟骨殊圆。惟道亦然。
非生非灭。无陂无偏。
惟小夷石泐。而此法常传。

象州西之六祖岩现重光于世，南之回面山（白面、白容山）依旧雄峙江边，象江之水频起波澜，却也是静处深流。我们象州、来宾乃至广西应该记住这位家乡的禅门大师！

附：

契嵩著《原宗集叙》、《秀州资圣禅院故和尚勤公塔铭（并序）》全文如下：

原宗集叙（或名宗原）

象郡勤师聚禅学百家之说。探而取其言之尤至者，次为一家之书。繇释迦如来而下至于云门，抠衣弟子凡三百三十三人，其语有六百二十则，总一万八千余言。书成，命不腆名而叙之。大旨以不循语言生所解会，平常简密而不失其宗者，为得之矣。故曰原宗勤师证法于德山远公，印可于三角澄公。澄远皆云门匡真大师之法孙也。云门秉云峰存禅师，云峰承德山宣鉴，德山续龙潭信，龙潭嗣天皇悟，天皇继石头大师，石头绍庐陵思和尚，思和尚受法于第六祖大鉴禅师。广菩提达磨所传之道。故天下学佛者尊其德，如孔子承周公而振尧舜之道，圣人举其用所以谓教也。大用不可卒究。即文字以为诣，洎乎种智差别法门万殊，复惧后世多闻者过，困学者不及，故释迦如来直以正法授大迦叶，虽示有言说而不迹文字。菩提达磨去如来二十九代，受之东来，人始莫晓，时皆摈弃。及其传至大鉴世且大信，趋学者犹水之沛然就下。噫！像法之季去圣人益远，学者穿凿迷失道真，勤师长为之太息。故楷其宗极，庶几有所正也。是岁康定辛巳孟冬月望日也。

秀州资圣禅院故和尚勤公塔铭（并序）

嘉祐壬寅之仲秋，秀人以故大和尚勤公骨身归塔余杭之安乐山，从始也。其禀法弟子省文儒者闻人安远，乃命契嵩书且铭之。和尚讳盛勤，本姓谢氏。不书其得姓之本末，从释氏也。象郡之寿阳人也。童真出家，北面事象之白容山惟齐禅师。祥符中以诵经中试，遂得落发。其年纳戒于桂管之延龄寺。还白容，会其师适灭，葬已，遂浩然西出，更访其师宗者。和尚天资淳深懿厚，夙有道识，童之时以自发明，遍学衡湘鄢郢老禅硕师，而独大尽玄旨于德山远和尚。初以云门语句请决于远师，虽叩问勤至垂三月，远未尝稍辩尽，欲其自契耳。一旦悟已，诣远质之，远师一见即谓之曰，汝已彻矣。当此和尚顿觉身超虚空，不觉屋庐为阂。复其立处。即遍体雨汗。其悟道灵验如此也。先此，和尚尝师他僧，传习乎安般定法。始授其法，乃席地然顶于其师前，遽有异光上发，圆赫如日，光熄而元略无所损。其师曰：汝最上乘法器也。勉之无以此自尽焉。其感通又若此也。其后禅之学者，乃蔚然向慕。来浙西，混迹于余杭之安乐山。皇祐初，嘉禾太守聂公厚载闻其风，率郡人遂命领徒于此，更十有二年，而秀之人无分贤愚男女风德大化。法侣趋其会者日不下数百，精庐完葺僧储充备，而秀有禅居自和尚兴起也。以嘉祐庚子之五载仲夏壬寅示微疾，正坐说偈而尽，世寿六十八。腊四十二。以嘉祐庚子五月己酉，遵教火之，得五色舍利，绚如不可胜数。度弟子者宗益嗣其法而领众一方，曰省文，曰有昌和尚。平昔尝缀古之语要，目其书曰《原宗集》，而其徒方传之。然其所得之法，实诸佛之秘要，群生之所宗，诸祖之所传者也。非语默可到，然非语默又不能稍发。故和尚莅众接人虽勤教诲，而其语尝简其机缘不烦大较。其要道慈德入人最深。故其亡也，秀人倾城号恸，若丧所亲。诸君以契嵩于和尚道交相知，尤深详得其出处，乃以文见托，虽固亦不得让焉。铭曰：惟骨殊圆，惟道亦然。非生非灭，无陂无偏。惟小夷石泐，而此法常传。

广西著名的禅宗高僧契嵩

◎吴孝斌

在北宋时代，广西有位高僧叫契嵩，乃禅宗云门法嗣，为当时之名僧，曾获皇帝宋仁宗赐“明教大师”称号，其在中国禅宗史上地位殊胜。他为禅门定祖，他整校《坛经》，他是苏轼、欧阳修等大家心往身交之人，他还为出身象州的另一位禅宗大师写叙写铭。有感于此，特对这位广西籍的“明教大师”加以介绍。

契嵩生平

契嵩，俗姓李，字仲灵，号潜子，北宋藤州镡津（即广西藤县）人。生于真宗景德四年（1007），卒于神宗熙宁五年（1072）。七岁时，母亲钟氏将他送到本地东山寺出家。13岁时落发为沙弥，一年后即受具足戒，并开始了“一钵千家饭，孤僧万里游”的游方生涯，遍参名师，以求开悟。

契嵩19岁时，游方到一个叫宁风山的地方。此山住有一位年过百岁而面如处子的奇异女子，名叫姚精严。契嵩走到山上刚好太阳已落山，于是姚氏准许他留宿在庙内。半夜时，契嵩被一阵悦耳清脆的乐曲惊醒，仔细一听，乐声发自庙前的莲花池中。契嵩百思不解，大为诧异。于是请教姚氏是何原因。姚氏回答说：“这是龙王在呼叫，能听到这种声音的人，必定有吉祥腾飞的瑞相。您不久就会名扬天下，快走吧！别在这里停留了。”

契嵩于是“下沅湘，陟衡岳，谒神鼎諲禅师。諲与语奇之，然无所契悟。游袁筠间，受记莂于洞山聪公”，“首常戴观音之像，而诵其号，日十万声，于是世间经书章句，不学而能”。契嵩每天夜晚，顶戴礼拜观世音菩萨法像，并诵念观音圣号满十万声之后，方才上床就寝。自此之后，契嵩智慧之门大开，世间儒佛道等各种经典章句，不学就能窥见大意，通晓要旨。作文时便能得心应手，运用自如。他在江西参云门宗禅僧洞山晓聪门下得法，乃云门法嗣，专意于习禅著书，为当时之名僧。

宋仁宗明道年间（1032—1033年），文学界兴起古文运动的热潮，文人学士大都羡慕中唐文豪韩愈，尊敬儒学，排斥佛教。契嵩禅师针对当时排佛的浪潮，写成《辅教篇》，阐明儒佛二教的思想实质，上奏朝廷，以反驳欧阳修等人的辟佛之说，使上至仁宗，下至文人士大夫无不为之所倾服，轰动当时文坛。

契嵩成名之后，谢绝仁宗和士大夫的挽留，丝毫不贪恋京城的富贵荣华，毅然离京，返回南岳衡山，闭关修道。号“潜子”即是出自此时。不久后，出关云游到杭州灵隐寺，撰写出《正宗记》和《禅宗定国图》两文，再次前往京都开封。契嵩进京后，开封府尹王仲义以礼相待，并代契嵩上奏仁宗皇帝。仁宗得到文章和《上皇帝书》，大为赞叹，传令丞相韩琦和参政欧阳修等人探经考证。既无讹谬之言词，于是下召编入大藏，并褒赐契嵩紫方袍，号“明教”禅师。契嵩面对朝廷封赏，坚辞不受，仁宗不准他推辞，方才领受，留住在京城闵贤寺。时隔不久，契嵩又东游回到杭州，应蔡襄之邀请，居住在钱塘佛日禅院和永安院。

契嵩为人生活俭朴，安贫乐道，平时，他闭门著书，“所居一室，萧然无长物”。

北宋熙宁五年（1072）六月四日早晨，契嵩禅师召集大众，写偈曰：

后夜月初明，吾今独自行；
不学大梅老，贪闻鼯鼠声。

言毕在法座上双盘而坐，闭目进入禅定，僧众四周护持。到午夜时分，涅槃示寂，安然坐化西去。火化后，传说出了红白舍利子，他的颅顶、耳、舌、阳根、佩珠都没有烧去［阇维（梵语，指高僧）不坏者五：曰顶曰耳曰舌曰童真曰数珠。其顶骨出舍利红白晶结。见《灯录》］，被称为“五不坏”真身，葬在故居太平狮山永安院的左边，享年66岁，戒腊53夏。

求道得示

契嵩来到神鼎山，晋谒著名高僧洪諲禅师，向大师求道。宋真宗大中祥符七年（1014）在神鼎山上建资圣寺，寺前有五山环护，后人称之为“五龙捧圣”。洪諲禅师是该寺第一代传人，他来自衡岳，对禅寺规管甚严。

洪諲禅师坐在堂上受契嵩参拜。笑着指庭下两小瓮说：“你来得正是时候！寺里今年才有酱食！”契嵩不明白禅师所指何意。这天晚上一夜未吃粥饭。第二天早上，契嵩以为有粥饭可食，来到膳堂，见一僧人挟着一个大筐取物逐个投入僧钵中。契嵩拿着钵看周围的僧人，有的僧人从钵中取物咀嚼，也有的僧取物后无声而退。契嵩退出膳堂看僧人吃食何物，发现众僧人皆食碎饼饵。他问一老僧为何不煮粥，老僧说：“此寺从来不煮粥！”并说：“这些饼碎也不是常有，是那些富家积有饭锅巴，禅师才叫僧人去取，回来焙干碾碎入库，作为寺中日间食用。”契嵩大惊，他是宁愿吃野果也不愿吃锅巴。

第二天夜晚，洪諲禅师坐在堂上，30多个僧人听其教诲。洪諲禅师领众僧人诵念一轮佛经以后，就开始询问众僧，众僧都是战战兢兢地回答。

当问到契嵩：“你到本寺为何？”契嵩答：“求禅！”洪諲禅师闭着双眼说：“听说你到这里吃不了苦？”契嵩说：“我能吃苦，开始吃不惯饼碎。”洪諲禅师念一声："阿弥陀佛！"众僧肃静无声。

洪諲禅师开眼对契嵩说："我给你一偈语，回去细想吧！"他轻声念道："井底生红尘，高峰起白浪。石女生石儿，龟毛寸寸长。若要学菩提，但看此模样。"

契嵩拜谢禅师赠言。回去睡在木床上，他再读一遍洪諲禅师的偈语，知道他不愿收自己为弟子，连夜穿起袈裟，收拾戒具，悄悄地推开寺门，再次走上寻师学法的路。

契嵩云游一段时间以后，来到筠州（今江西高安）洞山寺，拜晓聪禅师为师。晓聪禅师是韶州曲江人，生杜氏，少依云门寺得度。

晓聪禅师在座上接受契嵩的参拜。晓聪问契嵩："你到本寺为何？"契嵩说："学法求禅！"晓聪禅师随口念一偈：

晨鸡报晓灵，粥后便天明，
灯笼犹瞌睡，露柱却惺惺。

契嵩也回师父念一偈：

勿谓清溪清，长如镜初洗，
须防苟容物，污尔清到底。

晓聪听到契嵩的回偈，击掌笑着说："善哉！佛门有真正的思辨人。你就留在寺内潜心读佛学经典吧！"契嵩叩拜晓聪禅师，诚恳地说："望师父启我悟性！"

晓聪禅师哈哈大笑："悟性来自心中！"

契嵩留在洞山寺，潜心攻读佛学经典，参禅悟道，在晓聪禅师的点示下，他对佛学经典已经运用自如。有一次晓聪禅师召契嵩到禅房，禅房内静寂无声。晓聪禅师问契嵩："释迦牟尼佛陀后传是多少佛祖？"契嵩答："二十四祖。"晓聪再问："有人说禅宗不是宗承，你想过此事吗？"契嵩惊愕："没想过！"晓聪禅师随口念一偈："大地雪漫漫，春风依旧寒。说禅说道易，成佛成祖难。"

晓聪叹口气说：“这件佛门大事就拜托你了！”

契嵩跪在地上说：“弟子悟性极差，难成佛门如此大事！”

晓聪双掌合十地说：“青山依旧，河水常流，佛心坚持，铁柱成针！”

契嵩无言地向师父叩首。

禅门定祖

契嵩生前对禅宗的最大贡献之一，是他为禅门定祖。

在倡导三教合一、儒佛一致的同时，契嵩为确定禅门传承世系亦殚精竭虑。其时，禅宗已流行了两三个世纪，关于菩提达摩到慧能的禅宗六祖之说已成公论，但对禅宗在西土的传承仍说法不一。天台宗僧人也攻击禅宗传承关系不清，菩提达摩不是正统。“谓所传列二十四祖，至师子祖而已矣，以达摩所承者，非出于师子尊者。”针对“虽一圆颅方服之属，而纷然相是非”的局面，契嵩决心“推一其宗祖，为天下学佛辈息诤释疑，使百世而知其学有所统。”于是他“力探大藏，或经或论，校验其所谓禅宗者，推正法所谓佛祖者”……鉴于当时禅门各派对传法世系各依所据，说法不一，争论不休，并为了反对天台宗《法藏传》的二十四祖之说，他依据《宝林传》等禅门著作，确定禅宗印度世系为二十八祖。为此，他写了三本书，除上述《传法正宗记》之外，还撰有《传法正宗定祖图》和《传法正宗论》。

陈舜俞撰《镡津明教大师行业记》中说：“仲灵之作是书（《传法正宗记》等），慨禅门之陵迟，因大考经典，以佛后摩诃迦叶独得大法眼藏为初祖，推而下之，至于达摩为二十八祖，皆密相付嘱，不立文字，谓之教外别传者。”这就是说，禅门的传法，可以一代一代地上溯到迦叶。佛传迦叶，是以心传心，代代相传，到第二十八代是菩提达摩，史称西天（印度）二十八祖。达摩来华之后，为中国的佛祖，又代代相传，到了慧能为中国的第六祖。六祖以后，不再单传。正如契嵩在《传法正宗记》中说：“正宗至第六祖大鉴禅师（慧能），其法益广，师、弟子不复一一相传，故后世得各以为家……”契嵩写这本书的目的，说明教外别传的禅宗，是有来历的。此书一出，真正起到了“扶持正宗，排斥异说”的作用。契嵩的西天二十八祖之说，成为禅宗祖系传承的定论载入史册，对后世讲述禅宗史影响很大，意义深远。

整校《坛经》

契嵩生前对禅宗的另一最大贡献，就是整校《坛经》。《坛经》，亦称《六祖坛经》、《六祖大师法宝坛经》，主要记载慧能大师一生得法传法的事迹及启导门徒的言教，内容丰富，文字通俗，是中国佛教著作唯一被尊称为“经”者，也是研究禅宗思想渊源的重要依据。

但《坛经》在流传过程中出现了诸多流失或变异，契嵩多方寻找，得到曹溪古本进行整理核校，写成三卷。宋吏部侍郎郎简所撰《六祖法宝记叙》一文称：

> 然六祖之说，余素敬之，患其为俗所增损，而文字鄙俚繁杂，殆不可考。会沙门契嵩作《坛经赞》，因谓嵩师曰：“若能正之，吾为出财，模印以广其传。”更二载，嵩果得曹溪古本校之，勒成三卷，灿然皆六祖之言，不复谬妄，乃命工镂板，以集其盛事。

书名称《六祖大师法宝坛经曹溪原本》，最早印本是北宋仁宗至和三年（1056）刊行。

因此现流通中的《坛经》有契嵩本，又称曹溪原本。后世的宗宝本及德异本等也都是以契嵩本为基础而成。

苏轼、欧阳修心往身交

契嵩禅师以“心”而融合了儒、佛与百家，与苏轼所主张的三教（儒、释、道）调和论可谓见解一致，只可惜两人相谈的机会不多。苏轼于宋神宗熙宁四年（1071）到杭州任“通判”。此时契嵩禅师正隐于杭州灵隐寺，他在苏轼到杭州的半年之后就死于杭州的灵隐寺，但苏轼受他的“三教合一”影响很大，一代高僧与一代文人的“心”是完全相融的。苏轼写过一篇《故南华长老重辨师逸事》，对契嵩的生平有所描摹：

契嵩禅师常瞠，人未尝见其笑；海月慧辨师常喜，人未尝见其怒。予在钱塘，亲见二人皆趺坐而化。嵩既茶毗，火不能坏，益薪炽火，有终不坏者五。海月比葬，面如生，且微笑。乃知二人以瞠喜作佛事也。世人视身如金玉，不旋踵为粪土，至人反是。予以是知一切法以爱故坏，以舍故常在，岂不然哉！

宋仁宗明道年间，宰相韩琦和欧阳修非常要好，常常在一起议论朝廷大事，褒贬古今风流人物。欧阳修名列“唐宋八大家”之一，在中国文化史上占有一席之地。他对佛教颇有微词，极好责贬，认为当时的出家人皆是平庸之辈，无所大用之流，因而时常和同僚们在一起愤然地加以议论和抨击。一天傍晚，韩琦又来拜访欧阳修。两人畅谈之余，韩琦拿出一篇题为《辅教篇》的文稿，请欧阳修鉴赏。欧阳修就着烛光，一口气读完全文，惊奇万分，拍案叫绝，异常激动地对韩琦说：“哎呀！真想不到出家人中还有这等奇特人物。明天，韩相同我一道去见识见识如何？”韩琦说：“我也正有此意，理应如此！”第二天一早，韩琦同欧阳修一道前往拜会《辅教篇》的作者契嵩禅师。他们一见如故，畅谈终日不愿散去，真是相见恨晚。从此以后，自宰相韩琦以下的文人士大夫，莫不争相拜谒，于是，契嵩的名声大振于京都开封，远播于五湖四海。

契嵩通贯儒佛，勤于修持，著作甚丰，有《镡津文集》、《嘉祐集》等共百余卷。历代文人墨客、高僧大德无不对契嵩大加推崇。契嵩在中国佛教思想发展史上，具有崇高的地位。作为广西人，我们应该记住他。而他对北宋时期出身于象州的著名禅师的记载，却又为我们象州增添了一个鲜活的人文故事，由斯忆起，意义悠长，容后再说……

从茶圣陆羽话象州千年茶禅文化

◎吴孝斌

特别提示：唐代茶圣陆羽在《茶经》中对“象州茶”给予高度评价。唐代的象州为州郡，辖境约为今来宾市象州县、武宣县及金秀县的部分地方。

茶叶的饮用在中国历史上由来已久，古史就有“神农尝百草，一日而遇七十毒，得茶以解之”的传说。而象州之茶，古早驰名，《象县志》载：

象地宜茶，载于陆羽茶经，洵非虚构。盖本县境内，皆可种茶，而所产茶叶，以色香味三者言之，实不让各地名种。

故欲谈象州茶，必从茶圣陆羽《茶经》说起。

茶圣陆羽的传奇一生

陆羽（733—804），字鸿渐，一名疾，字季疵，号竟陵子、桑苎翁、东冈子，其一生富有传奇色彩。他原是个被遗弃的孤儿。唐开元二十三年（735），陆羽三岁，被竟陵（今湖北天门）龙盖寺住持僧智积禅师在当地西湖之滨拾得。智积禅师占《易》得《渐》卦，卦辞曰："鸿渐于陆，其羽可用为仪。"于是按卦词给他定姓为"陆"，取名为"羽"，以"鸿渐"为字。陆羽在黄卷青灯、钟声梵呗中学文识字，习诵佛经，还学会煮茶等事务。但他不愿皈依佛法，削发为僧。禅师就用繁重的"贱务"磨炼他，迫他悔悟回头。要他"扫寺地，洁僧厕，践泥污墙，负瓦施屋，牧牛一百二十蹄"。十二岁那年，他逃出龙盖寺，到一个戏班子里学演戏，做了优伶。他虽其貌不扬，又有些口吃，但却幽默机智，演丑角很成功，后来还编写了三卷笑话书《谑谈》。唐天宝五载（746），竟陵太守李齐物在一次州人聚饮中，看到了陆羽出众的表演，十分欣赏他的才华和抱负，当即赠以诗书，并修书推荐他到隐居于火门山的邹夫子那里学习。天宝十一载（752）礼部郎中崔国辅贬为竟陵司马。是年，陆羽揖别邹夫子下山，后与崔国辅相识，两人常一起出游，品茶鉴水，谈诗论文。天宝十三载（754）陆羽为考察茶事，出游巴山峡川。一路之上，他逢山驻马采茶，遇泉下鞍品水，目不暇接，口不暇访，笔不暇录，锦囊满获。唐肃宗乾元元年（758），他来到丿州（今江苏南京），寄居栖霞寺，钻研茶事。次年，旅居丹阳。唐上元元年（760），他从栖霞山麓来苕溪（今浙江吴兴），隐居山间，阖门著述《茶经》。期间常身披纱巾短褐，脚着藤鞋，独行野中，深入农家，采茶觅泉，评茶品水，或诵经吟诗，杖击林木，手弄流水，迟疑徘徊，每每至日黑兴尽，方号泣而归，时人称谓今之"楚狂接舆"。唐代宗曾诏拜陆羽为太子文学，又徙太常寺太祝，但他都未去就职。

陆羽一生鄙夷权贵，不重财富，酷爱自然，坚持正义。他一生嗜茶，精于茶道，所著的《茶经》是世界第一部茶叶专著，被誉为"茶仙"、"茶圣"。《全唐文》、《隆兴佛教编年通论》、《佛祖历代通载》等都有他的传记。

《茶经》将"象州茶"列为全国名茶

陆羽所著的《茶经》，是中国乃至世界现存最早、最完整、最全面介绍茶的第一部专著，被誉为“茶叶百科全书”。全书分上、中、下三卷共十个部分。其主要内容和结构为：“一之源、二之具、三之造、四之器、五之煮、六之饮、七之事、八之出、九之略、十之图。”

其中“八之出”是指茶叶的主产区，陆羽在茶经中对“山南、淮南、浙西、剑南、浙东、黔中、江西、岭南”这个八个地区的茶叶进行了点评。当时“象州茶”在岭南地区乃至全国已是很有名气，《茶经》特别指出了“岭南生福州、建州、韶州、象州”。由此可知象州是当时岭南地区（广东、广西、福建一带）四大茶叶主产区之一（唐代的象州为州郡，辖境大致为今象州县、武宣县及金秀县的部分地方）。

因为行程的局限，陆羽当时未能实地到达岭南地区进行详细考察，但他有时还是得到了一些象州的茶叶，还亲自对其进行过品尝，觉得味道极好而给予了高度的评价。《茶经》中有记：“其恩、播、费、夷、鄂、袁、吉、福、建、韶、象十一州未详，往往得之，其味极佳。”

象州与柳州相邻，唐元和元年（815），唐朝柳宗元任柳州刺史时，曾赋诗描述当时茶叶加工情景：

南州溽暑醉如酒，隐几熟眠开北牖。

日午独觉无余声，山童隔竹敲茶臼。

茶禅相融为时尚

自佛教禅宗兴起，就与茶结下不解之缘，而陆羽本身即出自禅门，一生与佛禅渊源甚深。唐代封演在其《封氏闻见记》中称茶：

南人好饮之，北人初不多饮。开元中，泰山灵岩寺有降魔师，大兴禅教。学禅，务于不寐，又不夕食，皆许其饮茶；人自怀挟，到处煮饮，从此转相仿效，遂成风俗。

禅门大师赵州和尚著名的偈语就是“吃茶去”。宋代高僧圆悟克勤以禅宗的观念和思辨来品味茶的无穷奥妙，挥毫写下了“茶禅一味”。

“茶”泛指茶文化，可品人生浮沉。而“禅”是“禅那”略称，意为“静虑”、“修心”，能悟涅槃境界。“一味”之说则是指茶文化与禅文化有共通之处，这个共通之处在于追求精神境界的提升。正可谓尘心洗尽兴难尽，世事之浊我可清。

而佛（禅）文化自唐代时已传入象州，象州六祖岩是禅宗六祖慧能大师的隐修之地。在象州西山寺旧址出土的佛寺瓦当，经四川大学历史文化学院考古专家的鉴定，是为唐代文物，由此可知当时的西山寺为唐代佛教禅刹。陆羽《茶经》所记，广东仅有韶州（六祖慧能的长期弘法及舍利真身所在之地），而广西却也独有象州（六祖慧能的隐修之地），可谓奇罕！此正是茶禅一味。或许正是禅文化的传播，助推了唐代象州茶叶的发展，也可谓相得益彰。

唐宋时期佛教在象州已广为流传，当时已有东山寺、南山寺、西山寺、北山寺、报恩寺、长峰寺等多家寺院。而象州在唐宋时期作为朝廷的主要迁谪流寓场所，吸引了诸如薛仁贵、韦挺、张庭坚、王安中、孙觌、胡梦昱、王世则等众多历史文化名人的到来。他们与本地文人雅士品茶、饮酒、作诗，成为时尚，更是促进了象州茶禅文化的发展。乾隆年间蒋日莱编《象州志》载：“谢洪，宋安仁乡人，弟泽俱登进士第……家于南门城外，有谢氏园，开扶疏堂，士大夫南迁者，如王初寮孙仲益皆借寓，题咏满壁，风雅冠时。”

想当年宋代著名文人孙觌（字仲益）被贬象州，时游南山寺，就在与禅师品赏“象州茶”、饮本地酒之时，兴趣顿起，当即挥笔写下《南山寺》(二首)：

千丈云根荫此邦，沉沉寒影卧秋江；
潭空映日苍虬动，烟暖翔沙白鹭双。
梦觉滩声喧客枕，吟余竹色满僧窗；
诗成叫绝层楼上，听我洪钟万石撞。

安心是乐本非禅，遇胜欣然意所便；
嚼蕊拈花身老矣，穿林渡水思茫然。
行逢酒伴操觚去，倦憩僧房借榻眠；
寄语后来问津者，人中今是地行仙。

或许正是受此茶禅文化的影响，在宋代之时，从象州走出了一位著名禅师，即云门宗四世盛勤禅师，笔者以前曾写过专文介绍，并在广西《文史春秋》上公开发表。

象州区域茶叶的后续发展

时代的变迁，特别是太平天国运动的破坏，象州到了近代，佛禅文化已大不如前。大象州区域的茶叶也是时过境迁，但仍持续保持茶叶的生产。据民国三年（1914）《武宣县志》“茶之属”载，其主产为“紫荆茶、庙王茶、古琶茶。紫荆茶，每斤四角，行销县属及桂平以下各县。庙王茶，每斤三角，行销县属及象州以上各县。古琶茶，每斤四角，行销县属及象县”。民国三十七年（1948）《象县志》“茶之属”载：

……本县境内，皆可种茶，而所产茶叶，以色香味三者言之，实不让各地名种，但制藏之法尚未讲求，稍隔数月，香味俱失，以致不能大量生产，畅销远处，甚可惜耳。目今近城寺村两乡，产茶较多，明火细茶，每斤约银毫五角，粗茶半之，其特佳者，中平乡有青山茶，色黄绿，味香滑，大樟乡有东温茶，瑶山中有瑶茶，色微红，极促消化，隔宿其味不变，但产额不多。

由上可知，古代象州茶叶产区主要是在大瑶山山脉附近（即今象州、武宣、金秀区域），与现在还在正常生产的象州县妙皇（古称庙王）的“古琶茶”，武宣县“双髻龙茶”、“金龙茶”，金秀县“青山茶”、“东温茶”等相传承。在茶叶加工贮藏技术已经非常先进的今天，象州、武宣、金秀三县应在恢复和弘扬传统文化（旅游）的同时，进一步深化茶叶的生产、加工和营销，才不辜负茶圣陆羽《茶经》所记。

同时，在物质已极大丰富的今天，我们的精神文化生活也应加以提升，诚如陆羽所作：“不羡黄金罍，不羡白玉杯；不羡朝入省，不羡暮登台；千羡万羡西江水。”品茶论禅修心吧！

象州东山古刹略考

◎吴孝斌

当年在高中就读之时，班级就曾组织上学校之后的东岗岭（东山）上搞活动。参加工作以后，又居住在东岗一侧，得空时日上东岗健身渐成了必修课。自去年在对面的西山发现了“六祖岩”遗迹之后，因研究之需首先从古代志书上开始接触东山古寺，后来又到实地考证，并持续对其中石刻文物加以关注和研究，终于得窥一二。

东山古刹概况

东山古刹在象州县城东面约1公里的东岗岭顶，旧为佛教圣地，古建筑颇多，是为古代象州八景之一的“东岗夕照”景点，背靠悬崖，正对象江对面的西山。

古刹不知何年被毁，现野树长草相伴，很是荒凉。但古建筑之砖瓦犹存，“寂照庵”之天然石窟令人叹为神奇，石窟旁下石窿之水历久不干。在古址之上共有古代摩崖石刻四方：

“寂照庵”石刻，高0.38米、宽0.16米，在天然石窟之上刻“寂照庵”三字，楷书。

“张唐辅诗”石刻，刻于仁寿院遗址石壁，为宋张唐辅所作。分诗与跋语两部分，均为楷书。诗高0.65米、宽0.90米，诗文为：

象山秀拔倚清穹，宝刹禅关占四峰；
东北岭头千桧竹，西南崖表万杉松。
楼台掩映高低起，殿阁参差上下重；
我愧不才叨假守，公余时喜一游从。

跋高0.60米、宽0.65米，楷书：

象州东西南北四山，四禅刹最占佳胜，公暇喜一寻访。元丰辛酉仲夏二十二日，因为诗刻于仁寿院之崖壁。曲江张唐辅。

“题象州东山寺”石刻，此与“张唐辅诗”石刻相边并列，楷书。字相对模糊，但多数文字尚依稀可辨。其全文为：

题象州东山寺二诗。□奉（峰）□□□曲江张唐辅。天然庵□古竹□□□□□□□清全洞乾坤□□就不劳斤斧□磨成有洞□□□□列□付□灯□续明□国高文新刻石□书寂照纪嘉□。右寂照庵。地胜亭高倚翠微自然佳景四□□千重野木成林□一径□岩石扉瓶锡云游僧到数尘埃路远俗来□□邀□□时登当日入□□未忍归。右自然亭。宋元丰辛酉仲冬十一日书。

“张唐辅许彦传游”石刻，距诗、跋边约30米，楷书，高0.45米、宽0.75米。全文为：

太子中舍曲江张唐辅，著作佐郎始兴许彦传，元丰三年庚申六月同游。

以上显示，此四处摩崖均为北宋元丰年的石刻文物，距今已有930多年。虽饱经风霜，却也从另一侧面反映了古代象州佛教文化传播情况。古代志书对象州东山寺也是早有记载的，宋代地理志《舆地纪胜·岭南西路·象州》载：“东山寺，在城东五里，寺后有亭，名秋屏。”

由上可知，象州东山寺至少在北宋年间（或可能早至唐代）就已存在，并且还是禅宗的寺院，历史甚是久远！东岗岭摩崖石刻1990年7月被列为县级文物保护单位。

张唐辅与许彦传

以上石刻内容多与张唐辅有关，而当时与他共同游览的许彦传又是何方神圣？经仔细查阅相关历史资料，找到有关他们两人的一些零星材料：

宋代吴曾撰《能改斋漫录》（卷四〇《辨麈史载张曲江燕翼无似》）中有：

有朝请张君唐辅，来守安州，盖曲江人也，自称九龄十世孙。皇祐间，侬智高乱岭南。朝廷推恩，凡名举人者，悉官之，无虑七百人，唐辅在其中。

象州旧志“宋秩官表知象州”中有“张唐辅，字元礼，元丰年间任”。

《广西通志》（清嘉庆五年谢启昆编）中有“张唐辅，曲江人，唐张九龄十世孙，元祐间知梧州”。

《苍梧县志》载：“元祐年间（1086—1093年）梧州知州张唐辅创建梧州府学于冰泉北，设苍梧县学于北门内。”

广东韶关《始兴县志》（民国十五年）卷三《选举志·选贡》载：“宋。张唐辅，九龄十世孙。”卷三《选举志·进士》载：“许彦传，致之子，登治平丁未榜，官枢密使。”

由以上之寥寥数句的历史记录可知，张唐辅生于北宋时代，字元礼，广东曲江地区始兴县人，是唐代名相张九龄的十世孙。皇祐年间（1049—1054

年)，侬智高在岭南造反，朝廷推恩选贡，张唐辅获选，而得至安州（今钦州）为官。后于元丰年间(1078—1085年)任象州知州，元祐年间(1086—1094年)任梧州知州，在梧州期间创建了梧州府学。

而许彦传则出身书香名家，其父许致亦为进士。许彦传在北宋治平四年（丁未，1067年 ）考中进士，最后官至朝廷枢密使。宋元丰三年(1080)六月，身为象州知州（郡守）的张唐辅和时任著作佐郎的老乡许彦传同游东山寺，高兴之余，刻石留下了“太子中舍曲江张唐辅，著作佐郎始兴许彦传，元丰三年庚申六月同游”。

张唐辅在象州的其他印记

在北宋元丰年间，张唐辅就任象州知州（象郡太守）。他到任后，在公务之余，对象州的风景名胜一一参访。特别是对于州城附近的东西南北四山之上的禅刹逐一参访。除了以上的东山有石刻留下外，在西山亦有痕记。

当年张唐辅到访西山后，访六祖岩，拜六祖圣像，听闻到六祖在此隐修的往事，并看到六祖隐修遗迹，当即心情激动，手书一诗并“勒诗于石”。明正德年间所作的《重塑六祖圣像碑记》记有：

象郡西山有岩，曰六祖岩，中有圣像，昔人所塑也。郡人云：昔六祖南庇藏于此，信祀之也。宋元丰时，郡守张公唐辅勒诗于石，明我祖秉佛之旌旄，传之心印，详且尽也，不复须矣。

可惜张唐辅当年所作之诗刻今已丢失，但碑记中有赵宗明“复步张公(唐辅)之韵”而作之诗：

灯传六世胤黄梅，五叶舒花有自来。
释部藩篱蒙祖辟，空门锁钥赖师开。

山头慈再濡萌蘖，岩底穹碑翳藓苔。
景仰遗形闲遣兴，尘襟尽洗净无埃。

由赵诗可以大致推测出，张唐辅当年所作之诗，亦是一首七言八句描写称赞六祖慧能的诗文。

张唐辅还在今象州县中平镇谢官村留下记录。宋朝著名地理总志《舆地纪胜》卷一百五《岭南西路·象州》有记：

长峰院，在阳寿县东。宋元丰乙丑，太守张唐辅游焉，赏其水亭之胜，有“一派平分三涧绿”之句，名之为三溪阁。院之胜，阁据其要，盖三溪直前若鼎足，分布堂皇，浩浩涵虚，漱玉浮光，气象千变万状，俞见而俞不穷。

长峰院，后称长峰寺，在今中平镇谢官村旁，宋元丰乙丑（1085）张唐辅曾游并写文字“一派平分三涧绿”、“三溪阁”等。笔者前去探访，其寺已废，但遗址仍存，在其地上发现有宋代的瓷器（宋代青白釉碗），现尚有清代雍正年间重建长峰寺石碑记。

东山古刹成为象州古八景之一

或许正是张唐辅即兴之作，给我们探寻象州历史打开了方便之门。到了明代，广东总兵、前军都督、一品将军孟宗文曾在东岗岭修建休休亭，清代同治年间《象州志》有记：“休休亭，在东岗岭下，距城四里许，明总兵孟宗文建，久圮。”

东山古寺后来成为象州古八景之一，是为“东岗夕照”。明代秦宏智《象州八景总题》有“遥连夕照过岗头”之句。清代江容淮作有《东岗夕照》，诗为：

红霞一片映依微，倒映层岗夕照辉。
群岫空明穿洞壑，疏林光影碎珠矶。
村圩牧竖趋牛返，绕树鸦雏傍母飞。
日落晖残风淅沥，寒烟遥起四山围。

遗憾的是，前些年组织重建的东山寺却是异地另建。而古址古迹至今仍掩没于风霜雨露之中，令人叹息不止，由是深感文物保护之重要。诚如习近平总书记之言，要增强对历史文物的敬畏之心，要挖掘其文化内涵，真正让文物说话，还需更大的努力！

象州雷山寺历史略考

◎吴孝斌

雷山寺位于象州县东部的百丈乡境内，1997年恢复重建，是“文革”后落实宗教政策象州县恢复的首个佛教活动场所。其地风水特佳、林木苍翠，鸟语花香，环境宜人，寺后有口清泉，当地人称“米泉”。现任主持为道品法师，禅门弟子，长期于此寺行持修行，护修禅寺，笔者有缘曾在百丈乡工作过，与其相识已有十五年。但对雷山寺的历史，世人所传不一。今寺再次扩建，应道品法师之约，笔者根据自己所掌握的历史资料略加考研而整理成文。

寺名缘于雷山

雷山寺因其地处雷山而得名。雷山，也称雷隐山，是象州县境内的一座名山。宋代国家地理志《舆地纪胜》(王象之著)记载：“雷山，在阳寿县东百里，旧经云：‘雷雨皆从此山起。’”明代《天下一统志》记载：“雷山，在象州东六十余里，《风土记》云：‘天欲雷雨，则此山先有云雾。’”《大明统一名胜志》记载：“……又二十里，曰雷山，莫休符《风土记》云：

‘天欲雷雨，则此山先有云雾。’”乾隆年间《象州志》记载：“雷隐山，在东乡里，《风土记》云：‘天将雨，则此山先有云起。’”

寺之始建时间存疑

雷山寺的始建时间，说法不一。雷山下的大满村（其上有云溪寺古建筑）有群众说，云溪寺始建时间先于雷山寺。而在网络上搜索象州雷山寺，有说其始建于唐代（631年），是象州县境内现存的最古老的宗教旅游胜地。但笔者目前遍寻史料，找不到其出处，唐代（631年）之说从何而起？

目前雷山寺现存的最老碑刻是清道光六年（1826）重建雷山寺所记，其文为：

……象郡一名境也。其山如端人正士，振衣挈领垂笏端然而坐。马山半有雷塘庙地，志以为兴云气作雷雨，邑人祷之辄应，唐柳宗元尝游于此，后人改而为寺。其地龙蟠虎踞，林木阴翳，泉流涓涓，百鸟鸣于上，时卉陈于下，游其地者令人俗念为之一空。至于极目骋怀，则俯视田原万顷，乡烟四起，圣塘面于东，大樟、东堡二河注于南，马鞍、巴除、双告峙于北，春夏秋冬之气变化不同，乐哉！其胸罗万丈乎！以故，邑之士大夫骚人逸士僧道工贾以及远近男女，或慕其灵应，或爱其幽闲，或喜其高旷，无不集于此，此固通郡之所共，而非一人之得私也！顾其寺建已，以其后重修者不止一人，至今维有历年，尽不无崩塌颓剥之虞，马微论无以楼神，至斯地共睹远亦觉无色，是不能不有望于踵事增者矣！然大厦非一木所能支，所愿诸君子好善乐捐，共享美誉，使斯寺焕然一新，则灵益著其灵，异更昭其异，而名之寺永垂不朽，是为序。

……大清道光陆年岁次丙戌孟冬月榖旦缘众首立。

此道光年间的重修碑记只是说明此地原是雷塘庙，用作祈雨之用，后来改为佛寺，具体的时间也未点明。

清代象州著名文人郑献甫对此也有研究而发出感言。他在其所写的《募修雷山寺疏》中有："吾州之东有山曰雷山，其上有寺曰雷山寺……前时修建者无所考，碑记者又不甚详，故无由得其创造兴废历世之迹。"在《重修雷山寺碑记》中他又写道："……界州之半，居山之巅，则有雷山寺在焉，刱（创）始何年？肇修何人？旧碑不存，其踵而增者奉神不典。"

根据笔者目前所掌握的史料推测，雷山寺的始建时间应该是在清代乾隆二十九年（1764）之后。因为在清代乾隆二十九年以前的历史资料中，关于雷山（雷隐山）的记载比比皆是，但是却找不到有雷山寺的任何记载。现存记录有佛教建筑最早的志书是宋代的《舆地纪胜》，其《岭南西路·象州》中记载有东山寺（仁寿院）、南山寺、西山寺、北山寺、报恩寺、长峰院（后称长峰寺）等六处佛寺，但并没有雷山寺之记。而在成书于乾隆二十九年的《象州志》中，"白面山（回面山）"之"南山寺"、"北山"之"北山寺"、"西山"之"西山寺"、"马鞍山"之"马鞍寺"、"独崖山"之"独崖寺"，以及州城的"景德寺"、"寂照庵（东山寺）"、寺村的"寺村寺"、谢官的"长峰寺"等均有记载；而雷（隐）山在此志书中也作为名山而记载，但却未发现其上有雷山寺之记。雷山寺最早出现于志书是在清代同治年间的《象州志》，其记为："雷山寺，在雷山上，毁于贼，同治初乡人重建修。"

由上，笔者认为：雷山寺始建时间在清代乾隆二十九年（1764）之后，现已知在道光六年、同治初年及1997年进行了三次重建修复。

柳宗元是否曾经到过？

雷山寺历史的第二个疑问是唐代柳宗元是否到过？尽管道光六年的重修碑记有"唐柳宗元尝游于此"之句，但对此也是有质疑之声的。

考有关柳宗元的文史，其所写的《柳州山水近治可游者记》中有："雷山，两崖皆东面，雷水出焉。蓄崖中曰雷塘，能出云气，作雷雨，变见有光。祷用俎鱼、豆彘、脩形，稰稌、阴酒，虔则应。”他还作有《雷塘祷雨文》。但上述文史记载所说这位唐代名人到过的雷山、雷塘是在柳州境内，即今柳州市龙潭公园内。或许正是“雷山”、“雷塘”、“祷雨”等相同的词语，会让人想到即此象州之雷山。

对此，治学严谨的郑献甫当年也是深有体会，在其所作的《丁未正月廿二日携侍者游雷山寺参佛题壁》中有：

元和年间柳州守，屐齿闻印河东公；
讹言未敢作实录，携笻挟策趋灵宫。

他认为时任柳州刺史柳宗元（世称“柳河东”或“河东先生”）至象州雷山的传闻是“讹言”，所以不敢做实录，所以在其后来所写的《募修雷山寺疏》及《重修雷山寺碑记》中都没有记录此事。

不管真相如何，柳宗元这位唐代大腕却因“雷山”而与此地结缘并流传至今，这或可说就是文化的极大魅力。

郑献甫对雷山寺情有独钟

郑献甫（1801—1872），象州县寺村乡白石村人，清代道光十五年（1835）考中进士，任刑部主事，后辞官从教，主要在广东、广西两省从事教学，著作甚丰，被后世誉为“岭南才子”、“两粤宗师”。

道光二十七年（1847）正月廿二日，时年47岁的郑献甫与其学生（兼侍者）石建渠策马而上，到雷山寺参访。仰望雷山之巍，见佛寺地处佳境。寺后之“米泉”既可直接饮用，还可灌溉寺前的数亩田地。观景、寻古、参佛之后，献甫诗兴大发，当即挥毫泼墨，写下一诗，即《丁未正月廿二日携侍者游雷山寺参佛题壁》。诗为：

象台一郡迤而东，雷山一案横当中。
其高千丈广十里，出云兴雨常濛濛。
山腰数亩足稼穑，山间一涧穿玲珑。
灌田以外代汲井，神力人力皆无功。
寺门远荫松叶绿，僧厨近泛桃花红。
元和年间柳州守，履齿闻印河东公。
讹言未敢作实录，携筇挟策趋灵宫。
长林蔽空翳慧日，细麦夹路摇春风。
红裙翠袖亦随喜，纖手侠拜明深度。
菩萨非顽儿女巧，吉语探神籤机筒。
维桑许作三日宿，斟桂那厌千杯空。
山光水光落吾目，画手难拙诗心工。
涂墙污壁纵遭骂，笼纱拂袖将毋同。
戏呈佛坐佛应笑，投笔四顾行匆匆。
寻幽他日倘重到，爪痕好认东飞鸿。

1850年，清咸丰帝即位，而洪秀全在广西开展了轰轰烈烈的太平天国运动。太平天国宣布“凡一切孔孟诸子百家妖书邪说者尽行焚除，皆不准买卖藏读也”。象州作为太平军的主战场，太平军所到之处，毁坏寺院庙宇、塑像和祭器。象州雷山寺也逢此浩劫，寺被烧毁，出家僧亦逃亡他处。

到了清同治三年（1864），当地的善人黄瑞和看到雷山寺的破败情况，计划重新修建，又在梦中得到感应，于是他在百丈墟一带倡议募捐重修雷山寺（他后来又领头重修了象州云溪寺及乾宁寺）。为做好募捐的宣传发动工作，黄瑞和找到郑献甫请求帮忙。献甫欣然答应，挥笔写下了《募修雷山寺疏》。其全文为：

吾州之东有山曰雷山，其上有寺曰雷山寺。有田以膳僧，有水以溉田，有穴以出水。故名胜地也。见王象之《舆地纪胜》及乐史《太平寰宇记》。前时修建者无所考，碑记者又不甚详，故无由得其创造兴废历世之迹。咸丰改元，吾乡多故，寺遂圮，僧亦逃，寂无香火者久之。同治三年，百丈一墟倡议募化重建，使献甫为之引。前年丁未正月，献甫曾诣其寺饮香花一杯，作空桑三宿，寄意尘外，题诗壁间，所谓“象台一郡迤而东，雷山一案横当中。其长十里高百丈，兴云降雨常濛濛”者也。山既素著，寺宜亟建。考道家所聚曰观白鹤是也，佛家所寓曰白马是也。堂中祀诸佛，后有方丈，前有山门，左右有廊宇。或祀阿罗汉、或祀观世音，皆梵宇也。不知者乃于其间祠汉关壮缪，又于其间祠梓潼神。其尤僭谬无礼者，妄以孔子列座，几如村塾作闹，是皆宜更新，不必由旧者也。惟工程浩大，一木一石由其麓升举，非借众力难以独成。伏冀四方善知识、一时大檀越，当仁不让，见义必为，宏开有漏之因，共作无遮之会。乐捐若干，谨列名下，落成一一标记。并求苦行老僧作开山大士，无使俗缘溷焉。兹定于五月之吉兴工，十月之交竣事，希为踊跃，曷胜祷祈！

此疏。

有了郑献甫募修文的支持，四方信众更是积极捐资捐物用于寺的重建。经众人的努力，雷山寺在当年即完成了恢复重建工作。

当年年末，时年已64岁的郑献甫，再次与其学生石建渠策马而至雷山寺，目睹重新建成的雷山寺，他感慨万分，当即又写下诗作《小除前一日至雷山寺游眺》(二首)。诗为：

（一）

筮蓍得小过，采药饶远志；
遂先雨水节，言访雷山寺。
眼前山丛生，顶上水洊至；
后址续前址，光景了无异。

堂无新召僧，壁有旧题字；
徘徊不能去，游趣本游戏。
鸦从树外归，马向门前系；
重结一段缘，翠竹黄花地。

（二）

日脚散平林，虹腰跨远水；
上山复下山，马声嘶不已。
游山如读书，领略各有以；
眼光纵其巅，足力健其址。
名甥速诸舅，意欲援而止；
（时有外甥陈学恭欲止宿其家）
来日当祭灶，酒食洽邻比。
佛法恋空桑，人情怯行李；
归来将黄昏，往返六十里。

而两次陪同郑献甫前来的石建渠，亦非等闲之人。石建渠，字汉章，象州大井村人，是象州另一历史文化名人石鸿韶之伯父，清代贡生，后任阳朔县学训导，恩赐副榜。看到郑献甫的诗，石建渠当即也写下二律，即《小除前日从小谷师游雷山寺二律》（收录于民国三十七年《象县志》）。诗为：

（一）

我侍郑夫子，言从谷口来；
岭梅残腊尽，山门一扉开。
焦土嬴秦火，新模般若台；
满檐金碧气，凝眺自徘徊。

（二）

水带一条白，烟鬟几叠青；
到门烦鹤引，讲法有龙听。
泉水闻流米，山田欲泛萍。
（传先时泉穴有米流出）
此行非采药，何用劚参苓。

出于对雷山寺的特殊感情，应黄瑞和之请，郑献甫又写下了《重修雷山寺碑记》：

吾州城西限以柳水数十武而近，城东限以雷山数十里而遥，界州之半，居山之巅，则有雷山寺在焉。创始何年？肇修何人？旧碑不存，其踵而增者奉神不典。

咸丰改元，乡里多故，寺遂毁。山址有居人黄瑞和者，寒士也，睹其破败，欲为修建，梦中适有所感，乃起而募之。众有不足，又退而毁其业，卒使规划无改，而轮奂有加焉。前为山门，中为佛殿，旁为两厢。山之半有田数亩，山之巅有水一穴。水足以灌田，田足以赡僧，僧足以住持。略为经理，即复前规，而后来之香火更胜矣。一石一木，皆自下而上；一砖一瓦，皆易旧为新。乡人踊跃从事，未曾改岁即已落成，固佛之灵，亦山之幸也。

献甫于丁未新正曾携侍者游旧寺，至今甲子嘉平又与同人来观新寺。喜旧迹之未湮，而新模之益焕也。因援笔为之记。兴工于某年某月日，观成于某年某月日，计工若（干）有奇，赀费若（干）有奇。董事及捐赀各列其名于后。

另外，以前的雷山寺门联“脚踏鳌头惊北斗，手持毫管破南天”，百姓相传也是郑献甫所写，但在“文革”浩劫期间因寺被毁而无存，是为遗憾。

1949年9月，由当代象州前辈韦纯束、韦章平组织的革命队伍曾在雷山寺设立指挥部指挥战斗。正是有此因缘，“文革”后雷山寺的重建工作也得到了这些革命前辈的支持，此事现已广为人知，在此不再赘述。

回首雷山寺之沧桑历史，更是体会到佛家“无常”之说。我等众生但凭直性，观胜地风光，暮鼓晨钟，化物化心！

“广西—东盟六祖文化园”微信平台首刊文

◎吴孝斌

历史的车轮驶至新时代，实现中华民族伟大复兴的“中国梦”成为举国上下之共同追求。而民族的复兴首要的就是文化的复兴。文化的复兴是民族复兴的活水之源，是民族复兴的先导，同时又是民族复兴的精神与思想的动力和指导。

As the wheel of history moved into the new era,China Dream, which is to realize great national rejuvenation, has become a common pursuit throughout the country. Cultural renaissance is the prime mover and the precursor to national rejuvenation. It is also the spiritual, ideological impetus and guidance ofnational rejuvenation.

禅文化是融合了儒道两家、具有鲜明中国特色的佛文化，其代表作就是《六祖坛经》。《六祖坛经》记录了六祖慧能大师的一生及主要讲法，是由中国人所撰且获“经”称的唯一佛典，六祖慧能因此而被尊称为中国佛祖、东方圣人。

The Zen culture intermingled with Confucianism and Taoism. It is the distinct Chinese characteristics of Buddhist culture which was represented by the master piece of Sixth Patriarch ’ s Platform

Sutra. Sixth Patriarch ’ s Platform Sutra detailed Master Huineng ’ s whole life and major sermons. It is the only Chinese Buddhist scripture that has the honor and respect to be termed as “Sutra” in China. The Sixth Patriarch Huineng is hereby being hailed as Chinese Buddha and the Oriental Sage.

广西—东盟六祖文化园建于六祖慧能曾经的隐修悟道之地——广西象州县西山片区。其地群山环抱，前临大江，环境优美，景色宜人。西山上的象州六祖岩、真隐岩目前已发现10处与慧能大师隐修有关联的古代石刻文物，其中尤以唐宋时期为多，历史厚重，价值非凡。

Guangxi-ASEAN Sixth Patriarch Culture Park is located in the region of Western Hills of Xiangzhou County where the master Huineng once lived and attained enlightenment. Facing a grand river and en compassed by hills, it is a beautiful and pleasant environment. At present, ten sites ofancient stone inscription have been discovered in Xiangzhou ’ s Sixth Patriarch.and Zhenyin grottos on the Western Hills. These exceptional valuable stone inscriptions were mainly carved during Tang and Song Dynasties.

文化园立足广西，面向东盟，放眼世界。其宗旨为传承六祖精神、体悟禅宗智慧，破除愚痴迷信、开显自性般若，弘扬传统文化、建设和谐社会。它将是一个参访佛文化特别是禅文化、弘扬中国传统文化的重要场所，又是一个中国与东盟乃至全世界的禅文化交流平台，更是一个体现人文关怀，使人得以清涤身心、开悟见性的心灵圣地。它既是中国的文化园，也是东盟的文化园，更是世界的文化园。

Established in Guangxi, the culture park is aimed to stride towards ASEAN and the world. The objectives are: to inherit the Sixth Patriarch ’ s spirit; to comprehend Zen wisdom; to get rid of imbecility and super stition; to manifest the inner self-prajna; to promote the traditional culture; and to build a harmonious society. It will be an important place for promoting Buddhist culture, particularly the Zen culture and excellent Chinese traditional culture.

It also served as platform for Zen cultural exchange among China,Asean and the world. It will be the spiritual shrine where humanistic care is embodied and the mind is purified. Therefore, Guangxi- ASEAN Sixth Patriarch Culture Park belongs to not only China and ASEAN, but also the whole world.

有志者事竟成，万涓汇聚终成流。广西—东盟六祖文化园期待您的关注和参与！

With a strong will, nothing is impossible to achieve. As the famous phrasesaid, all tiny streams will finally converge as river flow.

Guangxi–ASEAN Culture Park looks forward to your attention and participation!

2015年10月10日于北京

October 10th，2015.Beijing

（本文作者系广西来宾市象州县委副书记吴孝斌）

（The writer is Deputy Party Secretary of Xiangzhou County，Laibin City，Guangxi，Wu Xiaobin）

关于打造六祖文化产业园的思考

◎吴孝斌 廖才兴

一、六祖其人

六祖就是慧能大师（638—713），古时慧通惠，故也称惠能大师。唐新州（今广东新兴县）人，中国佛教禅宗第六代祖师，中国禅宗文化的真正创始人，对中国及世界佛教文化产生了深远的影响，世称“六祖”。

慧能大师俗姓卢，祖籍河北范阳（今河北涿州），父名行瑫，唐武德年间遭贬官，徙居岭南新州。唐贞观十二年（638）二月初八，慧能生于新州。

慧能三岁丧父，由母亲李氏抚养。因家境贫寒，稍长即上山打柴和帮人做零活赚钱，以供养母亲和维持生计。后听人诵读《金刚经》有悟，在安置好母亲后，前往湖北蕲州黄梅县东禅寺，参拜五祖弘忍大师学习佛法。

当时，五祖考其悟性，问：“汝何方人？欲求何物？”

慧能回答说：“弟子是岭南新州百姓，远来礼师，惟求作佛，不求余物。”

五祖又问：“汝是岭南人，又是獦獠，若为堪作佛？”

慧能回答说：“人虽有南北，佛性本无南北。獦獠身与和尚不同，佛性有何差别?”

慧能在对话中透出极高悟性，五祖心中大喜，但因担心引起弟子们的嫉妒，便暂时派他到后院劈柴舂米。慧能劈柴舂米之余常常聆听佛经，静修悟道，甚是潜心。

八个月后的一天，五祖弘忍决定在弟子中寻找一个继承人，他召集徒弟们说：“大家都做一首偈子，看谁开悟见性就传衣钵给谁。”他的大弟子神秀半夜起来，在院墙上写了一首偈子：

身是菩提树，心为明镜台；
时时勤拂拭，勿使惹尘埃。

五祖第二天看到后，知道神秀还没有明心见性，便说：“依此偈修免堕恶道。”慧能闻后作偈：

菩提本无树，明镜亦非台；
本来无一物，何处惹尘埃?

并请人代书于神秀的偈子旁。僧众看后大为惊异，议论纷纷。五祖闻讯赶来看过这首偈子以后，“见众人惊怪，恐人损害”，亲自用鞋擦掉了这首偈子，说“亦未见性”，以息众议。

次日，五祖悄悄来到碓坊，见慧能腰里绑一块石头在辛苦地舂米，便说：“求道之人，为法忘躯，当于是乎！”并问道：“米熟也未?”慧能说：“米熟久矣，犹欠筛在。”五祖用拐杖在石碓上轻轻敲击三下就走。慧能明白五祖的意思，于当晚三更时分潜至五祖的禅房。在那里，五祖向他讲解佛教《金刚经》，当讲到“应无所住而生其心”时，慧能透悟“一切万法，不离自性”，说：“何期自性，本自清净；何期自性，本不生灭；何期自性，本自具足；何期自性，本无动摇；何期自性，能生万法。”五祖知他已悟本性，便将衣钵给他，并说：“汝为第六代祖，善自护念，广度有情，流布将来，无令断绝。”为了防止别的弟子不服而争夺衣钵，甚至加害慧能，五祖叫慧能速速离去。

为确保安全，五祖连夜送慧能南下过江，来到九江渡口，师徒登船，五祖亲自摇橹送慧能渡江。慧能说师傅请坐，弟子当摇橹。五祖说：“合是吾渡汝。”慧能答：“迷时师度，悟了自度；度名虽一，用处不同。慧能生在边方，语音不正；蒙师传法，今已得法，只合自性自度。”五祖说：“如是如是，以后佛法，由汝大行矣。努力向南，不宜速说，佛法难起。”慧能辞别五祖，望南而去。

数日之后，僧众才知慧能携衣钵离去，有不服者便南下追夺。其中有个叫慧明的率先追至大庾岭，眼看就要追上慧能。慧能掷衣钵于石上，自己藏在草丛间。慧明拿不动，大叫道：“我非为衣钵而来，为法而来。”慧能道：“既为法来，可与吾同去授法。”慧明行礼说：“望行者为我说法。”慧能遂以佛法相告。慧明大悟，拜慧能为师，往他处修行。慧能得以继续南行。

慧能到了曲江曹溪，又被恶人寻逐追杀。于是他便隐姓埋名，远逃他地。期间共十五年的时间，流亡在广东的四会、广宁、怀集和广西的象州、永福等地隐修悟道，并经常与山间的樵夫猎人生活在一起，还不时向他们讲述一些佛教的道理。猎人们常让他看守捕获猎物的网罟，每当见到活物误入网罟，慧能就放走它们。到吃饭的时候，他把素菜放在猎人们的肉锅里捎带煮熟。有的人问他为什么不吃肉，他就回答：“但吃肉边菜。”

大约十六年后，慧能来到广州法性寺。当时印宗法师正在讲《涅槃经》，突然清风吹动旗幡，听众中有二僧争论，一说风动，一说幡动，争论不止。慧能则说：“不是风动，不是幡动，仁者心动。”印宗法师听言，即把慧能请至上席谈论佛法。见慧能出语不凡，契理契机，不禁问道：“久闻黄梅衣法南来，莫是行者否？”慧能出示五祖所传法衣，公开了自己的嫡传身份。于是，慧能在法性寺正式剃发出家并开始升座讲法，由此开始了他辉煌的弘法生涯，禅宗很快在大江南北盛传开来，并形成了“一花五叶”（禅门五宗）的繁荣局面。713年，慧能大师圆寂后，肉身不腐，被后世弟子供奉在广东韶关南华寺至今，即“六祖真身”。慧能生前的主要讲法，由弟子法海整理成书，即为《六祖坛经》。在佛教史上，中土人有著述堪称为经的，唯六祖慧能大师一人。

二、六祖文化的影响

六祖慧能是中国禅宗文化的真正创始人，对中国佛教文化和世界佛教文化都产生了深远的影响。在西方国家，东方的禅学文化已经落地生根，近现代不仅禅宗盛行，还出现禅宗研究热，六祖慧能依然是其研究的主要对象。东南亚各国虽以信仰小乘佛教为主，但中国禅宗也有相当的影响。在英国伦敦大不列颠国家博物馆门前，矗立着世界十大思想家的塑像，其中就有代表东方思想的先哲孔子、老子和慧能，并称为“东方三圣人”。

《六祖坛经》融汇了释、儒、道三家思想，是禅宗文化的精华，是中国佛教的著名经典，是广大佛教信众的宝典。在《六祖坛经》里，我们看到慧能主张除“十恶”，即杀生、偷盗、邪淫、绮言、妄言、恶口、两舌、贪心、嗔心、痴心。去“八邪”，即邪语、邪见、邪思、邪业、邪命、邪精进、邪念、邪定。倡导众善奉行、诸恶莫作、行善积德。看到慧能要求弟子和信徒要有善良、诚实、正直之心；要知恩图报、孝养父母，要上下和睦、尊卑相亲，要海纳百川、宽宏大量，要助人为乐、有错即改等等。这些与中华传统美德思想相辅相成的佛教文化精华，对我们今天树立正确的世界观、人生观、价值观，对我们协调化解出现的各种矛盾，培养我们高尚的情操、美德，以及创建和谐家庭和和谐社会都会产生巨大的作用。

六祖文化中所包含的追求真善美、扬善抑恶等伦理道德，与社会主义公民道德要求存在相通之处，对信教公民的行为具有较强约束力。在社会矛盾凸显、思想文化选择多元化、信教人员趋多的新情况下，其道德教化与心理调适作用日显重要。六祖文化中蕴含着丰富的贵和思想，包含着化解冲突、整合社会、提升人生的智慧，深入挖掘其追求和平、崇尚和谐的价值理念与思想内容，可以为构建和谐社会提供有益的思想资源。六祖文化中蕴含的廉洁、立德、自律等元素也是当前廉政文化建设的主要内容，可将两者结合起来，打造禅廉文化，可为当前党员干部拒腐防变、普通群众修心立德教育提供一个良好的载体，促进当前的廉政建设。

大力发掘和弘扬六祖文化中的思想文化，对于促进和谐社会建设与公民道德建设都是很有价值和积极作用的，例如，弘扬六祖文化中平等自强的自主意识和圆融无碍、改革创新的思维方式，有利于激发社会群体的创新精神。六祖文化中报恩度苦、忘我利他的奉献精神，倡导与人为善、戒恶扬善的处世方式，引导社会群体按照“诸恶莫作、众善奉行”的训导多作善行善举，有利于增进社会群体的团结互助，形成良好社会风气。六祖文化中热爱自然、简约朴实的生活态度，强化“一日不作、一日不食”的劳动观念，有利于引导社会群体营造生态环保、干事创业的良好环境。六祖文化中培养破除执着、忍辱负重的宽广胸怀，有利于激发社会群体开拓创新、迎难而上的工作热情。六祖文化提倡的平常心，顺应自然，倡导温和的心理，有利于引导社会群体及时调适心理，克服浮躁心理，培养健康的人生观，消除人心不稳而造成的社会不稳定。

三、六祖文化遗迹在象州

象州西山有六祖岩，岩中及岩的左上方现有六祖岩、重塑六祖圣像碑记、游西山题记、真隐岩、东海释隐迹处记、燕公书等摩崖石刻及碑刻10处，为古人所题刻，其中尤以宋代石刻为多。笔者之一的吴孝斌同志经多次考察，并深入研究，撰写了《探寻象州“六祖岩”》、《再探象州“六祖岩”》、《六祖岩又有重大新发现》、《祖师隐修　猛虎护卫》、《云破天开　六祖隐修象州见直证》、《唐代名相张说摩崖石刻惊现象州西山》、《六祖岩记》等10多篇文章，文章发表后引起了新华网、新浪网、广西新闻网等媒体及相关领导、专家、学者的高度关注。

六祖岩位于象州城西约2公里处的鸡沙村委黄皮沟村西北西山半山腰处，岩洞高约2.4米、洞口宽约2.5米，洞内宽约2.8米、深约6.5米，岩洞石壁上共有摩崖石刻6处。岩洞口石壁上有篆书刻写“六祖岩”三字，高0.8米、宽0.48米，落款为“元丰甲子岁”(1084年)。

六祖岩洞内石壁有石刻五处。其中，重塑六祖圣像碑记高0.67米、宽0.95米，石刻文字较多，可惜字迹模糊，多数无法辨认，但“重塑六祖圣像碑记”几个大字及落款时间“大明正德癸酉正月”(1513年)仍清晰可见。游西山题记高0.65米、宽0.42米，楷书，为开封府赵国宝、清湘刘景山、桂林孟景善游西山访六祖岩而题，年号为“绍熙甲寅仲春癸卯”(1194)。陈蕃诗刻高0.67米、宽0.67米，楷书，内容大意为游西山之感受，落款为“陈蕃汉臣书”，无年号。刘光烈诗刻高0.47米、宽0.67米，楷书，为清代象州文化名人刘光烈诗作：

山径萧条古洞开，白云深锁旧经台；
半炉烟冷埋青草，满砌花飞点翠苔。
秦风空传人跨去，辽城几见鹤归来；
风前搔首舒长啸，我正天仙暂脱胎。

落款为：“日省轩刘光烈杨休题”，无年号。此外，还有一处石刻高0.37米、宽0.17米，楷书，内容不清，但其中有“庆元庚申腊月十有八日”可辨，可推断其为南宋时所作。此外，在六祖岩前还有一处小石刻，字虽模糊，但可判断为元丰年间游而题刻。

真隐岩位于六祖岩的左上方，岩石石壁上刻有“真隐岩”及“东海释隐迹处记”两行大字。石刻以楷体书写，长1.42米、宽0.42米，字显沧桑久远却清晰可见。

另有一石碑，现被县文物管理所收藏。石碑长0.86米、宽0.57米、厚0.13

米。碑文的内容是清代象州名人石鸿韶等三人游饮西山寺时所作的诗文。其中安澜氏游饮西山寺题壁诗文为：

劈开古洞几千春，忝莅此邦作主人，
花拂层轩香绕座，酒斟满斝净无尘。
留题有侣非孤调，邀赏乐群属上宾，
埽石观诗经剥蚀，后贤云集焕然新。

石鸿韶所作诗文为：

双凫莅处即阳春，为政风流见几人？
山水有缘探窟奥，楼台何处着埃尘。
一龛宝月仍供佛，数盏香醪可醉宾，
峭壁首题冰雪句，愧无才调斗清新。

李文雄诗文为：

楼卷珠帘酒泛春，诗笺飞下语惊人，
芳樽恨未陪高座，芝盖徒令望后尘。
此地结缘贤有主，群仙聚会喜来宾。
江山遥见都生色，只为留题雅调新。

碑刻文字及图案十分清晰，文才、书法俱佳，且盖有印章。

2015年7月中旬，广西历史学会会长黄铮教授牵头，组织由历史学、考古学、历史地理、历史文献等方面的资深专家教授组成专家组，一行10人到象州实地考察，专家组一致认同“六祖慧能大师曾在象州隐匿修行悟道”的推断，认为这是一个重大发现，六祖岩是一份非常厚重和珍贵的历史文化资源，开发象州的六祖文化资源，对象州对广西都是功德无量的事，将载入史册。黄铮教授特别强调指出：“现在的六祖遗迹与广东怀集、四会、广宁的六祖遗迹相比，其最大的优势就在于，象州有数处和六祖有关的年代比较久远的石刻作为支撑，象州的六祖文化资源得天独厚，一定要弘扬好，开发好，这将是非常了不得的事情。”

四、六祖文化产业园的打造

为进一步开发打造象州西山六祖岩及真隐岩等六祖文化古迹，弘扬六祖文化，让象州更好地利用六祖文化，立足广西，面向东盟，联通世界，更好地彰显象州千年古郡的文化底蕴和文化魅力，提高象州的知名度和美誉度，促进象州经济社会的持续快速健康和谐发展，建议采取如下措施开发打造六祖文化产业园。

一是由象州县委办、县府办牵头，成立以象州县委、县人大、县政府、县政协主要领导任组长，县委、县人大、县政府、县政协相关领导为副组长，发改、宣传文化、纪检监察、统战、旅游、林业、住建、国土、农业、民族宗教、水利、象州镇等部门和乡镇领导为成员的六祖文化产业园开发领导小组，领导小组下设办公室，综合协调六祖文化产业园高起点上规模地开发打造。

二是由象州宣传文化部门牵头，组织林业、国土、住建、民族宗教、象州镇等部门和乡镇共同参与，与有关投资开发公司联合，具体负责联系上级文化、考古部门，对六祖岩、真隐岩以及象州东山寺、西山寺、北山寺、南山寺等县城周边与佛教有关的文化古迹进行考古勘探、修复保护，供游客参观。并向上逐级申报为自治区级、国家级文物保护单位，为开发利用六祖文化古迹及周边与佛教有关的文化古迹创造前提条件。

三是由象州发改部门牵头，组织发改、住建、文化、民族宗教等部门共同参与，与有关投资开发公司按“富设计，穷开发”的原则，高起点、高档次设计包括六祖岩、真隐岩以及象州东山寺、西山寺、北山寺、南山寺在内的六祖文化产业园整体开发打造方案，并争取将方案列入象州县乃至来宾市、自治区“十三五”规划，然后分步实施，逐步建成。同时，将象州河西西山一带列为非工业区，积极引导文化产业园内的工业企业有序迁出，或逐步就地转化为与文化产业园相匹配的产业，促进六祖文化产业园的整体开发打造和后续发展。

四是由象州林业部门牵头，组织发改、国土、象州镇等部门和乡镇共同参与，与有关投资开发公司联合，规划设计六祖岩、真隐岩及其周边山地林种并组织种植，如规划种植与佛教有关的菩提树，以及与佛教教徒较多的东盟等国有关的芒果、柚木、松林等树种，为象州六祖文化产业园立足广西面对东盟联通世界，吸引更多国外游客和政要前来参观礼拜创造良好条件。

五是由住建部门牵头，组织发改、旅游、农业、文化、民族宗教、象州镇等部门和乡镇共同参与，与有关投资开发公司联合，规划设计六祖岩、真隐岩所在地及其周边黄皮沟、湾田、鸡沙、崖脚、扶满等村屯的生态文化旅游新村，让这些村屯的建设风貌与六祖文化产业园融为一体，体现昔日“六祖与猎户为伍”的和谐生态，增强六祖文化产业园的景观效果。

六是由交通部门牵头，组织发改、住建、林业、农业、文化和象州镇等部门和乡镇共同参与，与有关投资开发公司联合，规划设计六祖岩、真隐岩所在地及其周边村屯山岭道路，如从象州大桥头至回面山脚的扶满村，规划设计一条40—60米宽的“六祖”文化产业园主道——六祖大道。从主道至六祖岩、真隐岩所在地西山及周边的象山、狮山、白虎山等山岭规划旅游观光山道。从主道至黄皮沟、湾田、鸡沙、崖脚、扶满等村屯规划连接道路。然后引资和以项目覆盖的方式加强六祖文化景区的基础道路建设。同时，预先规划从象州大桥至回面山前扶满村的河西滨江大道，让六祖文化产业园主道——六祖大道与河西滨江大道相辅相成相得益彰，为六祖文化产业园的持续发展并拉大象州县城框架，以及将来开发回面山南山寺和薛仁贵衣冠墓景区奠定基础。

七是由农业部门牵头，组织畜牧水产、象州镇等部门和乡镇共同参与，规划设计六祖文化产业园及周边的黄皮沟、湾田、鸡沙、崖脚、扶满农田、山地、山塘的种植养殖方案，如农田种植富硒水稻，山地种植富硒茶叶、桑果、红薯、玉米、花生以及四季蔬菜等经济作物，山塘养殖富硒鱼、鸭等家禽。水田和山地还可种植既生态高效又有利观光的经济作物，既展现象州田园风光、茶园风光、果园风光，实现农业和旅游业双赢的目标，又彰显六祖“一日不作、一日不食”的劳动观念。

八是由水利部门牵头，组织林业、象州镇等部门和乡镇共同参与，规划设计象州西山及周边岭地的水源林种植和观光林种植，恢复植被，涵养水源。同时，加强西山及周边岭地现有山泉水的科学管理、科学利用，确保六祖文化产业园人畜饮水和田地灌溉用水水质优良。

九是由宣传文化部门牵头，组织民族宗教、象州镇等部门和乡镇共同参加，与有关投资开发公司联合，协商组建六祖文化表演剧团，创作、表演与六祖文化有关的剧目；协商组织拍摄六祖慧能电视连续剧，弘扬六祖文化，吸引游客，聚集人气。同时，协商组织拍摄象州六祖文化宣传片，融入象州历史文化、风景名胜、主要产业等资源，加强对外宣传，让外界更多地了解象州、热爱象州，进而参与象州建设。

十是由住建部门牵头，组织林业、民族宗教、象州镇等部门和乡镇共同参与，与有关投资开发公司协商，在六祖岩、真隐岩所在地或周边择地规划设计兴建菩提禅修苑、禅修农庄、六祖文化交流中心、六祖文化博物馆等设施，供信佛游客及相关人士参观、禅修悟道和净化心灵之用，促进宗教和谐和社会和谐。同时，在六祖文化产业园内择地规划建设象州文化园，将象州盘古文化、古郡文化、象文化、名人文化、长寿文化、铜鼓文化、民族民俗文化、产业文化融于其中，为游客提供一个深入了解象州的良好平台，进一步提高象州的知名度和美誉度。

十一是由纪检监察部门牵头，组织宣传文化、史志等部门共同参与，深入挖掘六祖文化中的廉洁元素，与当前廉政文化教育相结合，在六祖文化产业园内择地规划建设禅廉文化教育基地，供党员干部和普通群众参观感悟，解决腐败问题中的不想腐问题，让腐败思想从人们脑海中消失，从根本上预防腐败问题的产生。

十二是由政协文史教卫委牵头，组织宣传文化、史志等部门共同参与，收集六祖在象州的有关资料，专家深入象州考察六祖文化的相关资料，以及专家和文史学者撰写有关六祖文化在象州的相关文章，汇编成《六祖慧能在象州》画册，图文并茂地宣传六祖文化，帮助游客和社会各界人士更便捷更全面地了解六祖文化，弘扬六祖文化，促进社会和谐。

相关报道

专家齐赞誉 古迹得认证

——广西历史学会专家组考察象州六祖岩侧记

◎吴孝斌

笔者多次考察象州六祖岩，感慨激动之余，欣然提笔，先后写下《探寻象州“六祖岩”》等三篇文章在《来宾日报》上刊载，引起了相关人士的注意。广西历史学会会长、广西社会科学院原副院长黄铮教授于6月27日到象州考察，表示“深感惊讶和震撼”。7月14日至15日，黄铮教授再次组织广西历史学会专家组一行10人到象州实地考察六祖岩及罗秀镇军田村等古城遗址。

现场考察动真情

在13日下午的情况介绍会上，专家们听取了六祖岩的发现与研究情况汇报，重点就发现的主要石刻古迹与六祖大师的关联进行分析。在7月14日下午的现场考察中，专家们的敬业与专业精神让笔者倍受感动。大家顶烈日、冒酷暑，汗流浃背地跋山涉水，精神始终振奋。到达六祖岩后，专家们更是认真、专注地察看石刻，拍照、比对，每一个环节都很仔细、认真，大家细细品味，难掩激动。广西壮学学会会长、广西民族研究所原所长、研究员覃彩銮说，他一到此处，就感受到庄严与神圣，仿佛冥冥中感受到了六祖的佛意。

在真隐岩前，广西博物馆原馆长、广西文史研究馆馆员、研究员蒋廷瑜老先生指着旁边一块人工痕迹明显的石壁说，那里应该还有一处石刻，只是由于雨水的冲刷与岁月的洗涤，文字已经不见。此话一出，专家们在现场就讨论起了如何对真隐岩进行保护的问题。

在六祖岩下方的原西山寺旧址，广西壮学学会副会长、广西博物馆原陈列部主任、研究员郑超雄等专家在灌木丛中仔细寻找古址的遗物。功夫不负有心人，很快地，一些北宋时期的青砖、瓦当等古物被发现。广西文物考古研究所所长林强表示，为配合六祖岩的开发，可以对原西山古寺遗址进行考古、挖掘。

交流座谈获赞誉

在7月15日上午的调研情况交流座谈会上，10位专家畅谈了自己在考察六祖岩和古城遗址后的见解。专家们对象州六祖岩普遍给予肯定和赞誉，并一致认同“六祖慧能大师曾在象州隐匿修行悟道”的推断。首先发言的蒋廷瑜老馆长谈道：“六祖修行弘法的遗迹是新的发现，很重要。六祖文化非常值得弘扬，值得开发，象州要做好六祖这篇文章。”

接着专家们依次发言，一致认为六祖遗迹非常珍贵、非常难得，这是一个重大发现，是一份非常厚重和珍贵的历史文化资源。开发象州的六祖文化资源，对象州对广西都是功德无量的事，将载入史册。广西民族大学民族学与社会学学院教授、博士郑维宽在发言中高度赞同象州的同仁对六祖岩遗址的研究，他说：“前期的调研工作做得非常扎实，几篇文章写得很好，分析入理，已经有百分之九十九接近历史真相了。”郑维宽教授还建议进一步查阅、检索相关文献资料，对石刻中提到的各个人物做出梳理判断。

黄铮教授在最后的总结发言中对今后必须跟进的文物保护和考古发掘工

作以及研究工作提出了建议，谈到六祖岩时，他特别强调指出："现在的六祖遗迹与广东怀集、四会、广宁的六祖遗迹相比，其最大的优势就在于，象州有数处和六祖有关的年代比较久远的石刻作为支撑，象州的六祖文化资源得天独厚，一定要弘扬好，开发好，这将是非常了不得的事情。"

考察之后现良机

考察活动结束了，但对六祖岩的研究才刚刚开始。覃彩銮所长7月17日在给笔者发来考察中拍下的照片时说："六祖慧能宗师显灵保佑，象州西山将再现六祖文化的辉煌。"

郑超雄研究员更是热心地为做好六祖岩的开发工作积极协调牵线，而且效率极高。他与有关方面沟通后，已打算将开发建设"六祖文化园"的一个项目放到象州。项目投资方与其专家团队将于近期到象州正式会商此事。

如今，万里征程刚起步，弘扬象州千年古郡文化，任重而道远。

（2015年7月21日刊登于《来宾日报》）

六祖文化资源开发提上日程

◎龚　坚

7月20—21日，广西多元文化产业发展有限公司和专家组来到象州县，对该县西山寺六祖岩遗址的开发进行考察。通过考察，该公司对开发象州六祖文化十分感兴趣，并初步达成开发意向。

参加本次考察活动的有广西东盟般若文化园技术顾问金江，广西多元文化产业发展有限公司董事胡艳、郑超雄，广西社会科学院原副院长、研究员黄铮，广西区政府发展研究中心副巡视员、研究员黄承，原广西民族研究所所长覃彩鸾五位特邀专家。

7月20日，在县委书记龙秀、县委副书记吴孝斌陪同下，考察组一行考察了象州县象州镇鸡沙村民委黄皮沟村后山的六祖岩、真隐岩及西山寺遗址。

在7月21召开的象州县六祖文化资源开发座谈会上，专家们对六祖岩给予高度评价，认为保存的宋、明、清时期的石刻等文物非常有说服力，解开了六祖慧能大师十六年隐修处所之谜，极具开发价值。

广西多元文化产业发展有限公司在实地考察和听取专家

们的意见和建议后，提出拟在象州县投资建设广西东盟六祖文化园的意向，项目预计用地3000亩，分三期实施。其中一期工程建设项目包括六祖岩与西山寺的考古开发、西山寺修复重建、菩提园的建设等内容。

县委常委、统战部部长钱琳，县委常委、副县长谢万春及相关部门领导陪同考察和出席座谈会。

（2015年7月24日刊登于《来宾日报》，作者龚坚系《象州新闻》编辑部副主任）

广西象州发现“六祖岩”慧能大师可能曾到访

◎王　剑　张存立

慧能大师（638—713）是中国佛教禅宗第六代祖师，对中国及世界佛教文化产生了深远影响，世称“六祖”。在六祖的人生轨迹中，其自五祖弘忍接法后至广州法性寺现身期间，隐蔽的十五年行踪不为人知，从而广为后人所探寻。近日，象州发现“六祖岩”并有大量石刻诗文和画像，有学界推论六祖曾到象州传播佛法。2016年1月22日，广西史学界、佛学界等50余位专家学者，对上述推论进行了交流，认为“可能性很大，是广西史界重大发现”。

大量碑刻记述涉及“六祖”

象州“六祖岩”与六祖的关联，最先为象州人吴孝斌所发现、研究。2015年5月，吴孝斌撰写了《探寻象州“六祖岩”》等多篇作品在报刊及网络上公开发表，引起了媒体及有关专家的广泛关注。

象州“六祖岩”，位于象州县象州镇鸡沙村民委黄皮沟村后面、西山半山腰处，距离象州县城约2公里。记者随同专家进行了探访。西山脚下，有一“六祖岩摩崖石刻”立碑，说明早在2003年，六祖岩摩崖石刻就已入列来宾市文物保护单位。“六祖岩”面向象州县城及柳江河，地理位置开阔，人站在岩口，如沐春风。

吴孝斌认为，“六祖岩”有10处石刻，多数与“六祖”慧能在象州期间的活动有关，最为重要的是“六祖岩”、“重塑六祖圣像碑记”、“真隐岩”、刘光烈诗和石鸿韶等三人游饮西山寺诗等五处石刻。其中，“六祖岩”石刻为北宋文人谭掞于“元丰甲子岁”（1084年）所题。“重塑六祖圣像碑记”石刻序文中点明：象州民众一直都在流传着六祖当年南隐期间曾藏身于此，民众崇奉于他并立像祭祀；宋代元丰年间，象郡太守张唐辅曾勒诗于石称颂六祖；明朝正德癸酉（1513年）春赵某等人重塑圣像并揭示了“六祖岩”与六祖的关系。吴孝斌等由此推论：岩内六祖圣像存在至今已逾千年。

有关象州典籍中有相应记述

据了解，在“六祖岩”，还能够找到莲花底座的瓦片等，仍有沟渠等实物。吴孝斌等认为，有关象州的历史典籍中也有与六祖相关的记述。

宋朝著名地理总志《舆地纪胜》卷一百五《岭南西路·象州》对此共有七处记载，例如：“六祖岩在西山寺后，磴道盘纡，石穴空嵌，可容数人，塑六祖像其中。”而在《岭南西路·象州仙释》的记载中，更是出现了关于六祖在此隐修的直接文字记录。“卢道者，隐居阳寿之青金山，去城八十里，其山深广，虎狼甚多，卢在山中卓庵，修行勤苦，虎常蹲伏庵下，每出入，虎为守庵。”文中的“卢道者”很可能是六祖。六祖俗姓卢，名惠能，广东新州人。因此志书中便有了六祖慧能大师在象州西山一带卓庵隐居，修行悟道，因其道行高深，使老虎为之护法的记载。

现尚存世的三本古代象州志书中也有相关的类似记载。清乾隆二十九年《象州志》中记载：“西山在州西，隔江二里，旧有西山寺，今圮。”“六祖岩在西山，有石刻六祖岩三字。”清同治九年《象州志》中记载：“六祖岩，在西山寺后，磴道盘纡，石穴空嵌，可容数人。旧志云有石刻六祖岩三字。”民国三十七年《象县志》记载：“西山，在城西隔江数里，极挺秀，山腰有寺。”“六祖岩，在西山寺后，磴道盘纡，石穴空嵌，内可容数人，有石刻六祖岩三字。”

学界称六祖可能曾到访象州

吴孝斌等对上述史料调研后，推论六祖慧能大师当年曾在象州西山匿修悟道。

2016年1月22日，广西历史学会等部门就此举办交流会，区内专家学者、佛教界人士等代表共约50人参加。会议由广西社科院原副院长、研究员、广西文史研究馆馆员、广西历史学会会长黄铮教授主持。多数与会人士认为，六祖很可能曾到访象州。

“到象州六祖岩考察，感觉很震惊。”广西博物馆原馆长、中国著名考古学家蒋廷瑜称，经过现场考察，结合翔实的史料、实物等证据链，从考古上看，“六祖到访象州”是重大发现，而且是较为清楚的发现。蒋认为，象州“六祖岩”碑刻可争取入列自治区级甚至国家级文物保护单位，并用于开展与六祖相关的考古和研究，开发利用前途宽广。

广西师范大学广西地方民族史研究所所长、博士、教授廖国一则建议将“六祖文化在象州”定位为“六祖潜修之地”。

广西佛教协会会长成清法师表示，古代岭南广西、广东是一家，六祖慧能在避难隐修的十五年中，为弘扬大法，忍常人不能忍受之苦，而成为岭南两大圣人之一。象州“六祖岩”可能与六祖有很大的关系，六祖极可能曾到访象州。

（2016年1月22日刊登于《南国今报》，作者王剑、张存立均系《南国今报》记者）

广东文史馆专家赴象州考察六祖岩

◎罗 侠 龚 坚

10月19日，广东文史研究馆一行五人在广东省政府参事室（文史馆）党组书记、主任（馆长）张小兰带领下，到象州县开展六祖禅宗文化专题调研，深入研究禅宗六祖慧能的史迹与思想，促进岭南地区禅宗文化遗迹的保护与利用。

在当天举行的禅宗文化调研座谈会上，武宣县县长吴孝斌对2015年以来其对六祖岩的研究成果向专家们作了介绍。吴孝斌在象州县工作期间发现六祖岩后，对六祖岩中的石刻文物和史料进行了深入研究，引起自治区政府文史馆馆员黄铮等专家学者的重视。

经专家学者考证，大家一致得出六祖慧能曾在象州隐修的结论。为了保护、开发好六祖岩，自治区领导还专门作了批示。目前，象州县已引进广西尚和文化产业发展有限公司建设广西—东盟六祖文化园，各项前期工作正在进行中。

象州六祖岩位于象州镇鸡沙村委黄皮沟村、西山半山腰处，距离象州县城约2公里。在六祖岩，专家们认真察看岩壁上的石刻，对六祖慧能当年在此隐修的生活和修行情况进行了探讨。广东省政府文史研究馆馆员、中山大学教授刘昭瑞对六祖岩石刻文物中的文字识别进行了勘误。

与会专家学者对象州六祖岩考证工作取得的成果给予了充分肯定，对象州六祖遗迹感到震撼，认为是真实可信的、是六祖文化的重大发现。广东省政府文史研究馆馆员候月祥说：“象州六祖遗迹文物与资料齐全，过去对六祖（行踪）的认识有局限，现在打开了。”

专家们同时也对六祖岩的保护、研究、开发和利用提出了宝贵意见。大家认为，六祖文化是“两广”共同的宝贵财富，希望今后双方加强交流，共同研究，促进禅宗文化遗迹的保护与开发利用，推进旅游文化事业的发展。同时，要按照著名社会学家费孝通先生提出的“各美其美，美人之美，美美与共，天下大同”这一处理不同文化关系的“十六字箴言”，对六祖文化进一步深入研究，解决目前存在的一些问题，推进六祖文化研究不断深入。

（2016年10月25日刊登于《广西日报》，作者罗侠系《广西日报》记者）

象州巨资打造广西—东盟六祖文化园 将成亚洲最具特色的禅修之都

◎刘国雄

2017年3月26日，“象州县六祖文化园植树造林活动启动仪式”在来宾市象州县隆重举行，这标志着象州县打造广西—东盟六祖文化园建设正式迈入了快车道。

禅宗六祖慧能是我国古代的思想家，为我国佛教文化的发展做出了杰出的贡献，与孔子、老子并称“东方三大圣哲”。象州是六祖慧能隐修十多年的宝地，在象州西山上有六祖岩、真隐岩等历史文化遗迹。目前已发现10处与六祖慧能大师隐修有关联的古代石刻文物，其中尤以唐宋时期为多，历史厚重、价值非凡。近年来，象州县委、县政府高度重视六祖禅宗文化的保护开发工作，把打造广西—东盟六祖文化园项目建设纳入象州县经济社会发展“五大战略”的重要内容。经过各界人士的共同努力，象州县人民政府首期划拨文化园用地1000亩，为开辟中国面向东盟10国的六祖文化净土提供了大力支持。

广西—东盟六祖文化园项目建设地点位于象州县象州镇河西片区，通过六祖岩遗址保护、西山寺恢复重建、文物发掘、古迹开发，巨资打造象州西山一带成为集西山寺、六祖岩、真隐岩等遗址，六祖文化博物馆、文化交流中心、菩提林及菩提修禅院于一体的文化旅游胜地和亚洲最具特色的“禅修之都”。通过广西—东盟六祖文化园项目开发，建设立足广西、面向东盟、联系全世界的六祖文化国际交流平台。

项目第一期建筑面积64000平方米，计划投资6亿元人民币，建设内容分四个部分。第一部分：西山寺、六祖岩、真隐岩等遗址的保护与修复；第二部分：修建六祖文化博物馆；第三部分：修建文化交流中心；第四部分：修建菩提禅修苑。

象州县县长罗君钰表示，广西—东盟六祖文化园是推动象州经济发展的一个新的增长点。项目的落地，可带来环境的改善，增加就业机会，增加群众收入，对象州县域经济的发展、打赢扶贫攻坚战具有重要的意义。

据了解，本次活动由广西象州县人民政府主办，象州县六祖文化基金会、广西尚和文化产业发展股份有限公司协办。广西尚和文化产业发展股份有限公司是一家集文化学术交流、文化人才培养、文化产品制造、文化演出、文化展览展示和电视剧制作为一体的大型文化产业发展企业。长期以来，紧紧抓住广西作为中国与东盟经济和文化交流合作桥头堡的区位优势，积极投身中国与东盟的文化交流，搭建中国传统文化与东盟文化交流平台，承载民族文化发展的历史使命，助推广西文化产业大发展。

“大道尚和、文化无疆”为企业精神。公司以振兴民族文化为己任，以打造品牌文化项目为主线，以实现社会效益和经济效益为动力。公司在建的“广西—东盟六祖文化园”项目率先提出“中华禅文化体验，推进研学旅游发展”的理念，将开创广西文化产业发展的先河，是文化事业与文化产业有机结合的创新典型示范项目。

（发表在新华网广西频道、红豆社区等网站，作者刘国雄为广西新闻网撰稿人）

六祖岩与六祖文化园大事记

◎廖才兴　搜集整理

▲2003年12月，广西来宾市人民政府公布象州县“六祖岩摩崖石刻”为来宾市重点文物保护单位。“六祖岩摩崖石刻”位于象州县城西郊约1公里处、象州镇鸡沙村民委黄皮沟村后西山山腰上，从象州大桥西桥头行车约1.5公里可到达。该处摩崖石刻包括六祖岩、重塑六祖圣像碑记、真隐岩、东海释隐迹处记、燕公书等10处，为古人所题刻，其中尤以唐宋石刻为多，皆为后人反映禅宗六祖慧能大师在象州隐修的记载。但相关方面对该处文物可能是禅宗六祖慧能大师隐修之所的重要价值尚缺乏认识，导致该处摩崖石刻藏在深山人少知，得不到应有的调研保护和开发利用。

▲2015年5月，时任象州县委副书记吴孝斌同志，在象州县文物管理所副所长廖江涌同志的陪同下，多次实地考察西山六祖岩，发现其与六祖慧能的因缘，并查阅对照相关文献资料，深入进行研究分析。撰写了《探寻象州“六祖岩”》、《再探象州六祖岩》等文章，先后在《来宾日报》和互联网等媒体上发表，引起各方面的强烈反响，并得到了有关人士的

高度关注，先后有新华网、光明网、广西新闻网、国际贵阳网、广西电视网等多家媒体转载。

▲2015年6月9日，时任象州县委副书记吴孝斌同志在《来宾日报》发表《探寻象州“六祖岩”》一文，判定象州六祖岩可能与禅宗六祖慧能大师的隐秘行踪有关，指出禅宗六祖慧能大师或曾在此处隐修。该文引起时任广西历史学会会长、广西社科院原副院长黄铮教授的密切关注和高度重视。

▲2015年6月27日，黄铮教授到象州，在时任象州县委副书记吴孝斌同志和象州县文物管理所副所长廖江涌同志的陪同下，考察象州六祖岩，勘察相关碑刻后，黄铮教授赞同吴孝斌同志“象州六祖岩可能与禅宗六祖慧能大师的隐秘行踪有关”的初步判断，认为象州六祖岩很可能是禅宗六祖慧能大师隐匿修行之所。并与象州县领导一道紧锣密鼓地策划和组织了调研保护和开发利用象州六祖文化的一系列活动。

▲2015年7月13—15日，黄铮教授牵头组织广西历史学会专家组一行10人到象州西山六祖岩实地考察。在7月15日上午的调研情况交流座谈会上，10位专家畅谈了自己考察六祖岩的见解并普遍给予肯定和赞誉，一致认同“禅宗六祖慧能大师曾在象州隐匿修行悟道”的推断，认为这是一个重大发现。认为六祖岩摩崖石刻是一份非常厚重和珍贵的历史文化资源，开发象州的六祖文化资源，对象州、对广西都是功德无量的事，将载入史册。专家组组长黄铮教授特别强调指出:“现在象州发现的六祖遗迹与广东怀集、四会、广宁等地的六祖遗迹相比，其最大的优势就在于象州有数处和六祖有关的年代比较久远的石刻作为支撑，象州的六祖文化资源得天独厚，一定要保护好、弘扬好、开发好，这将是非常了不得的事情。”

▲2015年7月20—21日，黄铮教授与广西多元文化产业发展有限公司组

织专家组来到象州，对象州西山寺六祖岩遗址的开发进行了考察。参加本次考察活动的有广西东盟般若文化园技术顾问金江教授，以及公司领导层和5名特邀专家。在7月21日召开的象州县六祖文化资源开发座谈会上，专家们对六祖岩遗址给予高度评价，认为现场保存的宋、明、清时期的石刻等文物非常有说服力，解开了禅宗六祖慧能大师十五年隐修处所不解之谜，极具开发价值。

▲2015年7月23日，广西象州县人民政府与广西多元文化产业发展有限公司在广西南宁市金紫荆国际大酒店24楼会议室签订框架协议书，协议书规定由该公司整体打包建设“广西—东盟六祖文化园”。

▲2015年8月5日，广西象州县委、县政府办公室联合下发《关于成立广西东盟“六祖文化园”项目建设工作领导小组的通知》，时任县委书记龙秀、县长陈代军、县人大常委会主任黄小波、县政协主席翁秋德为领导小组组长，领导小组下设办公室负责具体工作，加强对该项目建设工作的领导以及统筹协调项目建设工作的推进落实。

▲2015年8月，黄铮教授牵头组织广西历史学会专家组赴广东新兴、怀集、曲江、四会等地考察六祖文化，形成《广西—东盟六祖文化园研究报告》，向象州县委、县政府以及广西多元文化产业发展有限公司和相关部门建言献策，促进广西—东盟六祖文化园的开发。

▲2015年8月17—19日，象州县政协主席翁秋德、时任象州县委副书记吴孝斌牵头组成专门的考察组，赴广东新兴、怀集考察六祖文化。考察后形成调研报告《关于打造六祖文化产业园的思考》，提交象州县委、县政府作决策参考。

▲2015年9月，象州县政协编辑出版《六祖慧能在象州》(第一辑)一书，图文并茂地向读者和社会各界人士简介禅宗六祖慧能大师在象州隐修的遗迹，以及各级领导、专家学者对禅宗六祖慧能大师在象州隐修的调研考察情况和象州考察组赴广东新兴、怀集考察六祖文化的情况，为广大读者和社会各界人士更便捷地了解象州六祖文化提供了一个良好的平台。

▲2015年9月16日，象州县人民政府与广西尚和文化产业发展有限公司(广西多元文化产业发展有限公司更名)在广西—东盟博览会期间正式签订了中国—东盟六祖文化园项目投资协议书，拉开象州六祖文化开发的序幕。

▲2015年9月21日，象州县发展和改革局下发《关于给予广西尚和文化产业发展有限公司“广西—东盟六祖文化园”建设项目备案的批复》(象发改投资〔2015〕146号)文件，同意该项目备案。

▲2015年11月5—6日，时任象州县政协副主席苏洪铭、韦辉率队赴永福县学习考察该县六祖文化调研保护和开发利用的做法和经验，为象州县更好更快打造广西—东盟六祖文化园提供有益的借鉴。

▲2015年11月9日，广西尚和文化产业发展有限公司聘请有关部门完成广西—东盟六祖文化园的概念性规划图。

▲2015年11月12—14日，象州县政协主席翁秋德，时任象州县委副书记吴孝斌，时任象州县委常委、副县长谢万春牵头组成专门的考察组，赴广东曲江、四会考察六祖文化，为象州县更好更快打造广西—东盟六祖文化园提供有益的借鉴。

▲2015年11月19日，广西—东盟六祖文化园临时接待中心开始动工建设。

▲2015年11月23日，广西壮族自治区参事室（文史研究馆）的《参事建议》第52期发表广西社会科学院黄铮教授《重视广西六祖遗迹的保护与开发利用》一文。

▲2015年11月，广西东盟“六祖文化园”项目建设工作领导小组办公室副主任潘敏周，结合赴广东考察六祖文化的情况和象州六祖文化资源，形成调研报告《时不我待，开发六祖文化资源，造福象州人民——赴广东新兴、怀集、曲江、四会等地考察六祖文化的启示》，提交象州县委、县政府作决策参考。

▲2015年12月，象州县政协编辑出版《六祖慧能在象州》(第二辑)一书，主要记载2015年9—12月各级领导、专家学者对六祖慧能在象州隐修的调研考察情况和相关调研文章，促推象州六祖文化的保护和开发。

▲2015年12月8日，广西壮族自治区人民政府主席陈武对自治区参事室（文史馆）《参事建议》第52期所刊黄铮教授《重视广西六祖遗迹的保护与开发利用》一文作出批示：“请区文化厅、宗教局阅研。”

▲2015年12月29日，《广西日报》花山专刊发表黄铮教授撰写的《六祖与广西之缘》一文，有效提高六祖文化在广西的影响力。

▲2015年12月，黄铮教授的论文《广西六祖遗迹述论》分别在六祖家乡——广东新兴县国恩寺主办的《六祖禅》杂志（2015年4期）、广东《岭南文史》杂志（2015年4期）、广西《广西文史》（2015年4期）发表，有效提高六祖文化在两广的影响力。

▲2016年1月4日，“象州县禅宗六祖文化研究会暨第一届理事会成立大

会”在象州县城召开，本届理事会成员共有理事51人，大会选举产生第一届理事会会长、副会长。自治区有关专家、象州县有关领导参加成立大会。象州县禅宗六祖文化研究会顾问黄铮、覃彩銮、郑超雄等三位教授分别代表广西历史学会、广西壮学学会、广西民族文化产业研究会在会上宣读了贺信(贺电)，并对今后工作提出指导意见。研究会另一顾问金江教授（中国著名佛教建筑设计师、原上海东南设计院总工程师）也发来了贺信。

▲2016年1月18日，广西壮族自治区文物局副局长谢日万到象州考察六祖岩和真隐岩，并听取象州六祖文化保护和开发利用的情况汇报。

▲2016年1月22日，由广西历史学会与象州县政协主办、象州县禅宗六祖文化研究会与广西尚和文化产业发展有限公司承办的广西六祖遗迹座谈会在象州县召开。区内文史与考古专家、佛教界人士以及来宾市、象州县、永福县有关部门代表40多人出席会议。座谈会上，时任象州县委副书记吴孝斌使用多媒体课件汇报了“六祖慧能与象州”反映在文献资料及遗迹文物方面的情况。永福县文化局原副局长刘家毅也汇报了“六祖慧能与永福”的文献资料及遗迹文物情况。会议期间，与会人员来到象州西山，实地考察了六祖岩、真隐岩古迹及石刻文物。在此基础上，围绕象州、永福两县六祖遗迹的相关信息进行了充分的研讨与交流。与会同志一致认为象州和永福两地的六祖遗迹都有比较充足的文献资料和文物实物作为佐证，因而是真实的、可靠的，也是珍贵的、难得的。与会同志认为，象州六祖遗迹是非常宝贵的禅宗六祖文化资源，应很好地保护和开发利用，将这一文化资源转变为现实的旅游资源。并使之与广东新兴县国恩寺、广州市光孝寺、韶关市南华寺等几处禅宗重要祖庭联结起来，形成岭南一条重要的禅宗文化旅游黄金线路。

▲2016年2月3日，广西壮族自治区人民政府副主席蓝天立对《参事建议》2015年第52期所刊黄铮教授《重视广西六祖遗迹的保护与开发利用》一文作

出批示。

▲2016年5月14日，六祖圣像归位安座六祖岩，有效提升象州六祖岩的历史文物价值。

▲2016年10月19日，广东省人民政府参事室（文史馆）党组书记、主任（馆长）张小兰一行五人到象州，考察六祖岩、真隐岩。并与广西文史专家座谈，研讨桂粤两省（区）六祖文化的保护和开发利用。与会专家学者对象州六祖岩考证工作取得的成果给予了充分肯定，对象州六祖遗迹感到震撼，认为是真实可信的、是六祖文化的重大发现。与会专家一致认为六祖文化是“两广”共同的宝贵财富，希望今后双方加强交流，共同研究，促进禅宗文化遗迹的保护与开发利用，推进文化旅游事业的发展。同时，要按照著名社会学家费孝通先生提出的“各美其美，美人之美，美美与共，天下大同”这一处理不同文化关系的“十六字箴言”，对六祖文化进一步深入研究，解决目前存在的一些问题，推进六祖文化研究的不断深入。

▲2016年11月，广西政协主办的《文史春秋》杂志以封二、封三两个专版的篇幅，图文并茂地刊发《六祖慧能在象州》一文，在更广阔的空间和地域提高了禅宗六祖慧能大师在象州的知名度和影响力。

▲2016年12月，象州县政协将2016年各级领导、专家学者调研考察六祖文化的材料汇编成《六祖慧能在象州》（第三辑）一书，促推象州六祖文化的保护和开发。

▲2016年12月28日，广西尚和文化产业发展股份有限公司与象州县人民政府就项目落地问题签署《广西—东盟六祖文化园项目投资补充协议书》。

▲2017年3月26日，广西象州县举行“象州县六祖文化园植树造林活动启动仪式”，标志着象州县打造广西—东盟六祖文化园建设正式迈入快车道。

▲2017年4月，黄铮教授撰写的《重建象州西山寺石碑记》在《六祖禅》杂志2017年第2期（总第25期）发表。

象州县六祖文化园建设项目概况及近期进展

◎广西尚和文化产业发展股份有限公司

一、六祖文化园建设项目概况

（一）项目建设单位简况。广西尚和文化产业发展股份有限公司（下称尚和公司）成立于2015年，注册资本金5000万元人民币，主要经营范围是六祖文化园项目投资建设、运营、租赁、配套文化服务设施开发经营以及境外文化交流合作等，目前六祖文化园项目尚处于建设初期阶段。公司旗下有控股公司广西南宁真隐商贸有限公司，主要经营范围是对外文化交流、文创产品开发及对外贸易等。尚和公司是进驻象州县开展公益文化旅游产业投资的企业，2015年9月16日与象州县人民政府签署《广西—东盟六祖文化园项目投资协议》后，公司按协议要求积极开展了六祖文化园项目的各项前期筹备工作，目前各项工作进展顺利。

（二）项目名称：广西—东盟六祖文化园建设项目。

（三）项目建设地点：象州县象州镇河西区。

（四）项目社会效益：六祖文化园项目有着良好的社会效益。项目建设地址位于象州县象州镇鸡沙村委黄皮沟村民组，黄皮沟村属于象州县重点扶持贫困村，现该村整体改造计划已纳入项目开发规划方案。项目建成后，将优先为村民提供工作服务岗位，增加社会就业，改善生活环境，提升生活质量，实现黄皮沟村整体脱贫。同时将起到文化旅游龙头项目作用，带动象州县文化旅游产业发展，促进象州县社会、经济、文化的综合发展与提升，在弘扬六祖文化的同时，推动来宾市文化产业的可持续发展，促进广西与东盟十国文化的合作交流。

（五）项目建设背景。2015年1月，全国旅游业强调大力发展乡村旅游和休闲农业，积极推广“旅游+文化”的模式，推进旅游业与农业、林业等深度融合，扩大旅游扶贫成效。广西与全国各省（自治区、直辖市）均把旅游业作为战略性支柱产业加以优先发展。2015年3月，全国两会期间，习总书记指出，随着国家推进“一带一路”建设，扩大和深化与东盟经济圈的开放合作，构筑泛北部湾全方位对外开放平台，成为广西首要战略性目标。广西文化产业实施“先走出去”的文化战略，东盟博览会11年后，取得了丰硕成果，东盟成为广西最大的文化产品进出口伙伴。广西向东盟输出“旅游+文化”的交流合作产业模式。2015年7月，以东盟各国汉传佛教信仰现状及其延伸的文化旅游经济产业链为依据，象州县人民政府与尚和公司就开发象州六祖文化旅游资源，签订了《广西—东盟六祖文化园项目合作开发框架协议》。

（六）项目建设的必要性及重要意义。象州县作为广西中部的农业小县，总人口只有37万人，资源匮乏，经济结构单一、总量偏小，可培植税源不明显，经济下行压力大，基本公共服务供给不充分，全县有3.36万农村人口尚未脱贫，经济升级转型十分迫切。开发佛教禅宗六祖惠能隐修地“六祖岩”等历史文化资源，建设六祖文化园旅游项目，促进当地旅游业发展，为象州县提供了一个由农业经济为主向文化旅游产业为主的经济转型机遇。象州县利用佛教禅宗六祖及禅文化在东盟各国的重要影响，立足国家旅游外交政策，主动融入国家和广西旅游外交大局，加强与泰国、柬埔寨、老挝、缅甸、越南和新加坡这些佛教文化旅游产业发达国家的交流往来，促进佛教文化、旅游经贸等领域合作，占领广西佛教文化高地，把文化旅游业发展成为象州县的战略性支柱产业，真正实现经济升级转型，促进居民和农民增长增收和经济社会繁荣发展。

(七)项目建设目标。六祖文化园作为2015年新规划的文化旅游产业项目，立足当地资源，面向东盟十国，避开全国数以千计同质化度假小镇的竞争，以寻觅一份身、心、灵独特体验的人文关怀理念，打造一个既遗世独立又密切连接世界的原生态大禅境。项目建成后，将以菩提公益林、西山寺、六祖文化博物馆、东盟文化建筑群、国际文化交流中心等人文景观、商业会务和休闲体验的分区形式，打造集观光+度假+休闲体验三位一体的佛教文化旅游胜地和中国最具特色的“禅修之都”。

(八)项目建设内容。项目总用地面积为3000亩，分三期实施，第二、三期建设计划待第一期建成后另行明确。第一期项目建设总用地面积1000亩，包括建设用地200亩和林业用地800亩。建设内容有西山寺、六祖岩、真隐岩等遗址的调查勘探与建设，六祖文化博物馆及西山寺原貌实景、六祖文化书院、佛文化研究中心、图书馆、接待中心、菩提树景观林、东盟各国建筑群、禅修苑等。

(九)投资计划与土地取得方式。项目计划总投资6亿元人民币，其中：西山寺、六祖岩、真隐岩遗址占地约60亩，计划投资0.2亿元人民币，土地取得方式是挂牌出让和政府划拨；六祖文化博物馆占地约80亩，计划投资3.3亿元人民币，土地取得方式为政府划拨；文化交流中心占地约60亩，计划投资1.2亿元人民币，土地取得方式为挂牌出让；菩提禅修苑占地约800亩，计划投资1.2亿元人民币，土地取得方式为租用。

(十)资金来源：本项目建设资金来自建设单位自筹和社会捐赠。

二、六祖文化园项目近期进展

根据项目总体规划工作要求，目前，尚和公司正在开展六祖文化园第一期示范园项目建设工作，各项工作进展顺利。具体情况如下：

（一）项目立项工作。2015年9月16日，尚和公司和象州县人民政府签署《广西—东盟六祖文化园项目投资协议》。2015年9月21日县发改局下发项目备案的批复，同意项目备案。2016年12月28日尚和公司和象州县人民政府就项目落地问题签署《广西—东盟六祖文化园项目投资补充协议书》。

（二）项目测绘工作。聘请中铁二院第二测绘分院等测绘单位对文化园三千亩项目拟规划用地及一期一千亩项目用地进行了测绘；对西山寺规划重建地块和六祖岩历史遗迹地块等进行测绘，并完成了大比例尺红线图绘制工作，基本达到了规划和国土部门对项目前期规划和选址的要求。

（三）考古勘探论证工作。聘请国内知名的历史、考古、文化、佛教界等专家团队对文化园六祖岩、西山寺等历史文化遗址进行了系统性的调查、研究和论证，并完成了相关论证报告，为佛教高僧六祖慧能曾经在象州隐修史实提供了充分的历史和考古理论依据。

（四）园区规划工作。聘请的上海设计单位正在抓紧开展项目控制性规划和修建性规划的设计选型工作。

（五）西山寺筹建工作。配合来宾市佛教协会和象州县民宗部门开展对西山寺旧址勘探、寺院重建项目报批、立项及相关规划设计工作，目前寺院恢复重建审批报告已上交到自治区宗教部门等待批复。

（六）六祖岩等遗址保护工作。配合县安监局、旅游局和文管所对六祖岩等文物遗址开展安全防护工作，包括维护拓宽和取直进六祖岩的相关道路，设计规划、架设临时安全栈道，设置道路安全警示牌、广角镜，搭建临时烧香点等工作。

（七）菩提公益林建设工作。完成公益林示范园区的修建性详细规划和施工预算工作，完成配套公益慈善机构象州县六祖文化基金会成立工作，完成首批示范区苗木订购工作。2017年3月26举行开园仪式，标志着广西—东盟六祖文化园建设正式进入开工建设期。

（八）文创空间筹备建设。尚和公司与广西博物馆合作筹建文创空间，文创空间除展示各省博物馆的文创产品及大学生文创产品外，还有尚和公司自有品牌“真隐岩”的系列产品。另外，为加强文化交流，增强文创空间的艺术氛围，预计每月召开一次文化沙龙活动。

（九）项目征地工作。完成项目一期一千亩用地红线及示范园用地红线初步对接确认工作，现场征地工作正在进行中。

图片选辑

六祖岩　（廖才兴/摄）

六祖岩碑刻拓片（象州民族博物馆/提供）

真隐岩（廖才兴／摄）

真隐岩碑刻拓片（象州民族博物馆／提供）

2015 年 6 月 27 日，广西社科院教授黄峥（前左二）考察六祖岩　（黄隆天 / 摄）

2015 年 7 月 13 日，广西历史学会专家组专家听取六祖文化调研情况汇报　（廖才兴 / 摄）

2015 年 7 月 14 日，广西历史学会专家组考察六祖岩　（龚　坚 / 摄）

2015 年 7 月 14 日，著名考古学家蒋廷瑜老先生（左）在细察六祖岩石刻文字　（龚　坚 / 摄）

2015 年 7 月 14 日，广西历史学会专家组专家在六祖岩前合影　（廖才兴 / 摄）

2015 年 7 月 20 日，著名教授金江（中）等专家考察六祖岩　（廖才兴 / 摄）

2015年7月20日，时任象州县委书记龙秀（右五）与专家在六祖岩前合影　（廖才兴/摄）

2015年7月21日，广西多元文化产业发展有限公司领导、专家听取六祖文化开发情况汇报（廖才兴/摄）

2015 年 7 月 21 日，象州县六祖文化资源开发座谈会　（廖才兴 / 摄）

2015 年 8 月 3 日，广西东盟般若文化园佛学顾问释常固（右三）等专家一行考察真隐岩

（黄隆天 / 摄）

2015 年 8 月 18 日，象州县政协主席翁秋德（右一）率六祖文化调研组在考察广东新兴县禅廉文化建设

（廖才兴 / 摄）

2015 年 8 月 18 日，象州县政协主席翁秋德（左二）、时任县委副书记吴孝斌（右二）与广东怀集县政协主席孔祥梦（左一）、副主席石丽奇（右一）交流六祖文化　（廖才兴 / 摄）

2015 年 8 月 19 日，象州县政协主席翁秋德（右一）、时任县委书记吴孝斌（左一）率六祖文化调研组赴广东怀集县考察六祖文化建设 （廖才兴 / 摄）

2015 年 8 月 24 日，象州县政协主席翁秋德（左三）率政协领导考察六祖岩 （廖才兴 / 摄）

2015 年 8 月 24 日，象州县政协主席翁秋德（中）与政协委员在六祖岩前合影　（廖才兴 / 摄）

2015 年 8 月 24 日，象州县政协主持召开六祖文化调研座谈会　（廖才兴 / 摄）

2015 年 9 月 2 日，中国国际佛教禅源居士林主席释恒懿法师（左二）、来宾市佛教协会会长麦德林（右二）考察六祖岩　（六祖办 / 提供）

2015 年 9 月 15 日（农历八月初三），六祖慧能圆寂纪念日，当地群众自发到六祖岩烧香礼拜（廖江涌 / 摄）

2015 年 9 月 16 日，时任象州县人民政府县长陈代军（前左）与开发商签订“六祖”文化园开发项目

（黄隆天 / 摄）

2015 年 9 月 17 日，广西壮学研究会副会长郑超雄（前左一）与广西博物馆专家考察真隐岩

（廖才兴 / 摄）

2015 年 9 月 17 日，象州县政协主席翁秋（右三）与专家现场调研六祖文化园区道路建设

（廖才兴 / 摄）

2015 年 10 月 13 日，时任象州县人民政府县长陈代军（左二）陪同上级领导和专家考察六祖岩

（廖才兴 / 摄）

2015年11月12日，江西大金山寺释悟见法师（右）考察真隐岩　（六祖办 / 提供）

2015年11月12日，象州县政协主席翁秋德（前右一）率考察组到广东曲江区南华寺考察
（六祖办 / 提供）

2015 年 12 月 1 日，时任象州县委书记龙秀（中）陪同来宾市民宗委主任韦焕清（右二）等领导考察六祖岩　（六祖办 / 提供）

2016 年 1 月 4 日，象州县禅宗六祖文化研究会成立　（龚　坚 / 摄）

2016 年 1 月 18 日，自治区文物局副局长谢日万（中）考察六祖岩

（廖才兴 / 摄）

2016 年 1 月 18 日，自治区文物局副局长谢日万（左二）到象州考察听取六祖文化保护和开发情况汇报 （廖才兴 / 摄）

2016 年 1 月 22 日，自治区佛协会长成清法师（右二）考察六祖岩　（龚　坚 / 摄）

2016 年 1 月 22 日，广西六祖遗迹座谈会与会专家学者考察六祖岩　（龚　坚 / 摄）

2016年1月22日，广西六祖遗迹座谈会在象州县城召开　（廖才兴 / 摄）

2016年1月22日，广西六祖遗迹座谈会与会专家学者合影　（廖才兴 / 摄）

2016 年 4 月 6 日，中国佛教协会常务理事、广西佛教协会副会长、李宁基金会主席李进（右二）考察六祖岩　（六祖办 / 提供）

2016 年 5 月 14 日，六祖圣像归位安座六祖岩　（廖才兴 / 摄）

归位安座六祖岩中的六祖圣像

（廖才兴／摄）

2016 年 5 月 16 日，时任象州县委书记龙秀（中）、县政协主席翁秋德（左）、县委副书记吴孝斌（右）考察六祖岩

（廖才兴／摄）

2016 年 6 月 18 日，象州县委书记邓应文（左三）考察六祖岩　（县委办 / 提供）

2016 年 6 月 24 日，桂林碑海博物馆馆长曾燕娟（右二）一行考察六祖岩　（六祖办 / 提供）

2016 年 9 月 24 日，象州县人民政府县长罗君钰（中）现场调研六祖文化的保护和开发

（县府办 / 提供）

2016 年 10 月 19 日，广东省人民政府参事室（文史馆）党组书记、主任（馆长）张小兰（左五）一行考察象州六祖岩　（龚　坚 / 摄）

2016 年 10 月 19 日，桂粤两省（区）文史专家座谈研讨六祖文化的保护和开发利用

（廖才兴 / 摄）

2016 年 11 月 4 日，象州县人大常委会主任陈海寿（前右一）率人大机关干部考察六祖岩

（韦炳先 / 摄）

2016 年 12 月 28 日，象州县人民政府与广西尚和文化产业发展有限公司签署《广西—东盟六祖文化园项目投资补充协议书》　（黄隆天 / 摄）

2017 年 3 月 26 日，象州县六祖文化园植树造林活动启动仪式现场　（黄隆天 / 摄）

2017 年 3 月 26 日，象州县人民政府县长罗君钰在六祖文化园植树造林活动启动仪式上致辞　（尚和公司 / 提供）

2017 年 3 月 26 日，象州县六祖文化园植树造林活动启动仪式现场　（廖才兴 / 摄）

2017 年 3 月 26 日，著名禅僧一乘法师（左四）考察真隐岩 （龚　坚 / 摄）

2017 年 5 月 24 日是，自治区民宗委宗教一处处长谢春明（中）一行考察六祖岩 （廖才兴 / 摄）